HELENA BAROP

DER GROSSE RAUSCH

HELENA
BAROP

DER GROSSE RAUSCH

Warum Drogen
kriminalisiert werden
Eine globale Geschichte
vom 19. Jahrhundert
bis heute

Siedler

MIX
Papier | Fördert gute Waldnutzung
FSC® C014496

Penguin Random House Verlagsgruppe FSC® N001967

1. Auflage

Umschlaggestaltung: Büro Jorge Schmidt
Umschlagabbildung: © csphoto / Getty Images
Satz: Leingärtner, Nabburg
Druck und Bindung: GGP Media GmbH
Printed in Germany
ISBN 978-3-8275-0172-1

www.siedler-verlag.de

INHALT

4 Vom Verbot zum Verbrechen

5 Vom Verbrechen in die Panik

6 Von der Panik zum Protest

7 Vom Medikament zur Erleuchtung

BRÖCKELNDE DROGENVERBOTE

Wer zu Beginn des 19. Jahrhunderts in der westlichen Welt Drogen kaufen wollte, ging in die Apotheke. Drogen, das waren allerhand obskure Wässerchen, Pillen, Pülverchen und Tinkturen, die Heilung oder Schmerzstillung versprachen, Schönheit oder ein langes Leben, frischere Lebensgeister oder Ruhe vor den inneren Dämonen. Was die Drogisten in den Drogerien da frei über die Theken verkauften, wussten sie oft selbst nicht so genau. Die Etiketten mussten nicht auf die Inhaltsstoffe verweisen. Verschreibungspflichten waren noch nicht erfunden, es gab keine einheitlichen Regelungen dazu, ob und wie ein Heilmittel getestet werden müsste, und niemand interessierte sich dafür, wie viel die Käufer*innen zu Hause von ihren frisch erworbenen Produkten löffelten. Zwischen Medikamenten und Drogen gab es keinen Unterschied. Bei Risiken und Nebenwirkungen hofften alle Beteiligten auf einen kompetenten Schutzengel.

Wer zu Beginn des 21. Jahrhunderts in der westlichen Welt Drogen kaufen wollte, zog die Kapuze tiefer ins Gesicht, sah sich verstohlen um und machte sich auf den Weg zu seiner Dealerin. Heroin, Kokain, Crack, LSD, Cannabis, MDMA, Crystal, Speed, Magic Mushrooms – der Katalog der gängigen illegalen Drogen war Allgemeinwissen. Die Folgen von Drogenkonsum und die Methoden der Drogenmafia füllten die Plots der Kriminalgeschichten und Dokumentationen in Film und Fernsehen und zementierten in den Köpfen der Zuschauer*innen alte Bilder von Drogenelend und Mafia-Glamour. Wer sich beim Drogennehmen erwischen ließ, riskierte je nach Land, Droge, Warengewicht, Laune des diensthabenden Polizeibeamten und leider auch oft je nach ethnischer Zugehörigkeit: Verwarnung, Ordnungsgeld, Strafprozess, Bewährung, Gefängnis, Stigmatisierung, Verlust der Arbeitsstelle, gesellschaftliche Ausgrenzung. Dass Drogen verboten waren und verboten gehörten, war für die allermeisten Menschen in der westlichen Welt zu dieser Zeit so selbstverständlich, dass der Begriff »illegale Drogen« ihnen tautologisch vorkommen musste.

Es war eine behagliche Selbstverständlichkeit, mit der sich vor allem diejenigen in der Drogenprohibition eingerichtet hatten, die selbst keine Drogen nahmen. Kopfschüttelnd, naserümpfend und vielleicht mit der angenehmen Gänsehaut einer Geisterbahnbesucherin, ließen sie sich von den Nachmittagstalkshows die Horrorgeschichten der Junkies erzählen und erhoben sich über diejenigen, die es einfach nicht lassen konnten, ihr Leben mit Drogen zu ruinieren. Dann zuckten sie mit den Schultern, dachten: Selber schuld. Und nahmen noch einen Schluck von ihrem Feierabendbier, machten einen Schokoriegel auf oder gönnten sich noch eine kleine Zigarette vor dem Abendbrot.

Mit dieser Selbstverständlichkeit ist es seit einigen Jahren vorbei. In vielen Ländern der westlichen Welt gerieten um die Jahrtausendwende die ersten Drogenverbote langsam spürbar ins Wanken. 1994 begann die Schweiz, »Fixerstübli« einzurichten, in denen Heroinabhängige ihren Stoff unter ärztlicher Kontrolle vom Staat bekommen konnten. 2001 wurden in Portugal sämtliche Drogen entkriminalisiert – anstatt die Konsument*innen und ihre Dealer*innen zu verfolgen, hilft seither der portugiesische Staat denjenigen, die unter ihrer Drogenabhängigkeit leiden. Immer mehr Forscher*innen beschäftigten sich in den Folgejahren mit dem möglichen medizinischen Nutzen von Substanzen, die seit Jahrzehnten verboten gewesen und deshalb weitgehend unerforscht geblieben waren: Sie erprobten und erproben den Einsatz von psychedelischen Drogen wie LSD, MDMA oder Psilocybin (»Magic Mushrooms«) als Psychopharmaka. Sie fragten, ob Heroin nicht in der Palliativmedizin eingesetzt werden könnte. Und sie testeten Cannabis – das sich vor allem in der Schmerztherapie und bei der Bekämpfung von Übelkeit und Muskelkrämpfen als wertvoll erwies.

Doch dabei blieb es nicht. Besonders im Umgang mit der Hanfpflanze setzte ein grundsätzliches Umdenken ein. Nachdem die Niederlande schon seit den Siebzigerjahren den Verkauf von Cannabis in Coffeeshops erlaubt hatten, ohne dabei jedoch Anbau und Handel zu legalisieren, wurde der Umgang mit dieser illegalen Droge nun auch in vielen anderen Ländern deutlich liberaler. In den USA begannen einzelne Bundesstaaten zunächst, Weed zu entkriminalisieren, den Konsum also nicht mehr strafrechtlich zu verfolgen. Seit 2012 wurde das Kiffen dann in einigen Bundesstaaten vollständig legalisiert – auch als Freizeitbeschäftigung.

Zeitversetzt folgte die deutsche Drogenpolitik dem gleichen Muster: 1994 stellte die Bundesrepublik die Strafverfolgung beim Besitz von Cannabis ein, wenn es sich um eine »geringe Menge« für den Eigenbedarf handelte. Wie groß genau eine solche Menge sei, blieb dabei offen. So schuf die deutsche Rechtsprechung eine Grauzone, in der das Kiffen zwar nicht legal ist, aber vielfach unter dem Radar der Behörden bleibt und so weniger staatliche Kosten und weniger gebrochene Biografien produziert. Nach dieser selektiven Entkriminalisierung folgte ein erster Schritt in Richtung Legalisierung: Seit 2017 darf in Deutschland Cannabis wieder als Medikament verschrieben und in der Apotheke erworben werden. Im November 2021 ließen die Ampelparteien während der Koalitionsverhandlungen dann durchsickern, dass sie den Konsum von Cannabis nun auch hierzulande für den Freizeitgebrauch legalisieren wollen. 2022 stellte sich aber heraus, dass das nicht ohne Weiteres mit dem geltenden EU-Recht vereinbar ist. Die Regierung plant deshalb nun eine schnelle Dekriminalisierung des Cannabiskonsums, während der freie Verkauf von Marihuana in lizenzierten Geschäften zunächst wieder in eine unbestimmte Zukunft verschoben wird. Trotzdem ist die Drogenpolitik insgesamt in Europa und den USA so sehr in Bewegung, wie sie es im gesamten 20. Jahrhundert nicht gewesen ist.

Kommt nun also der große Rausch? Werfen die liberaleren Gesellschaften der westlichen Welt ihre Drogengesetze über Bord und stürzen sich in den psychoaktiven Taumel? Es sieht nicht so aus. Während an manchen Stellen umgedacht und reformiert wird, sind die Horrormeldungen über Drogen keineswegs von den Bildschirmen verschwunden. Seit den frühen Nullerjahren werden in den USA zunehmend Opioide missbraucht, also Heroin und eine Reihe von hochwirksamen, opiumbasierten oder opiatähnlichen Schmerzmitteln. Jährlich sterben seither immer mehr US-Bürger*innen an Überdosen: Waren es im Jahr 2000 noch ungefähr 20 000 Tote jährlich, stieg die Zahl der Todesopfer im Pandemiejahr 2020 auf über 90 000 an. Politische Maßnahmen, die dieser Entwicklung merklich entgegenwirken könnten, sind momentan nicht in Sicht.

So drastisch ist die Lage in Europa nicht. Im Bericht der Europäischen Beobachtungsstelle für Drogen und Drogensucht von 2022 wird zwar betont, dass fast überall in Europa so gut wie jede psychoaktive Substanz auf dem einen oder anderen Weg zu haben sei, doch die Zahlen sind deutlich weniger dramatisch als in den USA. So starben in der EU 2020 weniger als 6000 Menschen im Zusammenhang mit ihrem Drogenkonsum. Jeder einzelne dieser Todesfälle ist tragisch – doch von einer krisenhaften Situation wie in den USA ist Europa aktuell weit entfernt. Während in den USA 2020 eine*r von ungefähr 3600 Bürger*innen einen Drogentod starb, war es in der EU nur eine*r von über 74 000.

Nicht nur manche Konsument*innen – in den USA und überall auf der Welt – leiden jedoch an den Folgen des Drogenkonsums. Damit sie ihre Drogen nehmen können, müssen diese Drogen angebaut und weiterverarbeitet oder synthetisiert, dann geschmuggelt und zuletzt vertrieben werden. Entlang der Lieferketten richten sie verheerende Schäden an, die Unbeteiligten großes Leid zufügen und viele Menschenleben kosten.

Weil Drogen fast überall auf der Welt illegal sind und weil viele Drogen über nationale Grenzen hinweg verkauft werden, sind Drogenmärkte immer Teil der globalen Schattenwirtschaft. Zwar beteiligen sich an den illegalen Transaktionen im Untergrund immer auch kleinkriminelle Einzelunternehmer*innen, doch die Kontrolle über diese Märkte liegt überwiegend in der Hand großer, brutaler verbrecherischer Organisationen. Das Geld und die Macht, die diese Organisationen mithilfe des Drogengeschäfts anhäufen, geben ihnen in manchen Weltgegenden ein Gewicht, mit dem selbst staatliche Institutionen kaum noch konkurrieren können. Mexiko, Afghanistan und Kolumbien sind nur die bekanntesten Beispiele für Länder, in denen es den Regierungen in den vergangenen Jahrzehnten teilweise kaum noch gelang, Kontrolle auszuüben und die eigenen Bürger*innen vor der Gewalt der Drogenunternehmen zu schützen.

Dass die Menschheit keine Drogenprobleme mehr hätte, kann vor diesem Hintergrund nicht behauptet werden. Doch nachdem fast ein ganzes Jahrhundert lang Einigkeit darüber bestand, wie diese Probleme zu lösen wären, bröckelt nun der Konsens. Der *War on Drugs* ist gescheitert. Die Drogenbekämpfung mit den unterschiedlichsten Mitteln der Repression im In- und Ausland läuft zwar in den meisten Bereichen weiter, doch sie verliert mehr und mehr den politischen Rückhalt. Inzwischen haben sich die Bürgerschaften vieler westlicher Länder bereits daran gewöhnt, dass drogenpolitische Liberalisierungsideen in den Parteiprogrammen auftauchen. Als die Ampelkoalition im Herbst 2021 ihre Cannabispläne leakte, kam reflexhafter Widerspruch von der Polizeigewerkschaft, doch der Rest der Gesellschaft blieb zunächst überraschend unbeeindruckt. Da soll ein Verbot gekippt werden, das bald hundert Jahre alt wird – und für viele ist diese Nachricht nicht mehr als *old news*. Die angehende Koalition muss das geahnt haben, sonst hätte sie nicht ausgerechnet diesen Plan als Erstes durchsickern lassen.

Im Krisenjahr 2022 verfestigte sich dann der Eindruck, dass es sich bei der Cannabislegalisierung nicht um einen politischen Aufreger handelt. Zwischen all den Horrormeldungen von Ukrainekrieg bis Klimakrise waren Politik und Medien froh, zwischendurch auch über etwas Harmloses, Amüsantes, ja Hoffnungsvolles sprechen zu können. Ein Höhepunkt dieser Karriere von Cannabis als Pausenclown im Weltuntergangsgeschehen war vielleicht der Moment, als Tina Hassel im ARD-Sommerinterview von einem schmunzelnden Bundeskanzler Scholz wissen wollte: »Wann Bubatz legal?« Mit der Dämonisierung des Kiffens schien es in Deutschland spätestens in diesem Moment im Juli 2022 vorbei zu sein. Erst im April 2023, als Lauterbach seine Legalisierungspläne zurücknehmen musste und durch ein weniger weitreichendes Programm der Dekriminalisierung ersetzte, wurden plötzlich die kritischen Stimmen lauter. Nun äußerten auch die Vertretungen der Kinderärzt*innen Bedenken, und die CSU begann sich plötzlich mit alten Halb- und Unwahrheiten als harte Hand gegen das Drogenübel zu profilieren.

Die Prohibition funktioniert nicht, Drogen machen weiterhin Probleme, und viele Menschen haben große Angst vor Abhängigkeit und Drogenkriminalität: Die alte Drogenpolitik steckt in der Sackgasse, und im Sommer 2023 ist völlig offen, in welche Richtung sich dieses so lange vernachlässigte Politikfeld weiterentwickeln wird. Viele teilen inzwischen das diffuse Gefühl, dass es so wie bisher nicht mehr weitergehen kann. Manche sehen die geplante Dekriminalisierung von Cannabis ab 18 Jahren kritisch. Andere rutschen unruhig auf ihren Stühlen herum, die neuen Pläne von Karl Lauterbach kommen ihnen bestenfalls halb gar vor. Sie wollen endlich grundsätzlich etwas verändern. Aber was? Und wie? Was ist jetzt zu tun? In einem Moment, in dem die Drogenpolitik in Deutschland und dem Rest der Welt zum ersten Mal seit Jahrzehnten merklich in Bewegung gerät, stellen viele sich diese Fragen neu.

Wer sich mit diesen Fragen auseinandersetzen will, muss als Erstes verstehen, was Drogen überhaupt sind. Die Antwort darauf erschien noch am Anfang des Jahrhunderts so einfach: Drogen? Na, Heroin, Koks, Gras. Ecstasy, Speed, Acid, Crystal. Designerdrogen, Halluzinogene. Kennt man doch. Aber schon bei der Frage, welche *gemeinsame Eigenschaft* all diese Stoffe zu Drogen macht, wird es kompliziert. Deshalb lohnt es sich, den bunten Strauß an möglichen Kriterien einmal auseinanderzunehmen.

Drogen, das sind Stoffe, die das *Bewusstsein verändern* und in unsere Wahrnehmung eingreifen – könnte man meinen. Wäre das das Kriterium, gehörten LSD (»Acid«) und andere halluzinogene Drogen wie Meskalin, Psilocybin und Ayahuasca ganz oben auf die Liste, und auch Cannabis wäre eindeutig eine Droge. Bei Kokain und Heroin könnte man sich schon streiten, ob sie tatsächlich die Wahrnehmung verändern oder vielleicht eher die Stimmung, denn Wahrnehmungsverzerrungen oder gar Visionen, wie sie bei den psychedelischen Drogen vorkommen, sind beim Konsum dieser Stoffe nicht zu erwarten. Wer sie trotzdem als wahrnehmungsverändernd gelten lassen wollte, müsste sich als Nächstes fragen lassen: Was ist dann mit Alkohol? Nikotin? Zucker, Sport, Meditation, Sex? Was ist mit Kunst, Literatur, Bildung, Schwangerschaft oder Verliebtheit? Je nachdem, wie eng man es sehen möchte, gibt es kaum Einflüsse und Erfahrungen, die nicht irgendeinen Effekt auf das menschliche Bewusstsein haben. Wo also die Grenze ziehen? Wer soll entscheiden, wie stark eine Wahrnehmungsveränderung sein darf, damit sie legal ist? Wie soll der Gesetzgeber damit umgehen, dass Drogen teilweise auf die einzelnen Konsument*innen sehr unterschiedlich wirken – abhängig von den persönlichen körperlichen und seelischen Voraussetzungen, den Konsumumständen und den Erwartungen an den jeweiligen Trip? Wer entscheidet, was die »richtige«, »normale« und damit legale Wahrnehmung sein soll, an der die Illegalität einer Droge gemessen würde? Und warum soll es eigentlich schädlich sein, die Wahrnehmung zu verändern, wenn wir uns inzwischen doch immer einiger darüber werden, dass jede*r Einzelne von uns eine ganz eigene Perspektive auf die Welt hat und sich deswegen unsere Wahrnehmungen zwangsläufig unterscheiden? Wo vor hundert Jahren noch eine Ordnung herrschte, in der eine »richtige« Wahrnehmung vorgeschrieben werden konnte, scheint sich die Bewusstseinsveränderung heute als gemeinsames Kriterium für Drogen nicht mehr zu eignen.

Nächster Versuch einer Definition: Drogen sind *Rauschmittel*. Es geht also darum, den Rausch zu verbieten. Rausch »bezeichnet einen emotionalen Zustand der Ekstase, der jemanden über seine normale Gefühlslage hinaushebt«, definieren Wikipedia und Duden. Es ginge dann also nicht um Wahrnehmung, sondern um Gefühle. Heroin, Kokain, Crack, Cannabis, Crystal: check. Sie alle beeinflussen die Stimmung und können euphorische Zustände hervorrufen. Bei den Psychedelika wird es schon schwieriger, denn auch ihr Konsum verändert zwar im Normalfall die Gefühlslage, aber eine emotionale Ekstase ist keineswegs garantiert. Unlogisch wird es dann wieder beim Alkohol, der bei diesem Kriterium verboten sein müsste. Und wieder gibt es eine lange Reihe von Aktivitäten, die ebenfalls Ekstase hervorrufen und die (zum Glück) nicht verboten sind. Überhaupt wäre in diesem Fall die Frage: Was haben unsere Gesetzgeber*innen gegen Ekstase? Sollte Rausch an sich verboten sein?

Dritter Versuch: Drogen, das sind gefährliche Substanzen. *Rauschgifte!* Sie sind gesundheitsschädlich, giftig. Deshalb sind sie verboten. Wenn das der Grund wäre, müssten allerdings wieder Alkohol und Nikotin ebenfalls verboten sein, denn sie töten jährlich weltweit ein paar Millionen Menschen – und kosten damit mehr Leben als alle illegalen Drogen zusammengenommen. Zu viel Fett und zu viel Zucker, Extremsport und extreme Faulheit, zu viel Arbeit, zu wenig Arbeit, Kinderkriegen, Klettern ohne Seil, Basejumping, Autofahren ohne Tempolimit – es gibt sehr viele Substanzen und Angewohnheiten, die ebenfalls nachgewiesenermaßen hohe Gesundheitsrisiken aufweisen und trotzdem erlaubt bleiben, denn in Deutschland ist die Verletzung und Gefährdung des eigenen Körpers nicht strafbar. Gleichzeitig gibt es einige Drogen, die im Körper deutlich weniger Schaden anrichten, als ihr Ruf das nahelegt. LSD und psilocybinhaltige Pilze zum Beispiel hinterlassen zwar psychische Spuren, aber so gut wie keine messbaren körperlichen Schäden, müssten also legal sein, wenn es nur um den Giftgehalt einer Substanz ginge. Und auch Heroin erzeugt zwar bei langfristigem Konsum eine Toleranzbildung, aber *giftig* ist es nicht. Wer unter kontrollierten Bedingungen reines Heroin konsumiert und die Toleranzbildung unter Kontrolle hält, kann mit diesem Hobby jahre- und jahrzehntelang leben, ohne die eigene Gesundheit zu beschädigen.

Folglich muss es dann wohl das *Abhängigkeitspotenzial* sein, das eine Droge definiert. Drogen sind »Suchtmittel«, oder? Wieder falsch. Wäre die Vermeidung von Abhängigkeiten das Ziel, müssten neben Heroin, Methamphetamin, Cannabis und Kokain auch Alkohol, Nikotin, Zucker, Glücksspiel, das Internet und das Smartphone verboten sein. LSD, Zauberpilze, Meskalin und Ayahuasca hingegen müssten legalisiert werden, denn abhängig wird man davon nicht.

Wenn es um die Regulierung von Drogen geht, spricht man in Deutschland vom »Betäubungsmittelgesetz«. Vielleicht liegt der Definition von Drogen also die betäubende Wirkung der Stoffe zugrunde? Auch das kann nicht sein, denn viele Drogen, die unter das Betäubungsmittelgesetz fallen, sind gar keine Betäubungsmittel. Weder die psychedelischen Drogen noch die Amphetamine betäuben das Nervensystem. Alkohol hingegen schon.

Je länger man auf diese Weise nach einer Gemeinsamkeit sucht, die auf alle illegalen Drogen zutreffen könnte, desto größer wird die Verwirrung. Das hat einen schlichten Grund: Es gibt kein einheitliches Kriterium, das Drogen von anderen Substanzen unterscheidet. Um es mit Marlene Mortler (CSU) zu sagen, die von 2014 bis 2019 Drogenbeauftragte der Bundesregierung war: »Cannabis ist illegal, weil es eine illegale Droge ist.«

Welche Substanzen als Drogen verboten werden und welche nicht, ist das Ergebnis von *Politik*, also das Ergebnis einer ganzen Reihe von politischen Entscheidungen. Viele dieser Entscheidungen wurden im Lauf des 20. Jahrhunderts getroffen, manche auch noch früher, und die meisten von ihnen wurden zuerst in Parlamenten und Amtsstuben jenseits des Atlantiks gefällt. Um sie zu verstehen, hilft kein Handbuch zu den pharmakologischen Eigenschaften der Drogen. Wer hier sucht, findet nur Widersprüche, denn das Expert*innengremium, das systematisch auf wissenschaftlicher Grundlage Kriterien dafür aufgestellt hätte, welche Stoffe staatlich kontrolliert werden sollten, gab es nie. Eine Antwort auf die Frage, was Drogen sind und warum sie kriminalisiert wurden, findet sich deshalb nur mit einem Blick in die Geschichte der Drogenpolitik und in die Kontexte, in denen sich diese Politik entwickelte. Diese Kontexte entfalteten sich zuerst in den USA, und so ist die Geschichte der Drogenverbote in erster Linie eine amerikanische Geschichte, die jedoch voller globaler Bezüge steckt und irgendwann unter anderem auch zu einer deutschen Geschichte wird. Es ist diese Geschichte, die hier erzählt werden soll.

Im gegenwärtigen Moment der bröckelnden Gewissheiten lohnt sich ein solcher Blick in die Vergangenheit. Die Drogenpolitik steckt in der Sackgasse. Sie muss zurücksetzen, wenden und einen Ausweg suchen aus ihrer Misere, ohne dabei alte Fehler zu wiederholen. Dabei kann es sehr hilfreich sein zu wissen, warum die Entscheidungsträger*innen der Vergangenheit falsch abgebogen sind, was sie zu wissen glaubten, wo sie sich irrten, wovor sie Angst hatten und was ihre Hoffnungen waren.

Besonders wichtig ist es dabei, zu verstehen, wie Drogen zu einem Problem wurden und worin genau dieses Problem aus der Perspektive der Zeitgenoss*innen bestand. Denn das Drogenproblem ist eine (amerikanische) Erfindung. Es ist das Produkt einer langen, verwickelten Deutungsgeschichte und besteht aus einem ziemlich undurchsichtigen Bündel von Annahmen, Behauptungen, Ängsten, Schreckbildern und Klischees. Als solches ist es sehr eng an die Zeit gebunden, in der es entstand.

Die Umstände dieser Erfindung genauer zu untersuchen, macht »das Drogenproblem« zunächst einmal merkwürdig fremd. Fälschlich wird heute häufig angenommen, Drogen seien primär aus Gründen des Gesundheitsschutzes verboten. Im historischen Rückspiegel zeigt sich aber, dass die ersten Drogenverbote mit Gesundheit nur wenig zu tun hatten. Viele der Gründe, die es in der Vergangenheit ratsam erscheinen ließen, Drogen und ihren Konsum zu verbieten, haben in der Gegenwart fast keine Relevanz mehr. Sobald wir bereit sind, diese überholten Beweggründe historischer politischer Entscheidungen auszusortieren, wird der Blick frei für eine evidenzbasierte Analyse der Drogenprobleme der Gegenwart und damit wahrscheinlich auch für neue Lösungen.

Sollte es uns gelingen, in den kommenden Jahren in der Drogenpolitik neue Wege einzuschlagen, die die bisher bekannte Faktenlage möglichst nüchtern einbeziehen und uns damit aus der Sackgasse führen, dann gibt es eine Chance, dass wir sehr vielen Menschen eine Menge Leid ersparen können. Wer am Anfang des 23. Jahrhunderts Drogen kaufen will, wird dann vielleicht zurückschauen und staunen: darüber, wie lange die Menschen einst an einer Drogenpolitik festhielten, die nicht funktionierte und viel Schaden anrichtete. Und darüber, dass es ihnen im Lauf des 21. Jahrhunderts gelungen ist, besonders die schwächsten, randständigsten Mitglieder ihrer Gesellschaft von dieser Drogenpolitik zu befreien.

1

VOM HEILMITTEL ZUM RAUSCHGIFT

Dichte Dichter: Wie die Romantik den Rausch neu entdeckte

Die Geschichte des Drogenproblems beginnt im Jahr 1804 in London. Ein Student aus Oxford liegt im Bett und schläft einen unruhigen Schlaf, bis er schließlich von heftigen Zahnschmerzen geweckt wird. Schlaftrunken setzt er sich auf und kommt auf die Idee, die Schmerzen seien eine Folge seiner Nachlässigkeit: Ein paar Tage lang hat er es versäumt, seinen Kopf mit kaltem Wasser zu waschen, wie es sonst seine tägliche Gewohnheit ist. Kurz entschlossen steht er auf, taucht den Kopf in die Waschschüssel, legt sich mit nassen Haaren zurück in die Kissen und schläft weiter.

Nun wundert er sich nach dieser wenig professionellen zahnärztlichen Behandlung nicht sehr, als er am nächsten Morgen mit entsetzlichen Kopfschmerzen erwacht. Doch auch drei Wochen später geht es ihm nicht besser, und so betritt er eines trüben, regnerischen Sonntags eine Apotheke in der Oxford Street und bestellt ein Fläschchen *Laudanum*: Eine Tinktur aus Opium, das in Alkohol gelöst ist und dem geplagten Patienten schnelle Linderung verspricht.

Der Student aus Oxford hieß Thomas De Quincey und war weder der erste noch der einzige Schmerzpatient, der zu Beginn des 19. Jahrhunderts auf die Idee kam, seine Pein mit Opium zu lindern. Opium wird aus Schlafmohn hergestellt und wurde im Mittelmeerraum schon über 5000 Jahre vor unserer Zeitrechnung angebaut. Jahrtausendelang war es das wirksamste Schmerzmittel, das der Menschheit zur Verfügung stand. Doch De Quincey war der Erste, der über die Folgen des Opiumrausches einen Klassiker der romantischen Literatur schrieb. 1821, also vor etwas mehr als 200 Jahren, erschien seine autobiografische Schrift mit dem Titel *Bekenntnisse eines englischen Opiumessers*, in der er die Genüsse und leidvollen Nebenwirkungen seines jahrzehntelangen Opiumkonsums im plastischen Detail ausbreitete. Eindrücklich beschrieb er darin die Leiden seiner Opiumabhängigkeit, aber auch seinen ersten Opiumrausch und die Euphorie, die das Mittel immer wieder bei ihm auslöste:

> *»Natürlich war ich mit der Kunst und den Mysterien des Opiumessens nicht vertraut, und was ich zu mir nahm, nahm ich also auf jede Gefahr hin. Doch ich nahm es, und nach einer Stunde, o Himmel, welch ein Umschwung, wie erhob sich mein innerster Geist aus seinen untersten Tiefen empor, welche Apokalypse der Welt in mir! Dass meine Schmerzen verschwanden, erschien mir jetzt ganz nebensächlich; diese negative Wirkung ging in der Unendlichkeit jener positiven Wirkungen unter, die sich mir in dem so plötzlich aufgetanen Abgrund der göttlichen Freuden erschlossen hatten. […] Hier war das Geheimnis der Glückseligkeit, über das die Philosophen so vieler Jahrhunderte gestritten hatten, auf einmal enthüllt. Nun konnte man für einen Penny die Glückseligkeit kaufen und in der Westentasche bei sich tragen. Verzückungen waren transportabel geworden und ließen sich in kleinen Flaschen verkorken, und Seelenfrieden konnte die Post nun in ganzen Gallonen verschicken.«*[1]

Wer die Wirkung von Opium noch nicht am eigenen Leib erlebt hatte, wurde durch solch eindrückliche Beschreibungen vielleicht neugierig gemacht. De Quincey war dabei zwar der Erste, der seinen Opiumkonsum öffentlich behandelte und damit nebenbei den literarischen Durchbruch schaffte, doch er blieb nicht der Einzige: Samuel Coleridge, Percy Shelley, John Keats, George Byron, August Wilhelm Schlegel, Novalis, E.T.A. Hoffmann, Charles Baudelaire, Edgar Allan Poe – die Liste der nachweislich opiumaffinen Literaten liest sich wie ein *Who's Who* der Romantik. Nur wenige gingen dabei in ihren Beschreibungen so sehr ins Detail wie De Quincey, doch vielleicht waren die geheimnisvollen Andeutungen seiner Kollegen fast noch verlockender als dessen explizite Bekenntnisse. In seinem Band *Blumen des Bösen* veröffentlichte zum Beispiel Charles Baudelaire 1857 ein Gedicht mit dem Titel »Das Gift«:

»Das Opium vermehrt, was ohne alle Schranken,
Dehnt die Unendlichkeit,
Höhlt der Genüsse Rausch, vertieft den Strom der Zeit,
Mit finstrer Lust und Nachtgedanken
Füllt und erschöpft es schier der Seele Faßbarkeit«[2]

Dass gerade die romantischen Dichter sich für den Rausch zu interessieren begannen, ist an sich nicht überraschend. In Abgrenzung zu den ehrgeizigen Zielen und der betont nüchternen Ästhetik der Aufklärung machten sie das Irrationale und Unergründliche zum Gegenstand ihrer Kunst. In ihren Bildern und Texten geht es um Traum und Dunkelheit, Geheimnisvolles und Unheimliches, um Übersinnliches und um den Tod. Stoffe, die derart intensive Empfindungen hervorrufen konnten wie Opium, machten für diese Künstler greifbar, dass Wahrheit und Wirklichkeit vielleicht weniger unumstößlich sein könnten, als es die Denker der Aufklärung behauptet hatten. Die drogenunterstützte

Suche nach einer romantischen Wahrheit der tiefen Empfindungen war deshalb für viele Romantiker faszinierend – ebenso wie für ihre Leserschaft.

Baudelaire beließ es nicht beim Opium. Mit einigen anderen französischen Künstlern und Intellektuellen wie Alexandre Dumas, Honoré de Balzac, Victor Hugo und Théophile Gautier traf er sich im Paris der 1840er-Jahre regelmäßig mit einem neugierigen Arzt, der die Wirkung von Haschisch erproben wollte. Mit ritueller Ernsthaftigkeit kratzten die versammelten Gäste des *Club des Hachichins* in einem heruntergekommenen Pariser Stadtpalais teelöffelweise Haschischmarmelade von ihren Untertassen und nahmen hinterher gesalzenen Kaffee zu sich, um die Verteilung der Wirkstoffe im Körper zu beschleunigen.

In seiner Abhandlung über die so bereisten »künstlichen Paradiese« *(Les paradis artificiels)* beschrieb Baudelaire die Wirkung von Haschisch im Detail: Es steigere Traum und Wirklichkeit, stärke auch das Genie, nehme dem Reisenden während des Drogenabenteuers aber die Kraft, mit diesem Genie irgendetwas anzufangen. Zuerst befalle einen »eine gewisse, lächerliche, unbezwingbare Heiterkeit«, später werde »der Faden, der deine Einfälle verbindet, so dünn, dass nur deine Genossen dich verstehen können«. Danach erschienen die »Hände wie aus Butter«, aber es entwickele sich eine »neue Feinfühligkeit, eine Überschärfung aller Sinne.« In manchen Fällen, so berichtet der Dichter, schwinde sogar das Persönlichkeitsbewusstsein, der Reisende vergesse seine eigene Existenz und gehe ganz in der Betrachtung der äußeren Dinge auf. Auf den Höhepunkt des Rausches, den Baudelaire als halluzinatorische Heimsuchung schildert, folgt in seiner Beschreibung dann eine tröstliche Phase, in der »ruhige unbewegliche Glückseligkeit« sich breitmacht.[3]

Wie De Quincey beließ auch Baudelaire es nicht bei den träumerischen Lobeshymnen. Auch er versah die Berichte über seine Drogenerfahrungen mit der eindringlichen Warnung, welche

»moralische Zerstörung« der Konsum mit sich bringe. Ob diese Warnungen die Leser*innen abschreckten oder ob sie noch zur morbiden Faszination für die gefährlichen Gelüste des Rausches beitrugen, kann nur vermutet werden.

Den eloquenten Beschreibungen der dichten Dichter war es jedenfalls zu verdanken, dass seit der ersten Hälfte des 19. Jahrhunderts plötzlich öffentlich darüber gesprochen und geschrieben wurde, was viele Patient*innen im Geheimen schon lange wussten: Es gab Medizin, die nicht nur heilte, sondern auch Spaß machte und deren langfristiger Konsum möglicherweise gewisse Gefahren mit sich brachte. Drogen waren damit nicht mehr nur Heilmittel, sie konnten auch Rauschgifte sein. Drogenkonsum war unter diesem Titel zum ersten Mal zur Freizeitbeschäftigung geworden.

Heroin, Coca-Cola, Aspirin: Die wilde Suche nach neuen Wirkstoffen

Im Jahr 1804, als Thomas De Quincey gerade in London seine ersten Erfahrungen mit Opium machte, forschte in Paderborn ein junger Mann namens Friedrich Wilhelm Sertürner auf seine eigene Weise an ebendiesem Stoff. Er war 21 Jahre alt, hatte gerade erst sein pharmazeutisches Examen abgelegt und arbeitete als Apothekergehilfe. Nach einer Reihe von Experimenten gelang es ihm 1805, aus dem getrockneten Saft der unreifen Schlafmohnkapsel denjenigen Wirkstoff zu isolieren, der für die psychoaktive und sedierende Wirkung von Opium verantwortlich ist. Nach dem griechischen Gott der Träume und des Schlafes nannte er seine Entdeckung »Morphium«.

Morphium erwies sich wie erhofft als überaus wirksames Schmerzmittel, dessen oraler Konsum jedoch ungünstigerweise häufig Brechreiz hervorrief. Erst in den 1850er-Jahren setzte sich Morphium dann in der Breite als Arzneimittel durch, nachdem 1843 ein Instrument erfunden worden war, das dessen genaue Dosierung erleichterte, den Brechreiz vermied und das dessen Wirkung außerdem noch um einiges verstärkte: die Injektionsspritze. Pünktlich zum Ausbruch des Amerikanischen Bürgerkrieges im Jahr 1861 stand mit der Morphiumspritze ein Mittel zur Schmerzbehandlung zur Verfügung, das die grausamen körperlichen Leiden etwas lindern konnte, die durch diesen verlustreichsten aller amerikanischen Kriege hervorgerufen wurden. Für die Verletzten war das ein Segen, doch viele von ihnen kamen nicht nur traumatisiert aus dem Krieg zurück, sondern blieben auch an der Morphiumnadel hängen.

Nicht nur die Bürgerkriegsveteranen gewöhnten sich in der zweiten Hälfte des 19. Jahrhunderts allzu sehr an die euphorisierende und beruhigende Wirkung des Opiumwirkstoffs. Auch unter wohlhabenden Damen mittleren Alters sprach sich herum, dass mithilfe von Morphium die Härte und Langeweile des Lebens leichter zu ertragen seien. Neben die Puderdosen und Parfumflakons legten die Damen nun ihr Spritzbesteck auf die biedermeierlichen Kommoden und ließen sich von ihren Hausärzten Nachschub verschreiben, wenn sie merkten, dass sie nach einer Weile regelmäßigen Konsums ohne ihr Morphium nur noch schwer durch die Tage kamen.

Schon bald nach der Isolation des Morphiums gelang die nächste pharmazeutische Entdeckung. In einem Labor in Göttingen isolierte der 24-jährige Chemiker Albert Niemann im Jahr 1860 das aktive Alkaloid der Kokapflanze und nannte es »Kokain«. Zunächst wurde dieser neue Wirkstoff jedoch kaum beachtet. Einige wenige Experimentierfreudige probierten es schon bald in Form eines kokainhaltigen korsischen Weincocktails namens *Vin Mariani*, dessen Existenz belegt, wie sehr die Sphären von Medizin und Freizeitkonsum zu dieser Zeit miteinander zu verschwimmen begannen.

Doch der Durchbruch von Kokain kam erst in den 1880er-Jahren. Nun war Kokain plötzlich der neueste Schrei, und es zeigte sich, dass es gegen vieles half: Bei Zahn- und Augenoperationen wurde es als Lokalanästhetikum eingesetzt, aber auch als Nasenspray gegen Heuschnupfen wirkte es Wunder. 1884 empfahl es ein aufstrebender Wiener Arzt namens Sigmund Freud in einem Aufsatz mit dem Titel »Über Coca«: Die Wirkung des Mittels bestehe in einer »Aufheiterung und anhaltenden Euphorie«, in einer »Zunahme der Selbstbeherrschung«, man fühle sich »lebenskräftiger und arbeitsfähiger«, während die unangenehmen Nebenwirkungen von Alkohol, Kaffee oder Tee beim Kokainkonsum auf angenehme Weise ausblieben. Außerdem könne man unter Kokaineinfluss essen, müsse es aber nicht, gleichfalls könne man schlafen, aber auch lange ohne Schlaf prima auskommen. Aufgrund seiner psychoaktiven Wirkung empfahl Freud den Einsatz von Kokain als Stimulanzmittel in Situationen von besonderer Anstrengung, zum Beispiel »im Kriege, auf Reisen, Bergbesteigungen, Expeditionen u. dgl.«, in Situationen also, in denen bisher häufig Alkohol eingesetzt werde, obwohl Coca kräftiger und unschädlicher sei.[4]

Während Freud vor allem über die Potenziale von Kokain als Psychopharmakon und Dopingmittel nachdachte, war ein Apotheker in Atlanta, Georgia, eher daran interessiert, Kapital aus Albert Niemanns Entdeckung zu schlagen. Er hieß John Stith Pemberton und verdiente sein Geld – wie übrigens einige seiner Zeitgenoss*innen – mit der Erfindung und Vermarktung neuartiger Heilmittel. In den 1880er-Jahren entwickelte er im Rahmen seiner kreativen Panschereien ein Getränk, das Wein, Kokain und Kolanuss enthielt und dem korsischen Cousin *Vin Mariani* verdächtig ähnlich war. Angeblich war es gut für Hirn und Körper, machte wach und half gegen Kopfschmerzen und Depressionen. Stolz verkündete ein Werbeposter, *Pemberton's*

French Wine Coca sei ein »großartiges und sicheres Mittel gegen alle nervösen Störungen«.

Schon wenige Monate nach der Erfindung von *Pemberton's French Wine Coca* wurde allerdings in Atlanta versuchsweise die Alkoholprohibition eingeführt. Pemberton ließ sich nicht entmutigen, strich den Alkohol aus dem Rezept, fügte Sodawasser hinzu und begann, seine Erfindung als Temperenz-Getränk zu vermarkten: Es mache fit und helfe, die Finger vom Schnaps zu lassen. Übrig blieb ein Gebräu mit dem Namen *Coca-Cola*. Die neue belebende Brause wurde ein deutlich größerer Hit als ihre alkoholhaltigen Vorgängerinnen – allerdings erst in den 1890er-Jahren, als Pemberton bereits als Morphinist an Magenkrebs gestorben war. So wurde der Erfinder nicht reich daran, dass die *Coca-Cola Company* nun ihren Siegeszug antrat. Spätestens mit Beginn der Alkoholprohibition war dieser nicht mehr zu stoppen. Im Lauf des 20. Jahrhunderts entwickelte sich das in Sodawasser gelöste Coca-Medikament zu einem der erfolgreichsten Konsumprodukte in der Geschichte Amerikas.

Allerdings wurde 1903 das Rezept erneut geändert: Statt Kokain enthielt es fortan nur noch das Koffein der Kolanuss und einen Extrakt aus entkokainisierten Kokablättern, der vermutlich bis heute auf dem streng geheimen Rezept steht. Das Koka verschwand aus der Cola, weil nach dem großen Kokarausch der 1880er- die US-amerikanische Gesellschaft in den 1890er-Jahren von einem kollektiven Kater heimgesucht worden war. Der Hype um Kokain wurde nun als »Kokainepidemie« umgedeutet. Die Zahl der Menschen, die regelmäßig kokainhaltige Produkte konsumierten, stieg wellenartig an. 1902 schätzten Experten, dass 200 000 Amerikaner*innen kokainsüchtig seien. Immer häufiger traten nun Überdosierungen auf, und so stieg auch die Zahl der Todesopfer. Um die Jahrhundertwende erreichte die Kokainwelle ihren Höhepunkt: 1906 konsumierten die 90 Millionen

US-Amerikaner*innen Schätzungen zufolge elf Tonnen Kokain pro Jahr.

Im Vergleich mit den Zahlen von heute sind elf Tonnen Kokain nicht besonders beeindruckend – so wurden 2020 in Deutschland allein elf Tonnen Kokain *beschlagnahmt*, was darauf schließen lässt, dass deutlich größere Mengen der Droge im Umlauf sind, und darauf, dass sich die Experten um die Jahrhundertwende möglicherweise verschätzt haben. Die US-amerikanischen Konsumzahlen von 1902 sind nämlich – falls sie denn realistisch sein sollten – durchaus mit der aktuellen Situation in Deutschland vergleichbar. Hier konsumierten laut Epidemiologischem Suchtsurvey im Jahr 2021 etwas mehr als 800 000 Personen Kokain, wobei 205 000 von ihnen mit problematischem Konsum zu kämpfen hatten.

Zu Beginn des 20. Jahrhunderts verbreitete sich angesichts der steigenden Konsumzahlen in den USA zum ersten Mal Angst vor Kokain. Immer häufiger tauchten nun Berichte über Abhängigkeiten und Überdosierungen auf – pathologische Phänomene, die seit der Rückkehr der morphiumabhängigen Bürgerkriegssoldaten zwar langsam in den Fokus der Wissenschaft gerieten, dabei aber noch kaum erforscht oder erklärt waren und den Ruf des einstigen »Wundermittels« Kokain stark beschädigten.

Vor allem aber wurde Kokain nun immer häufiger für Gewalt und Kriminalität verantwortlich gemacht. In den von systematischem Rassismus geprägten Südstaaten der USA gerieten vor allem männliche Afroamerikaner in den Verdacht, durch Kokain zu gewalttätigen Monstern zu werden. Eine erste kollektive Drogenpanik trieb absurde Blüten, die darin gipfelten, dass 1914 die *New York Times* behauptete, Kokainkonsum mache immun gegen Schusswaffen. Allen Ernstes wurde berichtet, die Polizei habe sich in den Südstaaten bereits Waffen mit größerem Kaliber angeschafft, um weiter gegen kokainisierte afroamerikanische Kriminelle vorgehen zu können.

Kaum war die Karriere des Kokains als Allheilmittel vorbei, erschien die nächste Wunderdroge auf dem Markt. 1893 entdeckte Heinrich Dreser von der Firma Bayer zufällig einen wissenschaftlichen Artikel aus dem Jahr 1874. Dessen Verfasser C.R. Alder Wright hatte mit Morphium experimentiert und dabei einen Stoff namens Diacetylmorphin hergestellt. Allerdings hielt er den Stoff für giftig, der Legende nach hatte sein Hund den versuchsweisen Konsum des Mittels fast nicht überlebt. Dreser ließ sich davon jedoch nicht abschrecken und beauftragte seinen jungen Kollegen Felix Hoffmann mit der Rekonstruktion des Experiments. Der 25-jährige Pharmazeut und Chemiker machte sich im Bayer-Werk in Wuppertal-Elberfeld an die Arbeit. Drei Jahre später ließ Bayer sich die Formel von Diacetylmorphin als Schmerz- und Hustenmedikament patentieren, füllte es in Glasfläschchen und nannte das Produkt »Heroin«. Wer den neuen Hustensaft zu sich nahm, hatte kurz darauf vermutlich seine Erkältung vergessen – die neue Arznei wurde ein Kassenschlager.

Um einiges wirksamer und euphorisierender als Morphium löste Heroin schon bald den älteren, aber schwächeren Verwandten aus der Familie der Opiate ab. Wieder stiegen in den USA die Konsumzahlen, und wenige Jahre später schätzten Experten die Zahl der süchtigen Amerikaner*innen auf über 300 000. Daraufhin wurden kritische Stimmen laut, Ärzte hörten auf, Heroin als Hustenmedikament zu empfehlen, doch sowohl Patient*innen als auch Neugierige konsumierten die Substanz weiter – ob nun aufgrund ihrer hustenstillenden oder aufgrund ihrer euphorisierenden und angstlösenden Wirkung. Spätestens jetzt hatte sich ein Muster etabliert, das sich im 20. Jahrhundert noch mehrfach wiederholen sollte: Eine neue psychoaktive Substanz wird entdeckt und als Wundermittel gepriesen, dann verbreitet sie sich, erste ungewollte Nebenwirkungen wie Sucht und Überdosierung treten auf, und es folgt die medienverstärkte Panik. Die US-amerikanischen Historiker David Courtwright und David Musto beschreiben in ihrer Forschung dieses Muster und belegen dessen regelmäßige Wiederkehr.

In einer Gegenwart, in der die Entwicklung neuer Arzneimittel streng reguliert ist, wirkt es wie ein fahrlässiges Experiment an den Leibern Tausender nichtsahnender menschlicher Versuchskaninchen, dass die Wirkung neuer Medikamente wie Morphium, Kokain und Heroin nicht vor der Vermarktung sorgfältig getestet wurde. Doch dass es heute Gesetze gibt, die die Testung, Etikettierung und Qualitätskontrollen von Medikamenten regeln, ist ein Ergebnis der Erfahrungen, die im 19. Jahrhundert mit den ungewollten Folgen der neuen Entdeckungen gemacht wurden.

Das 19. Jahrhundert war das Jahrhundert der Erfindungen. Alle paar Wochen gelang in dieser Zeit irgendwo jemandem ein Durchbruch, der das Leben von Millionen Menschen in den kommenden Jahren mehr oder weniger tiefgreifend verändern sollte. Erfunden wurden in dieser Zeit in rasendem Rhythmus unter anderem die Dampfmaschine und der Kühlschrank, die Glühbirne und das Plastik, aber auch Dynamit, die Zündkerze, das Auto, die Konservendose, der Zement, das vulkanisierte Gummi, der Blitzableiter, das Telefon und der Röntgenapparat. Diese und viele weitere Erfindungen verwandelten den Alltag der Menschen besonders im Westen in einem Tempo, bei dem es kaum möglich war, auf dem Laufenden zu bleiben. Das galt auch für die Pharmaindustrie. Dass so schnell so viel Neues erfunden und entdeckt wurde, war beispiellos, und die Gesellschaften, über die die Moderne in Gestalt all dieser Umwälzungen förmlich hereinbrach, hatten noch keine Regeln entwickelt, um sich vor möglichen Gefahren zu schützen, die mit diesen Neuheiten einhergehen konnten.

Dass es so wenig Regulierung gab, hatte zwar einige unangenehme Effekte. Andererseits wurde so die fieberhafte Neuerfindung des Lebens im 19. Jahrhundert stark beschleunigt und vielleicht überhaupt erst ermöglicht. Häufig lagen nämlich Glück und Unglück in den Laboren und Tüftlerwerkstätten eng beieinander. So experimentierte zum Beispiel derselbe Felix Hoffmann in Wuppertal-Elberfeld nach der Entwicklung von Heroin weiter mit dem chemischen Verfahren der Acetylierung, das aus Morphium Diacetylmorphin gemacht hatte. Schon bald stellte er dabei Acetylsalicylsäure her, besser bekannt unter dem Markennamen »Aspirin«. Dass heute in Wuppertal eine Straße nach Felix Hoffmann benannt ist, ehrt ihn wohl eher für diese zweite große Erfindung.

Gegen Ende des 19. Jahrhunderts hatte sich das Verständnis davon, was Drogen eigentlich sind, in der westlichen Welt bereits sehr gewandelt. Drogen, Drugs, drogue, droghe, drogas, das waren nun nicht mehr einfach Medikamente, die man in der Drogerie seines Vertrauens erwarb und dann nach Gutdünken schluckte. Durch die Experimente und Träumereien der romantischen Dichter hatten Drogen nun den mysteriösen Ruf, Visionen und Bewusstseinszustände hervorzurufen, die das gewöhnliche Erleben veränderten und den Weg in zauberhafte, ja transzendente Zustände wiesen. Die rauschhafte Flucht aus der Realität war zu einer Verheißung geworden: In Form von Drogen kostete nun das Glück nur noch Pfennige und ließ sich in der Westentasche tragen, wie Thomas De Quincey es formulierte. Die Romantiker und ihre Schriften hatten Drogen von Medikamenten in Rauschmittel verwandelt.

Als solche bahnten sie sich bald ihren Weg in die Konsumkultur. In Europa wie in den USA kamen nun Produkte auf den

Markt, die äußerlich als klassische Genussmittel auftraten, dabei aber psychoaktive Wirkstoffe enthielten, die auch in der Apotheke zu haben waren. Kokainhaltige Weinschorlen und ähnliche Gebräue wurden schick und erfüllten oft mehrere Zwecke gleichzeitig: Sie schmeckten, sie halfen gegen die nervösen Leiden, die die beschleunigte Moderne mit sich zu bringen schien, sie machten leistungsfähig, und sie machten Spaß.

Die psychoaktiven Inhaltsstoffe dieser Produkte, die irgendwo zwischen Genussmittel und Heilmittel flimmerten, wurden dabei zunehmend potenter. Die Erfindungswelle der Hochindustrialisierung führte dazu, dass vor allem die Konsument*innen in den USA, von denen es besonders viele gab, immer häufiger unter gefährlichen Nebenwirkungen wie Abhängigkeit und Überdosierung zu leiden begannen. So kippte dort die Stimmung, und auf den großen Rausch folgte schon bald der erste große Kater. Aus Rauschmitteln wurden so Rauschgifte. Besonders in der US-Gesellschaft verbanden immer mehr Menschen diffuse Ängste und Schreckbilder mit Drogen und ihrem Konsum. Diese Ängste standen unter anderem in Verbindung mit ersten wissenschaftlichen Erkenntnissen darüber, wie Drogen wirkten, welche Nebenwirkungen sie hatten und wie Substanzabhängigkeit funktioniert. Noch wichtiger für die sich verbreitende Verteufelung des Drogenrausches waren jedoch andere Ängste und Assoziationen, die mit wissenschaftlich belegbaren Fakten nichts zu tun hatten. Ihren Ursprung hatten diese Ängste nicht in medizinischen Fachzeitschriften oder pharmazeutischen Laboren – sondern in *Chinatown*.

2

VOM RAUSCHGIFT ZUR SÜNDE

Die Angst vor der Opiumhöhle: Drogenverbote als Folge von antichinesischem Rassismus

Obwohl es die psychoaktiven Substanzen Morphium, Kokain und Heroin waren, deren Konsum sich in der zweiten Hälfte des 19. Jahrhunderts in den USA ausbreitete, und obwohl zu allen drei Stoffen nach und nach erste mehr oder weniger nachvollziehbare Warnungen auftauchten, war es eine andere Droge, der das erste amerikanische Drogenverbot galt: Opium. Genauer gesagt verbot San Francisco 1875 das Opium*rauchen*. Betroffen waren von diesem Verbot also weder die morphiumabhängigen Bürgerkriegsveteranen noch die morphiumaffinen Damen der Oberschicht noch die Fans von *Vin Mariani, Coca-Cola* oder heroinhaltigen Hustensäften. Betroffen war vielmehr eine Bevölkerungsgruppe, die ohnehin am Rand der US-amerikanischen Gesellschaft stand, nämlich die (überwiegend männlichen) chinesischen Einwanderer.

Sie waren in die USA gekommen, weil sie zu Hause keine rosige Zukunft sahen. Das Chinesische Reich steckte in der zweiten Hälfte des 19. Jahrhunderts tief in der Krise. Die jahrhundertealte Qing-Dynastie lag in den letzten Zügen, der Taiping-Aufstand erschütterte die innere Stabilität des Landes und die sozialen und ethnischen Auseinandersetzungen nahmen kein Ende. Seit den verlorenen Opiumkriegen, von denen noch die Rede sein wird, hatten die westlichen Großmächte China zwangsweise in ihr globales Wirtschaftssystem integriert und mithilfe der sogenannten Ungleichen Verträge ihren geostrategischen und ökonomischen Interessen unterworfen. Daraufhin machten sich viele junge Männer aus dem quasikolonisierten Reich der Mitte auf, um in anderen Teilen der Welt zu arbeiten und ein besseres Leben zu finden – oder sie wurden unter Zwang als sogenannte »Kulis« ins Ausland verkauft, wo sie als Tagelöhner arbeiten mussten. In vielen Gegenden der Welt entstanden in dieser Zeit große chinesische Communitys. So auch im Westen der USA, wo Goldrausch und Eisenbahnbau viel ungelernte Arbeit erforderten und günstige Arbeitskräfte gebraucht wurden. Doch während die amerikanische Wirtschaft von der Arbeitskraft der chinesischen Migranten abhängig war und profitierte, war die lokale Gesellschaft nicht bereit, die fremden Neuankömmlinge zu integrieren. So wohnten sie unter häufig dürftigen Bedingungen in ihren segregierten Wohnvierteln, arbeiteten hart für wenig Lohn und erlebten im Kontakt mit den US-Amerikaner*innen vor allem Ausgrenzung, Diskriminierung und Rassismus. Dass auch die amerikanische Gesellschaft im Westen der USA ganz überwiegend aus Eingewanderten bestand, die oder deren Eltern erst wenige Jahre zuvor auf Ellis Island zum ersten Mal den Kontinent betreten hatten, verstärkte eher noch die Ablehnung der neuen Fremden, denn gerade die Migrant*innen in erster und zweiter Generation waren oft selbst sehr arm, und so traf sie die Konkurrenz der billigen Arbeitskräfte aus Fernost besonders hart.

Ausgeschlossen vom öffentlichen Leben, hausten die chinesischen Migranten in ihren Wohnvierteln, in denen sie gemeinsam angesiedelt wurden und überwiegend unter sich blieben: in den *Chinatowns*. Manche von ihnen verbrachten ihre spärliche Freizeit mit der Opiumpfeife. Die Gewohnheit des Opiumrauchens hatten sie von zu Hause mitgebracht, wo sie im späten 19. Jahrhundert weitverbreitet war.

Das wiederum hatte wenig mit der chinesischen Kultur zu tun und viel mit den imperialen Marketingstrategien europäischer Händler: Bis ins 16. Jahrhundert war Opium in China (wie in vielen Teilen der Welt) als eines der wenigen wirklich wirksamen Heil- und Schmerzmittel bekannt gewesen. Es half gegen Husten und Durchfall und rettete damit unzählige Leben. Im 16. Jahrhundert jedoch kamen niederländische und portugiesische Händler nach China. Sie brachten Tabak mit, machten die chinesische Bevölkerung mit der Kulturtechnik des Rauchens vertraut und zeigten ihnen, dass auch Opium in der Pfeife geraucht werden kann. Bereits 1729 wurde dann das Opiumrauchen in China zum ersten Mal per kaiserlichem Edikt verboten, 1813 folgte ein weiteres Verbotsgesetz. Lange bevor der moderne Drogenbegriff entstand, hatte es hier also erste Verbote gegen bestimmte psychoaktive Substanzen gegeben. Diese Verbote wiederum störten seit dem 19. Jahrhundert das britische Empire.

Großbritannien beherrschte zu dieser Zeit mit seiner Flotte, seinen Handelskompanien und seinem kolonialen Verwaltungsapparat große Teile der Welt. China gehörte jedoch um 1800 nicht zum britischen Einflussbereich. Das wurde mehr und mehr zum Problem, denn chinesische Produkte wie Porzellan, Seide und vor allem Tee entwickelten sich in dieser Zeit in den britischen Oberschichten zu absoluten *Must-haves*. Der Import dieser Waren aus China jedoch kostete Geld. Weil China im Gegenzug kaum britische Produkte importierte, floss so Pfund um Pfund britisches Sterlingsilber nach China ab, weil Großbritannien so die chinesischen Importe bezahlte – ein Außenhandelsdefizit, das das Empire wirtschaftlich stark belastete. Also überlegte man in London, ob es nicht ein Produkt geben könnte, das die

Chinesen von den Briten kaufen könnten. Tatsächlich fiel den imperialen Wirtschaftsstrategen eine Lösung ein: Opium. Das Schlafmohnprodukt wurde in den britischen Kolonien auf dem indischen Subkontinent angebaut, wo es hervorragend gedieh. Also begann Großbritannien, fässerweise Opium aus Britisch-Indien nach China zu exportieren und mit den Erträgen die Außenhandelsbilanz zu stopfen. In den indischen Kolonien wurde Opium traditionell vor allem als Medikament verwendet, ohne dass es dort Debatten über den Missbrauch von Opiaten gegeben hätte. Für Indien war Opium ein wertvolles Agrarprodukt und Exportgut, für Großbritannien war es eine Chance, die nationale Ökonomie in die Balance zu bringen.

Für China jedoch wurde Opium mehr und mehr zu einem Problem. Dort waren die Opiumimporte keineswegs willkommen. Die Vorstellung, Opiumkonsum sei eine urchinesische Angewohnheit und westliche Händler hätten der chinesischen Bevölkerung nur verkauft, was diese haben wollte und ohnehin konsumiert hätte, wurde zwar von britischer Seite im 19. Jahrhundert häufig wiederholt – sie ist aber falsch. Im Gegenteil war Opium in China schon lange verboten gewesen, als Brit*innen und Amerikaner*innen noch munter an ihren frei verkäuflichen Opiumfläschchen nuckelten. Die britischen Händler, die das indische Opium nach China verschifften, brachen damit also chinesische Gesetze – ebenso übrigens wie die US-amerikanischen Firmen, die mit dem Export von türkischem und persischem Opium nach China in der ersten Hälfte des 19. Jahrhunderts viel Geld verdienten.

Gegen diesen Eingriff in die chinesische Selbstbestimmung regte sich in China bald Widerstand. In den 1830er Jahren eskalierte dann die Situation: Erst begann die kaiserliche Regierung, hart gegen Opiumkonsum durchzugreifen, Konsument*innen zu verhaften und öffentlich Opiumpfeifen zu verbrennen. Dann türmte der Bevollmächtigte für die Opiumkampagne, Lin Zexu, am 3. Juni 1839 im Hafen von Kanton (Guangdong) beschlagnahmtes britisches Opium zu einem Haufen auf und zündete es an. Als Reaktion schickten die Briten Kanonenboote, und so begann der Erste Opiumkrieg. Er war zwar in erster Linie ein imperialer Konflikt, in dem Großbritannien seinen Einfluss nach China ausweitete. Doch dass dieser sich am Opiumstreit entzündete, war kein Zufall, denn in diesem Punkt spiegelte sich das britisch-chinesische Machtverhältnis, das von den Spannungen zwischen Selbstbestimmung, imperialer Herrschaft und der Frage nach der Kontrolle globaler Märkte geprägt war wie in keinem anderen.

Trotz allem antiimperialen Selbstbehauptungswillen gelang es China nicht, Großbritannien zu besiegen, und so war die chinesische Regierung gezwungen, die indischen Opiumimporte zu legalisieren. In der Folge wurde das Opiumrauchen in der chinesischen Bevölkerung sehr populär. Dass die Bewohner der amerikanischen *Chinatowns* später so häufig zur Opiumpfeife greifen sollten, war also in erster Linie London zu verdanken.

Den empörten US-amerikanischen Bürger*innen im Westen der USA waren diese historischen Zusammenhänge jedoch unbekannt. In ihren Augen war Opium ein chinesisches Laster, vor dem die amerikanische Gesellschaft geschützt werden müsse. Ohnehin waren die chinesischen Einwanderer nicht besonders beliebt. Ihre kulturelle Fremdheit, ihre Armut und der Umstand, dass sie bereit waren, ihre Arbeitskraft für niedrige Löhne zu verkaufen und damit der »alteingesessenen« Arbeiterschaft Konkurrenz zu machen, machte sie für viele suspekt. Die verbreitete Angst vor der sogenannten »gelben Gefahr« kulminierte dabei im Klischee der Opiumhöhle.

Die Opiumhöhle war ein mystischer und überwiegend fiktiver Ort. Man stellte sie sich als schummrige, schmuddelige Räumlichkeit vor, in der verlotterte chinesische Männer auf durchgelegenen, verdreckten Matratzen lagen, im Dämmerzustand an ihren Opiumpfeifen saugten und Prostituierte begrabschten oder unschuldige amerikanische Jungfrauen berauschten und verführten, so diese denn versehentlich in diesen Sündenpfuhl hineingerieten. Auch junge amerikanische Männer waren in dieser Fantasie bedroht, denn das Rauchen der chinesischen Opiumpfeifen beeinträchtigte dem Hörensagen nach ihre Manneskraft, verweiblichte sie und, so glaubten manche ganz im Ernst: Wer sich der Versuchung hingebe, eine Opiumhöhle aufsuche und dort Opium rauche, entwickele bald chinesische Charakter- und Gesichtszüge.

Es war die rassistisch gefärbte Angst vor den chinesischen Einwanderern und ihrer Kultur, die die frühen US-amerikanischen Opiumverbote in erster Linie motivierte. Die US-amerikanische Historikerin Diana Ahmad plädiert deswegen dafür, die Opiumverbote vor allem im Zusammenhang mit den »Gesetzen zum Ausschluss der Chinesen« *(Chinese Exclusion Act* und *Page Act)* zu verstehen, die 1875 weiblichen und 1882 auch männlichen Chinesen die Einwanderung in die USA untersagten. Sie waren das Produkt von weitverbreiteten antichinesischen Ressentiments, die in den Folgejahren in einer Reihe von Massakern an chinesischstämmigen Minenarbeitern gipfelten. Mit einer Angst vor Abhängigkeitserkrankungen oder anderen medizinischen Erwägungen hatten die Opiumverbote also deutlich weniger zu tun als mit Rassismus.

Zwar war der US-amerikanische Rassismus gegen die chinesische Minderheit besonders brutal, doch einzigartig war er bei Weitem nicht. Die chinesischen Migranten suchten im 19. Jahrhundert nicht nur in den USA nach Arbeit. Sie ließen sich auch in vielen anderen Ländern nieder, und so bildeten sich parallel in vielen Teilen der Welt große chinesische Communitys heraus. In Reaktion darauf entwickelten viele Gesellschaften ihre je eigenen Vorstellungen von der angeblichen »gelben Gefahr«. Diese waren zum Teil ganz unterschiedlich, in mancher Hinsicht gab es jedoch auch Überschneidungen. Der Mythos der Opiumhöhle tauchte zum Beispiel ganz ähnlich auch in britischen Debatten über die chinesische Einwanderung auf, denn auch in London gab es eine *Chinatown,* und auch hier fantasierten die britischen Nachbarn von den moralischen Abgründen, die sich dort angeblich auftaten. Auch in der Literatur wurde die Opiumhöhle dabei zu einem beliebten Schauplatz, an dem sich zwielichtige Gestalten mit üblen Absichten tummelten. So lässt zum Beispiel Oscar Wilde in *Das Bildnis des Dorian Gray* von 1890 seinen Protagonisten auf der Flucht vor den eigenen Schuldgefühlen in einer Opiumhöhle landen, die die zeitgenössischen Klischees spiegelt:

> *»Es gab Opiumhöhlen, in denen man Vergessen kaufen konnte. Höhlen des Grauens, in denen die Erinnerung an alte Sünden durch den Wahn von neuen gelöscht werden konnten. Der Mond hing tief am Himmel wie ein gelber Schädel. [...] Neben einem kleinen Kohleofen kauerten einige Malaien und spielten mit Knochenmarken, beim Schwatzen bleckten sie die weißen Zähne. In einer Ecke lag ein Matrose, den Kopf in den Armen vergraben, über einem Tisch, und an der geschmacklos gestrichenen Theke, die an einer ganzen Seite entlanglief, standen zwei dürre Frauen und machten sich über einen alten Mann lustig, der sich mit angewiderter Miene über die Mantelärmel strich. ›Der glaubt, da sind rote Ameisen‹, lachte die eine, als Dorian vorüberging. Der Mann sah sie voller Entsetzen an und wimmerte. [...] Dorian verzog das Gesicht und schaute auf die grotesken Wesen, die in so wunderlichen Stellungen auf den verlotterten Matratzen um ihn herum lagen. Die verdrehten Gliedmaßen, die klaffenden Münder, die starrenden, glanzlosen Augen, das alles faszinierte ihn. Er wusste, in welch seltsamen Himmeln sie litten und welche trübseligen Höllen ihnen das Geheimnis einer neuen Freude enthüllten. Sie waren besser dran als er. Er war in seinem Denken eingesperrt.«*[5]

Die Mischung aus Leid, Elend, Erlösung, Dreck, Hoffnungslosigkeit, Fremdheit und Wahnsinn, die hier durch die Augen von Dorian Gray mit großer Faszination betrachtet wird, ist ganz typisch für die Darstellungen von Opiumhöhlen aus dieser Zeit. Die Rollen sind dabei klar verteilt: Während die asiatischen »Malaien« fremd und geheimnisvoll wirken, wie sie da würfeln und bedrohlich die Zähne blecken, ist es ein alter Mann im Mantel, den die durch das Opium veränderten Körpererfahrungen in Panik versetzen. Weil er kulturell nicht weiter zugeordnet wird, darf wohl davon ausgegangen werden, dass es sich um einen weißen, britischen Kneipenbesucher handelt, der hier Opfer der asiatischen Verführung wird. Über allem hängt der Mond, der hier wohl nicht zufällig als »gelber Schädel« erscheint.

Literarische Verarbeitungen wie diese finden sich Ende des 19. und Anfang des 20. Jahrhunderts immer wieder. So trieb sich unter anderem auch Sherlock Holmes bei seinen Ermittlungen immer wieder in Opiumhöhlen herum. Das Klischee verfestigte sich auf diese Weise auch in den Vorstellungswelten vieler Menschen, die nie tatsächlich in Kontakt mit Opium gekommen waren und auch nie einen Fuß auf die Straßen einer *Chinatown* gesetzt hatten. Die Opiumhöhle wurde so ein kollektiver Erfahrungsraum, in dem sich viele Menschen auskannten, ohne ihn dafür je betreten zu müssen – so, wie sich heute viele Menschen aufgrund ihres Medienkonsums ein Crystal-Meth-Labor vorstellen können, ohne je auch nur in indirekten Kontakt mit dieser Droge gekommen zu sein.

Selbst im Hamburger Hafenviertel St. Pauli, in dem weniger als 100 chinesische Einwanderer ausreichten, um von einem »Chinesenviertel« zu sprechen, rankten sich um die beiden dort betriebenen illegalen Opiumkneipen noch bis in die 1930er-Jahre wilde Gerüchte. Die mentale Verbindung von Opium mit Fremdheit, moralischer Verlotterung, zwielichtiger Ausschweifung und dunkler Faszination wurde mithilfe der Gerüchte um die Opiumhöhlen immer fester geknüpft. Es waren diese Assoziationen, die dafür sorgten, dass in den USA das Opiumrauchen verboten wurde.

Sucht und Sühne: Wie Drogen in moralischen Verruf gerieten

Die interkulturellen Reibungen und antichinesischen Ressentiments, die den Nährboden für die ersten Opiumverbote bildeten, entstanden an Orten, an denen die sich beschleunigende Globalisierung im 19. Jahrhundert Menschen zusammenführte, die einander fremd waren. Entscheidend verstärkt und mit moralischer Autorität versehen wurden diese Ressentiments von einer kleinen Gruppe einflussreicher Männer, die ihrerseits global unterwegs waren und die stark dazu beitrugen, dass die Geschichte vom chinesischen Opiumkonsum immer häufiger als Geschichte eines gefährlichen Lasters erzählt wurde.

Im Lauf des 19. Jahrhunderts reisten Hunderte überwiegend protestantische Missionare teilweise für ausgedehnte Zeiträume aus den USA und Europa ins Chinesische Reich, um dort das Evangelium zu verkünden. Rausch, Ausschweifung und sinnlichen Genüssen gegenüber waren diese frommen Herrschaften traditionell ablehnend eingestellt. Die protestantischen Verhaltensnormen verlangten im Gegenteil von einem anständigen Christenmenschen Fleiß, Bescheidenheit und Nüchternheit.

Schon im 16. Jahrhundert waren es vor allem protestantische Reformatoren wie Zwingli, Calvin, Luther und ihre Anhänger gewesen, die den damals allgegenwärtigen Alkoholrausch als offene Tür für den Teufel beschrieben hatten. Während in der katholischen Kirche der Messwein zentraler Teil der Liturgie blieb und man es dort weiterhin mit Ausschweifungen aller Art nicht so eng sah, wurde in den protestantischen Konfessionen der

Kampf gegen den Rausch in der Folge zu einer wichtigen Aufgabe. Mit dieser rauschfeindlichen Haltung ist das Christentum übrigens keineswegs allein: Im Islam ist Alkohol- und Drogenkonsum *haram*, also verboten, im Buddhismus gehört das Gebot zur Abstinenz von Rauschmitteln zu den fünf wichtigsten sittlichen Lebensregeln. Unter den großen Weltreligionen ist nur das Judentum im Umgang mit Rauschmitteln weniger streng: Zwar lehnen viele jüdische Gläubige Drogenkonsum ab, weil er vom Gebet ablenken kann, doch der Konsum von Alkohol ist obligatorischer Bestandteil vieler jüdischer Rituale. Stark vereinfacht geht es in den religiösen Abstinenzvorschriften üblicherweise darum, die Gläubigen nicht von ihrem Glauben und den damit verbundenen Pflichten abzulenken. Das erklärt auch, warum in rituellem Rahmen bestimmte Rauschmittel trotzdem zugelassen sind: Eingebettet in das stark reglementierte Ritual, werden hier aus Rauschmitteln spirituelle Werkzeuge, deren unerwünschte Nebenwirkungen eingehegt sind und die transzendente Verbindungen herstellen sollen.

So lässt sich auch erklären, warum in der katholischen Kirche weiterhin Wein zur Eucharistiefeier gehört. Weil sich jedoch die protestantische Theologie von vielen katholischen Riten abwandte und stattdessen Vernunft, Gebet und ein tugendhaftes Leben als zentrale christliche Pflichten definierte, war die Ablehnung von Alkohol und Drogen ein besonders wichtiger Bestandteil der protestantischen Weltsicht. Mit diesem Mindset reisten amerikanische Missionare nun im 19. Jahrhundert also durch China und erklärten dort sowohl das soziale Elend, das ihnen begegnete, als auch die allgegenwärtigen Widerstände gegen ihre Frohe Botschaft gern damit, dass die Chines*innen eben zu viel Opium rauchten. Bei ihrer Rückkehr in die Heimat berichteten die Missionare dann drastisch vom chinesischen Opiumproblem, zeigten eindrückliche Fotografien von verelendeten Abhängigen und hielten flammende Predigten, in denen sie eindringlich vor der Bösartigkeit des Opiums (»opium evil«) warnten. Ihre Augenzeugenschaft galt als Beleg dafür, dass Opiumkonsum unmoralisch sei und Verfall mit sich bringe.

So wurden Opium und die Folgen seines Konsums in den USA, aber auch in Europa immer mehr als Themen behandelt, bei denen es vor allem um Sittlichkeit und Anstand ging. Schon in den Texten der Romantik und den Mythen um die Opiumhöhlen schwang mit, dass es gegen die gängigen gesellschaftlichen Normen verstieß, sich dem Drogenrausch hinzugeben. So erschienen zum Beispiel De Quinceys Opiumbekenntnisse im Original unter dem Titel *Confessions of an English Opium-Eater*, es handelte sich also um eine »Beichte«, was den Opiumkonsum implizit zur Sünde erklärte. Doch nicht nur in der Literatur, sondern auch in der Wissenschaft mischten sich im späten 19. Jahrhundert permanent moralische Urteile in Analysen der körperlichen und gesellschaftlichen Effekte von Drogenkonsum, Abhängigkeit und Rausch. Ein Blick in eine kleine Auswahl von typischen Schriften zu diesem Thema aus dem späten 19. Jahrhundert macht deutlich, dass hier keineswegs eine nüchterne medizinische Auseinandersetzung über die Wirkungsweisen von Drogen stattfand. So wurden zwar in frühen Abhandlungen zu Drogen und Abhängigkeit in dieser Zeit erste Vermutungen zu den körperlichen Zusammenhängen von Sucht und Substanzkonsum angestellt, diese wurden jedoch durchgehend mit moralischen Kategorien beschrieben, beurteilt und vermischt. Bis heute schwingt diese moralische Konnotation besonders in dem Begriff »Sucht« mit.

Ein erstes Textbeispiel, das die moralisierende Haltung der frühen Abhängigkeitsforschung illustriert, findet sich in einer Abhandlung des US-Amerikaners Henry Hubbell Kane. Er verurteilt das Opiumrauchen in glühenden Worten und warnt eindringlich vor dessen Folgen:

> *»Betrachtet von jedem möglichen Standpunkt ist das Opiumrauchen eine dreckige und widerliche Praxis. Es ist das Riff, an dem die Moral zerschellt, um zu sinken; es ist ein Fluch für Eltern, Kinder und die Regierung; es ist ein fruchtbarer Nährboden des Verbrechens, der Lüge, des Wahnsinns, der Schulden und des Selbstmordes; ein Gift für Hoffnung und Ehrgeiz; ein Spalter der Familienbande; es züchtet erst Sinnlichkeit und letztlich Impotenz; es zerstört die körperliche und die mentale Funktionsfähigkeit; und so muss es von jedem ehrlichen Mann und jeder tugendhaften Frau mit Abscheu betrachtet werden.«*[6]

Kane bringt hier ein ganzes Bündel sozialer Schwierigkeiten mit dem Konsum von Opium in Verbindung und prophezeit den Konsument*innen den sicheren sozialen und körperlichen Niedergang. Er setzt dabei voraus, dass die Betroffenen ohne den Opiumkonsum gesund, zufrieden und moralisch einwandfrei gelebt hätten. Opium wird hier als teuflischer Verführer gedacht, der den Menschen ohne Not ins Verderben zieht. Dass es anders sein könnte, dass beispielsweise besonders Menschen, die sich aus anderen Gründen bereits in Schwierigkeiten befanden, *deshalb* zur Opiumpfeife griffen, wird nicht in Betracht gezogen. Als Ursache des Opiumkonsums kommen für Kane nur moralisches Versagen und charakterliche Schwäche infrage.

Mit dieser Interpretation war er nicht allein. Auch in Großbritannien und dem Deutschen Reich wurden Substanzkonsum und Abhängigkeiten im 19. Jahrhundert unter dem Titel »Sucht« als Produkte moralischer Verfehlung gedeutet. So erklärte zum Beispiel der schottische Arzt und Nüchternheitsaktivist Norman Kerr in einer Abhandlung von 1888, ein typisches Merkmal narkotischer Intoxikation sei die Perversion aller Neigungen. Opium verwandle den mannhaften (»manly«), freundlichen Zeitgenossen in einen weibischen, faselnden, quengeligen Langweiler (»an effeminate, driveling, querulous bore«). Es mache ihn nervös, unruhig und erregbar und verführe ihn zu Spekulation und Glücksspiel. Zum Schluss der Passage brachte Kerr sein Urteil auf den Punkt: Opiumsucht gehe häufig einher mit Unmoral.[7]

Ähnlich argumentiert auch der österreichische Arzt, Schriftsteller und Zionist Max Nordau. In seiner Schrift mit dem Titel *Entartung* aus dem Jahr 1892 trieb er die Verquickung von moralischen und medizinischen Kategorien noch deutlich weiter auf die Spitze als seine angelsächsischen Kollegen. Er beschreibt darin die Kunst und Literatur des Fin de Siècle als Anzeichen einer allgemeinen Degeneration der Menschheit. Doch es ist kein rein kultureller Niedergang, den er prophezeit. Tatsächlich behauptet er, jeder einzelne Künstler und Schriftsteller der Bewegungen des Fin de Siècle müsse nur körperlich untersucht und nach seinem Stammbaum befragt werden, und schon könne man nachweisen, dass es sich um einen »Entarteten« handele. (Weibliche Kunstschaffende kann Nordau sich vermutlich gar nicht vorstellen.) Diese »Entartung« äußerte sich nach Nordaus Überzeugung in der Unsittlichkeit des jeweiligen Künstlers, er kenne kein Gesetz und keine Schamhaftigkeit, folge jedem Trieb, sei selbstsüchtig, impulsiv, pessimistisch und neige zum Mystizismus. Diese moralischen und spirituellen Kategorien verquirlt Nordau in der Folge munter mit körperlichen: Zu erkennen sei der »Entartete« zum Beispiel an der Asymmetrie seines Gesichtes und Schädels. Überhaupt sei die Entartung eine körperliche Krankheit, und der Grund für diese Krankheit sei eine Vergiftung – ausgelöst durch eine abstruse Liste von Giften und körperlichen Leiden. Noch vor Arsenik, mutterkornhaltigem Brot, verdorbenem Mais, Sumpffieber, Syphilis, Tuberkulose und der Kropfkrankheit nennt Nordau als Auslöser der kulturellen und moralischen Degeneration der Menschheit: Alkohol, Tabak, Opium und Haschisch.

Dass hier moralische und medizinische Kategorien in derart

wilder Mischung auftraten, lag daran, dass die Medizin im 19. Jahrhundert zwischen beiden keinen klaren analytischen Unterschied machte. Zugrunde lag dieser Verquickung die philosophische Vorstellung, es gebe genau eine tatsächliche Realität, somit also auch genau eine korrekte *Wahrnehmung* dieser Realität. Alle Wahrnehmungen, die diese »echte« Realität irgendwie abweichend darstellten, wurden als fehlerhaft angesehen. Alle Zustände, die solche abweichenden Wahrnehmungen hervorriefen, wurden daher für miteinander verwandt erklärt: Traum, Rausch und Wahnsinn waren also zwar unterschiedliche Phänomene, besaßen aber einen gemeinsamen Kern. Dieser bestand in der Fehlerhaftigkeit der Wahrnehmungen, die diese Zustände hervorriefen – und ihre Bewertung als falsch hatte immer auch eine moralische Seite. Das galt für Drogen in besonderer Weise, denn der Drogenrausch war ja, anders als der Traum oder der Wahnsinn, ein gezielt gewählter Zustand der Selbstverblendung.

Die unter Medizinern verbreitete Logik, Drogenkonsum sei an sich eine moralische Verfehlung und führe dann auch noch zu moralischer Degeneration, zieht sich in den folgenden 150 Jahren durch die Debatten um Drogenkonsum: Die als ursprünglich unschuldig vorgestellten Bürger*innen erliegen demnach der Versuchung, werden vielleicht sogar von der Droge selbst verführt – die Droge gewinnt hier ein Eigenleben und wird tatsächlich immer wieder als eigenständiger, ja teuflischer Akteur wahrgenommen, gegen den sich die Konsument*innen nicht zur Wehr setzen können. Dann beginnt der Verfall. Weil zusätzlich davon ausgegangen wird, die Droge selbst erzeuge mit ihren pharmakologischen Eigenschaften nicht nur den Rausch, sondern auch die Abhängigkeit, wird in dieser Vorstellung schon der erste Drogenkonsum zum Sündenfall. Wer es wagt, wer sich verführen lässt, wer die teuflische Substanz auch nur einmal in seinen Körper einlädt, wird automatisch hinabgerissen in einen Strudel: Der Rausch wird zur Sucht, und die Sucht bringt körperliche und moralische Degeneration. So wird es eine Frage der Moral, sich gegen die psychoaktive Ursünde zu wehren und möglichst komplett nüchtern zu bleiben. Dieses Interpretationsmuster begleitet uns in Debatten um Drogenkonsum bis heute, obwohl es durch die Forschung längst widerlegt ist. (Dazu später mehr.) Es führt dazu, dass Drogenkonsument*innen selbst die Verantwortung für ihr Elend zugewiesen wird – denn sie hätten ja nicht damit anfangen müssen, Drogen zu nehmen. Selber schuld.

Auf diese Weise wurde im Lauf des 20. Jahrhunderts mit Vorliebe immer dann argumentiert, wenn es um Betroffene ging, die ohnehin am Rand der Gesellschaft standen. Der britische Kulturhistoriker Timothy Hickman hat gezeigt, dass die Interpretation von Drogenabhängigkeit seit Ende des 19. Jahrhunderts immer stark davon abhing, *wer* von dieser Abhängigkeit betroffen war. Waren es Menschen, die den Interpretierenden in irgendeiner Weise randständig, machtlos oder verurteilenswert erschienen, wurden sie selbst für ihren Drogenkonsum und dessen Konsequenzen verantwortlich gemacht. Waren es hingegen respektierte Mitglieder der Gesellschaft mit der »richtigen« ethnischen Zugehörigkeit, dem »richtigen« Geschlecht und gehörten sie der »richtigen« gesellschaftlichen Klasse an, tendierten die Interpretierenden dazu, medizinische Zusammenhänge zu betonen. Wenn etwa ein armer Afroamerikaner kokainabhängig war, war das seine eigene Schuld. Wenn aber ein weißer junger Mann aus der Mittelschicht morphiumabhängig aus dem Bürgerkrieg heimkehrte, waren es die körperlichen Mechanismen der Substanzabhängigkeit, mit denen dieser Umstand erklärt wurde. Der afroamerikanische Kokainsüchtige war schuldig, der weiße Morphinist unschuldig. Der Kokainsüchtige war kriminell, der Veteran war krank. Unter welchen elenden Umständen der Kokainsüchtige seinen Konsum begonnen hatte, fiel dabei ebenso wenig ins Gewicht wie die Tatsache, dass bei Weitem nicht jeder Veteran, der im Krieg mit Morphium behandelt worden war, von dem Opiat abhängig wurde.

Drogenkonsum wurde so im 19. Jahrhundert zu einem Gegenstand moralischer Debatten. Fragen nach Tugend und sittlichem Verhalten rückten vor allem in den USA deshalb in den Vordergrund vor Fragen nach physiologischen oder psychologischen Zusammenhängen. Das hatte gravierende Folgen für den Umgang mit Drogenkonsum und -abhängigkeit, die in den folgenden Kapiteln dieser Geschichte immer wieder aufscheinen werden und die uns zum Teil bis heute verfolgen.

Eine dieser Folgen betraf den Umgang mit Drogenabhängigen. So versuchten Mediziner und Missionare im 19. Jahrhundert sowohl in den USA als auch in westlich betriebenen Missionsstationen in China, Opiumabhängigkeit zu kurieren. Dabei führte eine unheilvolle Mischung aus Heilungsabsichten, dem Bedürfnis nach Bestrafung der Schuldigen und medizinischem Unwissen zu einer Reihe von blinden medizinischen Versuchen am lebenden Menschen. Glück hatte dabei, wer mit Wundermitteln behandelt wurde, die die Opiumabhängigkeit heilen sollten. Die Mittel trugen Namen wie »Jesus Opium« und sollten die Befreiung bringen. In Wahrheit enthielten sie jedoch selbst Opiate – und funktionierten deswegen ganz wunderbar. Jedenfalls so lange, bis man sie absetzte. Früher oder später jedoch wurden die meisten Abhängigen, die behandelt werden sollten, brutalen Entzugskuren ausgesetzt. Ziel war es, die Betroffenen von ihrer üblen Gewohnheit zu reinigen. Sie litten dabei oft schlimme Qualen, ohne auch nur mittelfristig von ihrer Abhängigkeit befreit zu werden. Die »Heilung« wurde so zum Sühneritual, aus dem die Betroffenen gereinigt und geläutert hervorgehen sollten, das aber vermutlich bei den meisten vor allem traumatisierend wirkte und so die Anfälligkeit für Rückfälle noch steigerte.

Diese Idee, Entziehungskuren als Sühnegelegenheit zu interpretieren, hat sich bis in die Gegenwart gehalten. Sie zeigt sich zum Beispiel in dem häufig wiederholten Filmklischee der Drogen-Reha: Geläuterte Jugendliche, die kleinlaut und sichtlich

»clean« auf der Rückbank des elterlichen Autos sitzen, nachdem sie aus der Rehaklinik abgeholt worden sind, versteht das Publikum selbstverständlich als Figuren, die nach hartem Kampf nun frei von Sünde eine zweite Chance bekommen werden. Dass hier auf der Rückbank jemand Krankes sitzt, während die Ursachen dieser Krankheit mit einiger Wahrscheinlichkeit am Steuer und auf dem Beifahrersitz zu finden sind, wird in diesem Klischee nicht transportiert. Sondern: Die Sucht war die (selbst verschuldete) Sünde, die Reha die (verdient durchlittene) Sühne, die Entlassung die (gnädige) Absolution.

Eine andere Folge der Interpretation von Drogenkonsum als moralisches Thema war, dass im Nachdenken über dieses Thema die Gesellschaft in den Vordergrund rückte. Während medizinische Fragen üblicherweise in erster Linie auf das Wohlergehen des Individuums fokussiert sind, geht es bei moralischen Fragen vordergründig um ein funktionierendes Zusammenleben innerhalb von Gesellschaften. Im Zusammenhang mit Drogen ging es dementsprechend bald vorrangig darum, Gesellschaften vor den Folgen von Drogenkonsum zu schützen. Die individuelle Gesundheit und das Leiden des Einzelnen rückten dagegen in den Hintergrund, zumal die Konsument*innen weniger als Opfer des Drogenkonsums wahrgenommen wurden denn als *Täter*innen,* die durch ihr Verhalten das Kollektiv schädigten. Das führte dazu, dass Drogenkonsument*innen zuerst als Gefahr für die Gemeinschaft wahrgenommen wurden und dann erst (wenn überhaupt) als Opfer einer Krankheit. Das wiederum hatte zur Folge, dass sie in erster Linie bestraft wurden und man erst in zweiter Linie versuchte, ihnen ernsthaft zu helfen – und zwar oft nur, um wiederum die Gesellschaft vor den Folgen ihres Drogenkonsums zu schützen. Dies galt besonders, wenn sie ohnehin schon am Rand der Gesellschaft standen. Gleichzeitig wurden immer wieder Wege gefunden, über den Drogenkonsum der Bessergestellten hinwegzusehen.

Drogenkonsum wurde so im Lauf des 19. Jahrhunderts zu einer Frage der *Sittlichkeit*. Weil man sich langsam darauf einigte, dass der Konsum von Drogen das Zusammenleben erschwere, bildeten sich zunächst gesellschaftliche Normen und Tabus heraus, die diesen Konsum einhegten. Diese Sittlichkeitsnormen standen nicht allein da: Ein ganzes Bündel an Vorschriften regulierte, wie die einzelnen Mitglieder der westlichen Gesellschaften im 19. Jahrhundert mit ihren Körpern umzugehen hatten. Unter der Überschrift »Das tut man eben nicht!« versammelten sich Regeln dazu, wer mit wem wann und wo Sex haben durfte, wer sich wie zu kleiden hatte, wie geboren und gestorben wurde und nun eben auch, unter welchen Umständen und in welchem Rahmen (Drogen-)Rausch erlaubt sein sollte. Hier ging es nicht im philosophischen Sinne um Fragen der Moral und Ethik, die zwischen richtigem und falschem Handeln unterschieden hätten. Vielmehr ging es um Fragen des *Benehmens*. Abweichungen wurden hier zwar auch als »böse« beurteilt, und Verfechter*innen sittlicher Vorschriften waren daran interessiert, sie als moralische Verfehlungen zu verkaufen. In Wirklichkeit waren aber Abweichungen von Sittlichkeitsregeln daran zu erkennen, dass sie zwar sehr grundsätzliche Fragen betrafen, gleichzeitig aber *nicht* mit klaren moralischen Argumenten (wie zum Beispiel mit Gerechtigkeit, Gewaltfreiheit oder Ähnlichem) hantierten. Vielmehr ging es bei der Verurteilung von Sittlichkeitsvergehen häufig um vage Gefühle von Ekel, Scham und Abneigung.

In den westlichen Gesellschaften waren die Regeln für Sittlichkeit und Anstand, die die Körperlichkeit einhegten, ursprünglich religiöse Vorschriften gewesen. Zuverlässig wurden sie jedoch zum Teil bereits in der Frühen Neuzeit (ca. 1500 bis 1800) in staatliche Gesetze überführt. Es entstand ein ganzes Set an Sittlichkeitsgesetzen (»morality policies«[8]) rund um die Themen Leben und Tod, Sexualität und Abhängigkeit. Dieses Schicksal stand nun auch dem Drogentabu bevor. Drogenkonsum zwecks

Rausches und Lustgewinns war damit in der Schmuddelecke gelandet, wo er mit Homo- und Transsexualität, Prostitution, außerehelichem Sex, Abtreibung, Sterbehilfe, Suizid, Exhibitionismus und anderen *No-Gos* fortan eine beschämte Existenz in Untergrund und Illegalität zu führen verurteilt war.

Im späten 19. Jahrhundert wurde der Konsum von Rauschgiften in den USA und Europa immer häufiger mit moralischen Kategorien beurteilt. Weil aber dieser Konsum in den USA deutlich verbreiteter war als in Europa, wurde dort Rauschgift allmählich zu einem gesellschaftlichen Problem, während seine Verurteilung zwar auch in manchen europäischen Ländern stattfand, dabei aber weitgehend in den einschlägigen Fachdebatten unterging. Nicht die gesundheitlichen Folgen von Drogenmissbrauch erregten nun in den USA immer heftigere Abwehrhaltungen bei allen, die sich selbst für anständige Bürger*innen hielten. Vielmehr war es eine Mischung aus kulturellen und körperlichen Degenerationsängsten, christlichen Enthaltsamkeitstugenden, rassistischen Reaktionen auf Opium rauchende chinesische Migranten und vage formulierten, aber umso überzeugter vorgetragenen Vorstellungen von Sittlichkeit und Moral, die sich gegen Drogenmissbrauch im Allgemeinen und das Opiumrauchen im Besonderen richteten. Rauschgiftkonsum wurde deswegen immer intensiver als Sünde wahrgenommen. Entsprechend heftig wurde der Konsum von psychoaktiven Substanzen ohne medizinische Indikation abgelehnt – und entsprechend einleuchtend erschien vor diesem Hintergrund die Idee, die Gesellschaft durch Verbotsgesetze vor dieser Sünde schützen zu müssen. So entstand die Utopie der nüchternen Gesellschaft, die es in der Realität wohl nie gegeben hat, die aber nun begann, als Idealbild die berauschte Realität schmutzig und reformbedürftig aussehen zu lassen.

3

VON DER SÜNDE ZUM VERBOT

Der Missionar von Manila: Wie Opium ein Thema der Weltpolitik wurde

Gegen Ende des 19. Jahrhunderts kippte in den USA die drogenpolitische Stimmung. Zwar konnten die meisten Drogen immer noch in der Apotheke gekauft und unkontrolliert konsumiert werden, doch der Konsum geschah bei Weitem nicht mehr so sorg- und gedankenlos wie noch zu Beginn des Jahrhunderts. Inzwischen hatte sich eine wilde Mischung aus Assoziationen mit dem Drogenbegriff verbunden: Drogen waren Heilmittel und Rauschgifte, sie machten abhängig und führten ins Elend, sie zu konsumieren konnte gesund machen, war aber irgendwie auch böse oder krank – je nachdem, wer sie aus welchen Gründen zu sich nahm. Doch aus einer kippenden Stimmung wird nicht automatisch ein Gesetz. Wie aus der wachsenden Angst vor Drogen nicht nur ein nationales Drogenverbot entstand, sondern ein globales Prohibitionssystem, ist eine verwickelte Geschichte. Sie beginnt ganz am Anfang des 20. Jahrhunderts in Manila auf den Philippinen.

Dort übernahm im Jahr 1901 ein junger Mann namens Charles Brent das Amt des ersten philippinischen Bischofs der episkopalen Kirche. Dass es dieses Amt überhaupt gab, lag daran, dass die Philippinen seit 1898 eine US-amerikanische Kolonie waren. Im Spanisch-Amerikanischen Krieg hatten die USA dem alten spanischen Imperium mit Kuba, Puerto Rico, Guam und den Philippinen die letzten bedeutenden Überseekolonien weggenommen. Während Kuba schon kurze Zeit später in die formelle Unabhängigkeit entlassen und durch aufgezwungene Verträge an die USA gebunden wurde, gingen die Philippinen, Puerto Rico und Guam in amerikanischem Besitz über und wurden so die ersten formalen amerikanischen Kolonien.

Global gesehen war dieser Vorgang zeittypisch. Um 1900 befand sich der internationale Wettstreit um die Weltherrschaft seit Jahrzehnten in einer heißen Phase, überall auf der Welt kam es zu Landnahmen und kleineren und größeren Auseinandersetzungen um Kolonien, die dann vom einen in den anderen Machtbereich übergingen. Neu war, dass sich auch die USA an diesem Spiel der Großmächte beteiligten. Zuvor hatten sie sich programmatisch auf die Herrschaft über den eigenen Kontinent beschränkt und nur widerwillig an der Weltpolitik teilgenommen. Dass sie nun über die Philippinen herrschten, hatte wirtschaftlich große Vorteile, da man in Washington hoffte, über Manila die Handelsbeziehungen nach China stärken zu können, wo man große Absatzmärkte für die amerikanische Wirtschaft im Auge hatte.

Doch politisch war die Landnahme im Pazifik nicht leicht zu legitimieren. Die USA waren selbst ursprünglich eine Kolonie gewesen und erst seit einem guten Jahrhundert unabhängig von Großbritannien. Unabhängigkeit, Selbstbestimmung und die Befreiung aus der kolonialen Unterdrückung aus eigener Kraft machten den Kern des amerikanischen Selbstverständnisses aus. Dass nun die ehemalige Kolonie selbst Kolonien besaß, war unter diesem Gesichtspunkt kaum zu rechtfertigen, und so machten sich die US-amerikanischen Herrschaftseliten daran, das Gleiche zu tun wie ihre europäischen Kollegen: Sie schwiegen möglichst darüber, welche Vorteile sie selbst aus der Herrschaft über ihre Kolonien zogen, und sprachen umso eifriger davon, welche Vorteile die *Kolonien* aus dieser Herrschaft ziehen würden.

Ganz oben auf der Liste der Versprechen an die Unterworfenen stand die Verheißung, die USA würden die Bevölkerung ihrer Kolonien *zivilisieren*. Unter dieser durch und durch rassistischen Überschrift rechtfertigten Imperien weltweit die unterschiedlichsten Maßnahmen: Der Aufbau von Infrastruktur und Bildungsinstitutionen fiel ebenso darunter wie die brutale Unterdrückung indigener Bräuche und die Zerstörung lokaler politischer Strukturen zugunsten kolonialer Herrschaftssysteme. Doch es waren nicht nur die Verwaltungsbeamten, die mit der amerikanischen Zivilisation im Gepäck über den Pazifik kamen und sich auf den Philippinen breitmachten – es waren auch die Missionare. Einer von ihnen war Bischof Brent. Er sollte für die episkopale Kirche eine überseeische Filiale eröffnen, damit den christlichen Glauben auf die Philippinen bringen und dabei helfen, die indigene Bevölkerung mithilfe des Christentums zu »zivilisieren«. Ziel dieser Bemühungen waren dabei ebenso die sogenannten »Heiden« wie diejenigen Filipinos und Filipinas, die sich vorher bereits von den Spaniern zum Katholizismus hatten bekehren lassen.

Brent war 1861 als Kind eines anglikanischen Predigers in Ontario in Kanada geboren worden und als junger Mann in die USA emigriert. Dort hatte er in der episkopalen Kirche von Boston als Prediger und Missionar Karriere gemacht. Als nun 1901 der Posten des philippinischen Bischofs zu besetzen war, fiel die Wahl auf ihn. In Manila angekommen, war Brent bald mit einem Problem konfrontiert, das ihm in Boston nicht begegnet war. Auf den Philippinen lebten ungefähr 70 000 chinesische Migranten. Unter der Herrschaft der Spanier war ihr Opiumkonsum legal gewesen. Wie die meisten Kolonialmächte in Asien hatte auch Spanien ein Opiummonopol eingerichtet, also den Opiumhandel auf den Philippinen staatlich kontrolliert und somit kräftig am Opiumkonsum der lokalen Bevölkerung verdient. Nun musste darüber entschieden werden, ob die US-amerikanischen Herrscher diese Strategie übernehmen wollten oder ob sie das Opiummonopol abschaffen würden.

Brent hatte zu dieser Frage eine klare Meinung: Er fand, die USA müssten ihre neuen Untertanen vom »Opiumübel« befreien und sah diesen Nüchternheitsexport als Chance für die amerikanische Zivilisierungsmission. Mithilfe seiner hervorragenden Verbindungen nach Washington erreichte er, dass die Frage eingehend von einer Kommission erörtert werden sollte, in der auch er selbst mitwirken durfte. So begab er sich mit der *Philippine Commission on Opium* im August 1903 für ein halbes Jahr auf eine Reise durch Ost- und Südostasien, um die Umrisse des dortigen Opiumproblems zu ermitteln und sich eine Meinung darüber zu bilden, wie mit Opium umzugehen sei.

Die Reise der Kommission führte die amerikanischen Herrschaften per Dampfschiff durch den pazifischen Raum zu allen Kolonialmächten, die dort in dieser Zeit vertreten waren. Aufgebrochen waren sie in Manila auf den amerikanischen Philippinen, danach besuchten sie das britisch beherrschte Hongkong, dann Tokio in Japan, Keelung auf Formosa (heute: Taiwan), das gerade zu Japan gehörte, Schanghai an der chinesischen Küste mit seiner britisch-amerikanischen Enklave, Saigon im französischen Indochina (heute: Vietnam), Singapur als Teil der britischen *Straits Settlements*, Rangun im britischen Burma (heute: Yangon in Myanmar) und Batavia auf der britisch beherrschten Insel Java. Vor Ort waren es dann nicht die Opiumkonsument*innen und häufig nicht einmal Vertreter der indigenen Bevölkerung, mit denen die Kommission sprach. Vielmehr unterhielten sich die amerikanischen Reisenden ausgiebig mit Vertretern der europäischen, japanischen und chinesischen Regierungen und Kolonialherren und sammelten in 52 Interviews alle Informationen, die den lokalen Herrschaftseliten über Opium zur Verfügung standen. Neun der Gespräche führten sie mit Missionaren, und trotzdem kam ihnen ihre Vorgehensweise objektiv und unvoreingenommen vor. In ihrem Abschlussbericht entwarfen sie einen detaillierten Plan, wie die Philippinen im Lauf von drei Jahren opiumfrei werden sollten: Der Opiumanbau und das Betreiben von Opiumkneipen sollte verboten werden, die Einfuhr nach drei Jahren auch, und fortan sollte nur noch Opium rauchen dürfen, wer sich als »süchtig« ausweisen konnte. Die Opiumabhängigen sollten drei Jahre Zeit bekommen, sich den Opiumkonsum abzugewöhnen. Wer gegen diese Vorschriften verstoßen würde, sollte bestraft werden, und schon Schulkindern sollte beigebracht werden, welche üblen Folgen die Opiumpfeife habe. Im Jahr 1904 entwarf Brent damit ein drogenpolitisches Programm, das bereits die meisten Elemente enthielt, die die westliche Drogenpolitik des 20. Jahrhunderts prägen sollten: Anbau und Handel verbieten, Konsum bestrafen, Jugendliche warnen – damit war das drogenpolitische Grundrepertoire etabliert.

Brent und seine Kollegen waren zufrieden mit ihrer Arbeit und hofften, mit ihrem Bericht zur Lösung »eines der größten moralischen Probleme des Orients« beigetragen zu haben – »wenn nicht des größten überhaupt«.[9] Mit dieser Einschätzung der Lage traf Brent weder in Manila noch in Washington auf großen Widerstand. 1905 erließ der US-Kongress ein Opiumverbot für die Philippinen und setzte Brents Vorschläge weitgehend in die Tat um. Allerdings zeigte sich bald, dass das neue philippinische Opiumverbot wenig änderte. Der philippinische Archipel bestand aus 7107 Inseln und lag zwischen China, Formosa, Indochina und den *Straits Settlements* im Südchinesischen Meer – zwischen lauter Orten also, an denen das Opiumgeschäft legal weiterging. Sobald der legale Opiumhandel auf den Philippinen beendet wurde, begann der Opiumschmuggel.

Nun hatte Brent bei seiner Reise mit der Kommission auch in Schanghai haltgemacht und sich ausführlich über die chinesischen Opiumprobleme informieren lassen. Das Bild, das er sich dabei von den chinesischen Opiumkonsument*innen gemacht hatte, war keineswegs positiv. Seine Beschreibungen der gelangweilten Chines*innen, die eben faul und unkreativ seien, denen in ihrer Freizeit nichts Besseres einfiel als die Opiumpfeife und die überhaupt anfällig seien für Süchte, triefen vor Rassismus. Möglicherweise weckte dieses herablassende Bild seinen Ehrgeiz – jedenfalls legte er in den folgenden Jahren seinen Fokus auf die chinesische Opiumpolitik, denn er kam immer mehr zu der Überzeugung, dass nur eine Lösung des chinesischen Opiumproblems es ihm möglich machen würde, die neuen US-amerikanischen Untertanen auf den Philippinen vom Opium zu befreien.

Leider konnte Bischof Brent zunächst kaum hoffen, von Manila aus Einfluss auf den britisch-indisch-chinesischen Opiumhandel zu gewinnen – bis plötzlich Bewegung in die chinesische Opiumpolitik kam. Die Opiumkriege waren seit einem halben Jahrhundert vorbei, als sich 1906 in China eine kaiserlich geförderte Nationalbewegung entwickelte, die China aus der Abhängigkeit und zu alter nationaler Größe zurückführen wollte. Ein zentraler Gegenstand dieser Nationalbewegung war der chinesische Opiumkonsum, der nun zur Ursache aller Probleme erklärt wurde, die die chinesische Gesellschaft so plagten. Ähnlich wie in den westlichen medizinischen Handbüchern wurde nun auch hier Opium zum Sündenbock: Es mache abhängig, verschlinge Vermögen, bedrohe die Familie und damit den sozialen Zusammenhalt, greife die körperliche wie die mentale Gesundheit an und zersetze die Moral. Vor allem aber eignete sich Opium hervorragend als Symbol für die britische Unterwerfung. So wurde die Forderung nach Opiumreformen bald zu einer Chiffre für den antiimperialen Aufstand.

1906 kulminierte die chinesische Reformbewegung in einem neuen kaiserlichen Anti-Opium-Edikt, das ein deutscher Gesandter in Peking eilig aus der *Pekingzeitung* ins Deutsche übersetzte und nach Hause schickte:

> *»Seit Aufhebung des Opiumverbots hat sich dieses Gift fast überall [...] in China verbreitet. Diejenigen, welche dem Opiumgenuß ergeben sind, vergeuden ihre Zeit und ihr Vermögen, werden krank und richten ihre Familie zugrunde. Die in den letzten Jahrze[hnten] mit jedem Tag mehr in Erscheinung tretende Armut und Schwäche im Lande hat darin ihren wahren Grund. Es ist ein Jammer, daß man das sagen muß. Jetzt, wo die Kaiserliche Regierung mit entschlossenem Eifer nach Kräftigung des Reiches strebt, ist es eine ihrer dringendsten Pflichten, ihre Untertanen zu warnen und ihnen an das Herz zu legen, daß sie sich aufraffen, damit das tief eingewurzelte Übel beseitigt und dadurch Wohlstand und Ruhe herbeigeführt [werden].«*[10]

Wenn nun also die chinesische Regierung einen neuen Anlauf nahm, sich gegen die britischen Opiumeinfuhren zu wehren, dann war Bischof Brent gern bereit, sie in dieser Sache zu unterstützen. Schon im Juli 1906, also zwei Monate vor Veröffentlichung des Edikts, schrieb er einen Brief an den US-amerikanischen Präsidenten Theodore Roosevelt, in dem er darum bat, die amerikanische Regierung möge eine Opiumkonferenz einberufen. Wenn er schon nicht in die bilateralen Verhandlungen zwischen China und Großbritannien eingreifen konnte, wollte er versuchen, das Thema auf dem internationalen Parkett zu verhandeln. Immerhin konnte er argumentieren, auch andere Länder hätten ein Interesse daran, die internationalen Opiummärkte zu regeln, denn alle, die ihre nationalen Opiummärkte kontrollieren wollten, litten unter der unregulierten Situation auf dem Weltmarkt.

Mit seiner Idee traf Brent bei der Regierung in Washington auf offene Ohren, denn diese verfolgte eine Handelspolitik der offenen Tür. Das bedeutete, dass sie sich international starke Partner mit blühenden Wirtschaften wünschte, mit denen sie friedlich Handel treiben konnte. Weil die US-amerikanischen Händler mit Rücksicht auf die chinesischen Gesetze bereits in den 1880er-Jahren aus dem Opiumhandel in China ausgestiegen waren, hatten die USA in diesem Geschäft nichts mehr zu verlieren. Gute Beziehungen zu dem riesigen Land jenseits des Pazifiks konnten dagegen für die USA politische und vor allem wirtschaftliche Chancen bergen – besonders, wenn die chinesische Reformbewegung zu einer Erholung der chinesischen Wirtschaft führen würde.

Dass Brent und die politischen Machthaber in Washington sich vorstellen konnten, die Opiumfrage in multilateralen Verhandlungen zu lösen, hing auch damit zusammen, dass sich die Struktur der internationalen Beziehungen seit dem Ersten Opiumkrieg grundsätzlich gewandelt hatte. In den 1830er-Jahren war Weltpolitik vor allem von imperialen oder bilateralen Konflikten geprägt gewesen. Diplomaten trafen sich höchstens zu großen Konferenzen, um über die Bedingungen von Krieg und Frieden zu beraten. Das hatte sich in den Jahrzehnten danach jedoch geändert. Im Lauf des 19. Jahrhunderts war der Globus immer enger zusammengewachsen, und diese beschleunigte Vernetzung hatte von allen Beteiligten eine Menge Absprachen verlangt: Diplomaten, aber auch Experten und Technokraten ohne politische Erfahrung hatten über die Kooperation der Telegrafen- und Postämter verhandelt, über Urheberrechte und die Position des Nullmeridians, über Zeitzonen und die Breite von Eisenbahnschienen, über Seuchenbekämpfung und den Bau des Panamakanals, über Weltausstellungen, das Rote Kreuz und die gemeinsame Nutzung transnationaler Wasserwege, über das Gewicht eines Gramms, die Länge eines Meters und über die Gründung von internationalen Organisationen, die sich mit diesen und ähnlichen Problemen beschäftigen sollten. Internationale Absprachen waren die Grundlage der Globalisierung, und so waren sie zwangsläufig zur neuen Normalität geworden.

Im Jahr 1907, während Brent noch auf eine Antwort aus Washington wartete, gab sich die Weltgemeinschaft außerdem neue Regeln für solche Absprachen. In Den Haag fand in diesem Jahr zum zweiten Mal die Haager Friedenskonferenz statt, die seit 1899 damit beschäftigt war, das Völkerrecht zu kodifizieren. Die Delegierten von Den Haag legten 1907 ein detailliertes Regelwerk vor, in dem sich die Anwesenden auf Spielregeln für internationale Zusammenkünfte geeinigt hatten.

Dieses Regelwerk kam Brent und seinen Verbündeten zu Hilfe, denn die US-amerikanische Einladung zu einer Opiumkonferenz stieß vor allem in London auf Empörung. Zwar war das britische Empire schon lange nicht mehr so abhängig von den indischen Opiumexporten wie noch Mitte des 19. Jahrhunderts. Doch London sah nicht ein, warum über die Opiumfrage gesprochen werden sollte, denn aus der Sicht der Briten war das Thema gerade zufriedenstellend geregelt worden. 1907 hatte Großbritannien China das *Ten Year Agreement* diktiert. Es sah vor, dass die Briten im Lauf der kommenden zehn Jahre die Opiumexporte langsam und stetig reduzieren würden, um sie 1917 komplett einzustellen. Nach einer dreijährigen Probephase war das Abkommen einseitig von London kündbar. Großbritannien hatte sich also alle Optionen offengehalten und trotzdem den Anschein erweckt, auf die chinesischen Forderungen einzugehen. Diese komfortable Situation mit einer Konferenz aufs Spiel zu setzen, war den Briten überhaupt nicht recht. Gleichzeitig konnten sie es sich jedoch auch nicht leisten, die Einladung der USA einfach auszuschlagen. Es war eine turbulente Zeit, alle paar Monate wurde Europa von einer neuen Krise oder einem neuen Konflikt erschüttert, und jeden Moment rechnete man mit dem Ausbruch des nächsten Krieges – und das nicht zu Unrecht, wie sich 1914 zeigen sollte. Das britische Weltreich hatte jedoch kein Interesse an Krieg, sondern an Stabilität, denn es brauchte all seine Kräfte für die Beherrschung der halben Erdkugel, und so schlug es die Einladung aus Washington nicht einfach aus. Vielmehr gelang es den Briten, einen Kompromiss durchzusetzen. Statt einer Opium*konferenz* einigte man sich auf die Einberufung einer Opium*kommission*.

Die Kommission war ein brandneues Instrument der Diplomatie und gerade erst in Den Haag erfunden worden. Während bei einer Konferenz bevollmächtigte Diplomaten bindende Entscheidungen trafen, die dann von den heimischen Regierungen ratifiziert werden mussten, traf sich eine Kommission, um faktische Fragen zu klären und Resolutionen zu verabschieden. Die Ergebnisse ihrer Verhandlungen waren unverbindlich, konnten problemlos ignoriert werden und passten den Briten deshalb ganz hervorragend in den Kram. Um das Vorhaben nicht ganz aufgeben zu müssen, ließen sich Brent und seine Verbündeten auf die Sache ein. Die Regierung in Washington lud also zur ersten internationalen Opiumkommission, und alle eingeladenen Regierungen sagten zu.

Gute Drogen, böse Drogen: Die Geburtsstunde der Prohibition

Am 1. Februar 1909 trafen sich also 37 Delegierte und ihre Sekretäre aus 13 Staaten in einem Hotel in Schanghai. Die Hafenstadt am Ostchinesischen Meer schien den amerikanischen Gastgebern und ihren chinesischen Verbündeten ideal für eine solche Zusammenkunft, denn es waren die chinesischen Häfen, in denen die indischen Opiumfrachter ankamen und wo deshalb der Opiumkonflikt besonders greifbar war. Schanghai war außerdem bekannt als Metropole des Vergnügens, in der besonders viele Opiumlokale betrieben wurden. Nicht zuletzt gab es hier außerdem auf der Grundlage der Ungleichen Verträge zwischen den Kolonialmächten und dem Chinesischen Reich ein *International Settlement*. Hier konnten britische und amerikanische Händler und Diplomaten sich dem chinesischen Recht entziehen und unter der Herrschaft ihrer Heimatländer in einer kleinen Enklave leben und arbeiten. In diesem Bezirk befand sich auch das frisch renovierte Palace Hotel, das bis heute in einer Reihe mit anderen imposanten kolonialen Bauten die Promenade am Fluss Huangpu überblickt. Auch die europäischen Gäste hatten an diesem Ort also wenig Grund, sich fremd zu fühlen. Die drei Mächte, die beim Opiumthema am meisten zu verlieren oder zu gewinnen hatten, waren China, Großbritannien und die USA. Sie alle befanden sich am Konferenzort in einer Weise auf heimatlichem Territorium, wie es nur in den vielfach überlappten kolonialen Welten dieser Zeit denkbar war. Ebenfalls vertreten waren in Schanghai eine Reihe von weiteren Regierungen, die mit dem Opiumthema in Verbindung gebracht wurden, nämlich Österreich-Ungarn, Frankreich, das Deutsche Reich, Italien, Japan, die Niederlande, Persien (heute: Iran), Portugal, Russland und Siam (heute: Thailand).

Zu Beginn der Konferenz konnte von einem *gemeinsamen*

Opiumproblem dieser 13 Staaten keine Rede sein. Die Delegationen kamen vielmehr mit ganz unterschiedlichen Haltungen zur Opiumfrage in Schanghai an. China wollte für Unterstützung der eigenen Opiumreformen werben und sah in den Verhandlungen eine Chance, das frisch unterzeichnete *Ten Year Agreement* mit internationaler Unterstützung wieder loszuwerden und das Ende der britischen Opiumeinfuhren zu beschleunigen. Kurz: China wollte für die Opiumprohibition werben. Großbritannien gefiel das nicht, die Briten wollten vielmehr versuchen, alle Beteiligten auf die bereits bestehenden Absprachen festzunageln. Hinter den Kulissen war jedoch die britische Haltung komplizierter: Seit 1907 war in London die liberale Partei an der Regierung, die den Opiumexporten nach China eigentlich kritisch gegenüberstand, aber trotzdem die Interessen des Empire vertreten musste. Im Gepäck hatte die britische Delegation außerdem den Bericht einer Untersuchungskommission aus dem Jahr 1895, die ähnlich vorgegangen war wie die *Philippine Commission* unter Brent. In zahlreichen Interviews in Großbritannien und den indischen Kolonien war diese Kommission jedoch zu ganz anderen Ergebnissen gekommen: Sie hatte betont, dass Opium nicht gefährlicher sei als Alkohol und dass der Export aus Indien keine nennenswerten moralischen Schattenseiten habe. Noch komplizierter wurde die Situation dadurch, dass in der britischen Delegation auch Vertreter der britisch-indischen Regierung saßen, für die das Opiumgeschäft eine wichtige Einnahmequelle bedeutete.

Die amerikanische Delegation war angeführt von Brents Verbündetem Hamilton Wright, einem Arzt und Experten für Tropenkrankheiten, der Brents Ansichten zum Opiumkonsum teilte und dessen Herz ebenfalls für die Prohibition schlug. Brent selbst war als US-Delegierter verhindert, denn er saß der Kommission vor, was ihm allerdings großen Einfluss auf die Grundstimmung der Verhandlungen gab und nicht etwa dazu führte, dass er seine prohibitionsfreundlichen Positionen für die Dauer der Verhandlungen abgelegt hätte.

Für die anderen Delegationen stand weniger auf dem Spiel, und doch mischten sich auch Diplomaten aus anderen Ländern in die Debatten ein und beeinflussten mit ihrem Abstimmungsverhalten den Verlauf der Verhandlungen. So schickte beispielsweise das Deutsche Reich einen jungen Mann namens Walter Rößler. Er war erst seit wenigen Monaten Konsul der chinesischen Hafenstadt Kanton (heute: Guangdong) und hatte sich bei seinen vorherigen diplomatischen Stationen auf Sansibar, in Britisch-Ostafrika (heute: Kenia) und in Israel wohl kaum mit Opium beschäftigt. Die deutsche Interessenlage war jedoch leicht zu überblicken. Seit 1901 war im Deutschen Reich gesetzlich geregelt, dass bestimmte Medikamente wie Opium, Morphium oder Heroin nur von Apotheken verkauft werden durften. Mit dem wilden Verkauf hochpotenter Substanzen über die Theken der Drogeriemärkte war es also dort bereits vorbei. Ein Problem hatte das Deutsche Reich mit Opium zu diesem Zeitpunkt nicht.

Im Gegenteil: Das deutsche Opiumgeschäft boomte. Seit Beginn des Jahrhunderts hatten sich die Importe von Rohopium fast verdoppelt, die Exporte der weiterverarbeiteten Opiumprodukte hatten sich etwas mehr als versechsfacht, und der Gesetzgeber verzichtete darauf, das lukrative Pharmageschäft mit Zöllen zu belegen – so steht es in den Unterlagen, die Rößler bei der Kommission von Schanghai einreichte. Auch in China selbst profitierte das Deutsche Reich vom unkontrollierten Freihandel mit Opium. Denn nicht nur Briten und Franzosen hatten sich im Lauf des 19. Jahrhunderts an der chinesischen Küste Besitzungen gesichert. Auch das wilhelminische Deutschland spielte intensiv mit Weltmachtsfantasien und beherrschte seit 1898 im chinesischen Nordosten ein kleines Gebiet namens Kiautschou. In der deutschen Kolonie wurde munter Opium importiert, besteuert und an lizensierte »Opiumdivane« oder andere Geschäfte verkauft, wo die chinesischen Untertanen es erwerben konnten, um es in der Pfeife zu rauchen. Auch das deutsche Imperium verdiente also am Opiumgeschäft – ganz so, wie es die Spanier auf den Philippinen getan hatten, und so, wie die Briten und Franzosen es in ihren asiatischen Kolonien taten, während sie sich zu Hause über die Opiumpfeifen der chinesischen Migranten aufregten. Überraschenderweise schlug sich Konsul Rößler in Schanghai trotzdem auf die Seite der USA und Chinas – vielleicht, weil er wusste, dass die Ergebnisse der Kommission nicht bindend sein würden, vielleicht aber auch, weil die opiumkritische Position seiner persönlichen Überzeugung entsprach.

Die Debatten entwickelten sich ganz so, wie es aufgrund der Interessenlage zu erwarten war. Die Delegierten aus China und den USA argumentierten leidenschaftlich dafür, den weltweiten Opiumhandel unter Kontrolle zu bringen. Ihre Plädoyers waren sehr moralisierend und hantierten mit den protestantischen und nationalistischen Denkmustern, die in den je heimischen Öffentlichkeiten mit der Opiumdebatte verbunden waren: Opium sei das größte Problem der Weltgeschichte, es sei weitreichender als das Problem der Sklaverei, es schwäche den Willen, die Leistungsfähigkeit und den Charakter der Menschen, es sei eine Fessel, die Schwäche, Armut und moralische Degeneration hervorrufe. Sogar Präsident Roosevelt schickte ein Telegramm, in dem er alles Gute wünschte für die Arbeit im Sinne der »allgemeinen Unterdrückung des Opiumübels auf der ganzen Welt« – als sei dieses Ziel das einzig denkbare für eine Opiumkommission.[11]

Ihnen gegenüber standen die Briten, die sichtbar zwischen den Stühlen saßen. Keinesfalls wollten sie den Ausstieg aus dem Opiumhandel beschleunigen, denn selbst bei einem sofortigen Anbaustopp hätten die gelagerten indischen Opiumvorräte gereicht, um China für zehn Jahre damit zu versorgen, wie der Delegierte aus Britisch-Indien halb stolz, halb entschuldigend erklärte. Gleichzeitig erkannte selbst die britische Delegation mehrfach an, dass übermäßiger Opiumkonsum von Übel sei. Ob das ihre Überzeugung war, ob die Delegierten Angst hatten vor der opiumkritischen öffentlichen Stimmung in der Heimat oder ob während der Verhandlungen im Palace Hotel das kollektive Empfinden entstanden war, man dürfe Opium nicht verharmlosen, lässt sich letztlich nicht klären. Sicher ist: In Schanghai traute sich plötzlich niemand mehr, den unkontrollierten Welthandel mit Opium offen zu verteidigen, obwohl mehrere Delegationen im Raum waren, deren Staaten an freien Opiummärkten wirtschaftliche Interessen hatten – und obwohl einer dieser Staaten noch vor wenigen Jahrzehnten zur Verteidigung dieser Märkte zwei Opiumkriege angezettelt hatte. Klar ist auch, dass die Briten nicht bereit waren, sich von der aktuellen Situation zu verabschieden, in der sie den pazifischen Opiumhandel in einem hohen Maß kontrollieren konnten. Konsul Rößler schreibt in seinem Bericht über die Kommission, wie dem britischen Chefdelegierten im Ärger herausgerutscht war: »Wir sind nicht in der Lage anzuerkennen, daß Opium nur zu Heilzwecken abgegeben werden sollte.«[12] Argumente, die den Freizeitkonsum von Opium verharmlosten, waren trotzdem nicht mehr sagbar. Die Stimmung hatte sich gedreht, und Großbritannien saß in der Klemme.

So einigten sich die Delegationen am Ende darauf, den Missbrauch von Opium zu verurteilen. Sie verabschiedeten eine Reihe von Resolutionen, die allesamt nicht bindend waren und deshalb auch die Briten vorerst nicht zu sehr besorgten. Sie hatten es ohnehin mit ihren geschickten Verhandlungsstrategien geschafft, so gut wie alle Resolutionen mit schwammigen Formulierungen so aufzuweichen, dass sie kaum noch als klare Richtlinien einer gemeinsamen Opiumpolitik taugten, weil jede*r in ihnen lesen konnte, was er oder sie wollte. Konsul Rößler schrieb in seinem Bericht voller Frust: »Tatsächlich sind die

Vorschläge [der Kommission] aber in allen wichtigen Punkten so allgemein gehalten, daß ein praktisches Ergebnis nicht davon erwartet werden kann. [...] Das Problem, mit vielen Worten nichts zu sagen, ist hier meisterhaft gelöst.«[13]

Doch mit dieser Einschätzung irrte sich der junge Konsul von Kanton gewaltig. Staunend schrieb er später nach Berlin, die Kommission habe deutlich nachhaltiger gewirkt, als er geahnt hatte. Denn obwohl die Resolutionen nicht dazu taugten, irgendjemanden auf eine bestimmte Opiumpolitik festzunageln, entfalteten sie in den kommenden Jahren eine erstaunliche Wirkung. Einerseits hatte das Kommissionstreffen die entscheidenden Parteien an den Verhandlungstisch gezwungen, von dem sie nun so ohne Weiteres nicht wieder aufstehen konnten. Andererseits aber entwickelte sich der politische Kern der Resolutionen von Schanghai zu einem drogenpolitischen Grundkonsens, hinter den sich die Beteiligten in den folgenden Jahren nicht mehr zurücktrauten und der das 20. Jahrhundert überleben würde.

Dieser Grundkonsens versteckt sich in der dritten Resolution. Sie formuliert die Definition von Drogenmissbrauch, die uns bis heute verfolgt: Der Gebrauch von Opium sei demnach nur zu *medizinischen Zwecken* zulässig. Der Gebrauch zu allen anderen Zwecken müsse durch Verbote oder durch vorsichtige Regulierung kontrolliert werden. Weil nur »fast alle teilnehmenden Länder« sich darüber einig waren und weil sie sich nur »bei Gelegenheit« darum kümmern sollten, ein zunehmend strenges System der Drogenverbote aufzubauen, hatte sich erst mal niemand zu irgendetwas verpflichtet.[14]

Trotzdem war es genau das, was nun passierte. Die mächtigsten Regierungen der Welt verabredeten sich in den kommenden Jahren auf ein globales Drogenregime, das auf nationalen Drogenverboten basierte und den Drogenkonsum zu nicht medizinischen Zwecken unterbinden sollte. Das schillernde Drogenphänomen war so definitorisch unter Kontrolle gebracht: Wo vorher Medikamente, Rauschmittel, Suchtmittel und Gifte fließend ineinander übergingen, gab es nun ein verbindliches Kriterium, das den Unklarheiten ein Ende setzen sollte: Gab es eine *medizinische Indikation* für den Konsum einer Droge, war es eine »gute« Droge, und man nannte sie fortan immer häufiger »Medikament«, obwohl sich besonders im Englischen auch die Bezeichnung »drug« in diesem Zusammenhang bis heute gehalten hat. Gab es aber *keine* medizinische Indikation, war der Konsum derselben Droge böse, dann war es »Missbrauch« und gehörte verboten. Psychoaktive Substanzen, denen der medizinische Nutzen (aus politischen oder pharmakologischen Gründen) im Lauf der kommenden Jahrzehnte ganz abgesprochen wurde, wurden konsequenterweise zu bösen Drogen erklärt und ihr Anbau, ihre Herstellung, ihr Verkauf und ihr Konsum verboten. Die Drogenprohibition war geboren.

Bischof Brent behielt also mit einer seiner Bemerkungen in Schanghai recht: Er hatte erklärt, die Ergebnisse von Schanghai würden weitreichend sein, sie würden auch formale Absprachen nach sich ziehen, und vor allem würden sie Stimmung machen – »and am I not right in thinking that sentiment still rules the world?«.[15] Tatsächlich konnte sich die Stimmung von Schanghai halten. Sie setzte einen Prozess in Gang, der die Drogenprohibition fast in alle Welt exportieren würde.

Als Erstes kehrte die US-amerikanische Regierung jedoch vor der eigenen Tür. Noch während die Verhandlungen in Schanghai liefen, verabschiedete der amerikanische Kongress das erste nationale Drogengesetz, mit dem er das Rauchen von Opium verbot. Kurz zuvor war auch in den USA der Handel mit potenten Medikamenten reglementiert worden. Zwar war er weiterhin erlaubt, doch wachte seit 1906 die *Food and Drug Administration* (FDA) über Herstellung und Etikettierung, sodass die Kund*innen der *drug stores* nun zumindest nachlesen konnten, was sie gekauft hatten.

Als Nächstes machte sich der amerikanische Chefdelegierte Hamilton Wright daran, gleich nach seiner Rückkehr aus Schanghai die erste bindende Opiumkonferenz vorzubereiten. Es gelang ihm, die neue Regierung unter Präsident William Taft von der Wichtigkeit der internationalen Opiumdiplomatie zu überzeugen, und kurz darauf landeten die Einladungen zur ersten Opiumkonferenz von Den Haag auf den Schreibtischen der Außenminister. 1911 gelang dann in den Niederlanden, was in Schanghai noch nicht möglich gewesen war: Die Beteiligten vereinbarten, dass Opium, Morphium, Kokain und alle Produkte, die mit ihnen verwandt sind, nur in solche Länder exportiert werden durften, in denen ihr Import legal war. Der britische Opiumhandel wäre damit nach internationalem Recht illegal geworden, und die Resolutionen von Schanghai hätten sich in geltendes Recht verwandelt. Die amerikanischen Delegierten versuchten außerdem in Den Haag, die Drogenprohibition nach amerikanischem Vorbild in die Welt zu exportieren, denn das Vertragswerk sah vor, dass alle ratifizierenden Länder möglichst bald eigene Drogengesetze erlassen sollten, um den Handel mit Opium- und Kokaprodukten möglichst eng staatlich zu kontrollieren.

Es gab nur einen Haken: Die Drogenkonvention von Den Haag sollte erst in Kraft treten, wenn alle existierenden Staaten der Welt sie ratifizierten. Schon von den zwölf in Den Haag vertretenen Staaten waren aber nur acht bereit, sie zu unterschreiben. Das Deutsche Reich war zu diesem Zeitpunkt bereits nicht mehr unter ihnen. Jetzt, wo die Vereinbarungen bindend sein sollten, wogen die Interessen der deutschen Pharmaindustrie schwerer als mögliche Sympathien für die Opiumgegner innerhalb der deutschen Delegation. Als dann 1914 einige der beteiligten Regierungen begannen, gegeneinander einen Weltkrieg zu führen, geriet die Frage nach der internationalen Opiumkontrolle für eine Weile in den Hintergrund, und die Konvention von Den Haag blieb zunächst ein Stapel Papier.

Die USA traten jedoch erst 1917 in den Weltkrieg ein, und so wurde hier gleich im Anschluss an die Verhandlungen von Den Haag fleißig am nationalen Prohibitionsregime weitergebaut. Der Kongress ratifizierte die Opiumkonvention und begann sogleich, ein eigenes Drogengesetz zu entwerfen. In Den Haag hatte es schon kritische Nachfragen gegeben, wann denn die mahnenden Amerikaner gedächten, mit gutem Beispiel voranzugehen. Das taten sie 1914 mit einem Gesetz, das als *Harrison Narcotics Tax Act* bekannt wurde und das bald aus allen amerikanischen Drogenabhängigen erst Steuerhinterzieher und dann Kriminelle machen sollte.

Der *Harrison Act* ist ein Steuergesetz und regelt auf den ersten Blick das, was in Großbritannien bereits seit 1868 und im deutschen Kaiserreich seit 1901 geregelt war: Wer wem unter welchen Umständen Opiate, Kokaderivate und ähnliche Arzneimittel verkaufen darf und welche Steuern dafür zu entrichten sind. Irgendwo im Dschungel der kleinteiligen Regularien versteckt sich dann die Prohibition. Wer nämlich nicht durch Ausnahmeregelungen zum Umgang mit diesen Produkten befugt sei, darf sie laut *Harrison Act* weder verkaufen noch besitzen. Wer sie ohne legal erworbenes Rezept kaufte oder besaß, machte sich fortan strafbar.

Für kurze Zeit erlangte mit dem *Harrison Act* in den USA die Ärzteschaft die Kontrolle über den Drogenkonsum. Für die Entwicklung dieses Berufsstandes war das ein wichtiger Schritt, denn das Privileg des Rezeptblocks grenzte studierte Mediziner*innen und Pharmazeut*innen zum ersten Mal rechtlich von nicht examinierten Quacksalbern ab. Auch für die Patient*innen hatte diese Regelung teilweise Vorteile, denn nach dem *Harrison Act* durften nun die Ärzt*innen entscheiden, ob es für eine*n Süchtige*n von »medizinischem Nutzen« sei, den Stoff zu konsumieren, nach dem er oder sie süchtig war. In vielen Fällen entschieden sie: ja. Bald eröffneten sie überall im Land Kliniken, in denen sie Abhängige behandelten und mit kontrollierten Substanzen versorgten, wenn sie es für nötig hielten. 1919 jedoch schob das amerikanische Verfassungsgericht diesem einigermaßen humanen und am Leid des oder der Einzelnen orientierten Umgang mit Drogenabhängigkeit einen Riegel vor, indem er definierte, was genau »legitime medizinische Gründe« seien. Abhängigkeitserkrankungen gehörten nach Meinung des Obersten Gerichts nicht zu diesen Gründen.

Diese Entscheidung hatte für viele Drogenabhängige brutale Folgen. Noch vor Kurzem hatten sie ihre Drogen in der Apotheke kaufen können, dann waren sie immerhin noch medizinisch versorgt worden, nun waren sie plötzlich kriminell und dazu gezwungen, sich ihren Stoff irgendwie auf illegalem Weg zu beschaffen. Mit etwas Glück fanden sie Ärzt*innen, die das Risiko auf sich nahmen und sie illegalerweise mit Rezepten für ihre Drogen ausstatteten. Hatten sie jedoch Pech, wurden sie verhaftet – und ihre *dope doctors* gleich mit. Sie landeten in den Bundesgefängnissen, wo die Zahl der Insassen sprunghaft in die Höhe schnellte. Später wurden sie häufig in sogenannten *Narcotic Farms* interniert, die als Mischung aus Gefängnis und Suchtklinik ihre unfreiwilligen Insass*innen als Versuchskaninchen für ihre Abhängigkeitsforschung benutzten. Falls die Betroffenen diesem Schicksal entgingen, fristeten sie ein Leben in Angst und Stress, und immer häufiger sahen sie sich gezwungen, die hohen Schwarzmarktkosten ihrer Rauschmittel durch Kleinkriminalität zu finanzieren. Die kriminelle Drogenszene zwischen Untergrundmarkt und Internierung war geboren.

In den USA dauerte es also nur zehn Jahre von den Resolutionen von Schanghai bis zur abgeschlossenen Kriminalisierung von Opiaten und Kokainprodukten. Andere Länder waren bei Weitem nicht so erpicht darauf, die internationalen Absprachen in nationale Gesetzgebung zu übersetzen. So hatte zum Beispiel das Deutsche Reich zwar in Schanghai die chinesische Seite unterstützt, doch schon 1913 war Berlin nicht bereit gewesen, die erste internationale Opiumkonvention von Den Haag zu ratifizieren. Auch während des Weltkrieges hatte sich die deutsche Haltung in dieser Sache nicht geändert.

Dass Deutschland 1919 trotzdem die Opiumkonvention unterschrieb, hatte andere Gründe: Bei den Pariser Friedensverhandlungen hatten die Siegermächte Großbritannien und USA sich darauf geeinigt, die Opiumkonvention in das Konvolut der Friedensverträge aufzunehmen. Nun hatte Deutschland keine Wahl: Als die deutsche Delegation gezwungenermaßen den Versailler Vertrag unterschrieb, hatte sie damit zugleich auch die Opiumkonvention ratifiziert – so wie viele andere Staaten auch. 1919 trat somit ohne weitere Debatten das erste internationale Abkommen zur Drogenkontrolle in Kraft, und Deutschland war nun verpflichtet, ein eigenes Drogengesetz zu verabschieden – was bereits 1920 mit einer provisorischen Verordnung geschah. Opiate und Kokainprodukte wurden ab sofort in Deutschland verschreibungspflichtig, und Verstöße gegen diese Pflicht wurden mit bis zu sechs Monaten Haft oder mit bis zu 10 000 Mark Bußgeld bestraft.

In der ersten Hälfte des 19. Jahrhunderts hatten romantische Träumer und pharmazeutische Tüftler die Drogen neu erfunden. Aus Medikamenten waren für manche dadurch verheißungsvolle, faszinierende Substanzen geworden. Die vermehrten Experimente mit diesen Substanzen zu nicht medizinischen Zwecken führten jedoch dazu, dass die westlichen Gesellschaften in der zweiten Hälfte des Jahrhunderts auch erste negative Erfahrungen mit Rausch und Substanzabhängigkeit zu machen begannen. Auf die Faszination folgte der erste Backlash, und die populären Drogen dieser Zeit wurden zunehmen verteufelt, als sich Vorbehalte gegen die psychoaktiven Wirkungen mit der rassistischen Ablehnung bestimmter Bevölkerungsgruppen mischten. In den USA war es die Angst vor dem Mythos der chinesischen Opiumhöhle, die erste Opiumverbote inspirierte. Aber auch der afroamerikanische Kokainkonsum und die ersten Wellen der Morphium- und Heroinabhängigkeit machte den weißen Angloamerikaner*innen diese Substanzen zunehmend suspekt.

Ein Zusammenspiel von Nationalismus, Rassismus und protestantischem Moralismus prägte mehr und mehr das amerikanische Nachdenken über Drogenkonsum: Man fürchtete sich vor dem Niedergang der Nation, vor den Drogen der anderen und vor der Sünde, die der Rausch selbst war oder die durch den Rausch zu entstehen drohte. Als dann die USA mit der philippinischen Kolonie auch das dortige Opiumproblem in ihren Herrschaftsbereich holten, kam die Zivilisierungsmission hinzu: Plötzlich führte sich das amerikanische Mutterland als strenger Erziehungsberechtigter auf, der die Philippinen vom Opium befreien wollte. Mit Brents Bericht der *Philippine Commission* lag bald ein erster Entwurf dafür vor, wie das geschehen sollte. Es war die erste Skizze einer amerikanischen Drogenprohibition.

Diese Ausgangssituation prägte die amerikanische Haltung, als Bischof Brent die Initiative ergriff und Opium zu einem Gegenstand der internationalen Politik machte. In Schanghai verständigte man sich zur Freude Chinas und zur Verärgerung des britischen Empires im Jahr 1909 zunächst unverbindlich darauf, dass Drogen nur zu medizinischen Zwecken konsumiert werden durften. Diese Grundforderung hielt sich und wurde zur Basis einer Drogenpolitik, die zuerst in den USA und später auch in vielen anderen Gegenden der Welt psychoaktive Substanzen in »gute« und »böse« Drogen einteilte.

Der erste Staat, der begann, die Konsument*innen der »bösen« Drogen systematisch zu verfolgen und zu kriminalisieren, waren die USA. Zuvor hatte es etwa in China und in der arabischen Welt immer wieder spezifische Verbote einzelner Substanzen gegeben. Aber die Sammelkategorie »Drogen« für Medikamente, die sich aufgrund ihrer psychoaktiven Eigenschaften missbrauchen ließen, war eine Erfindung des frühen 20. Jahrhunderts. 1914 verabschiedete der Kongress sein erstes Drogenverbot, in den Zwanzigerjahren folgten nach und nach viele andere Länder, nachdem die Opiumkonvention in Kraft getreten war – darunter auch Deutschland. Wo Verbote sind, müssen auch Gesetzeshüter sein, die diese Verbote durchsetzen. So schlug nun bald die Stunde der Drogen-Cops, die sich daranmachten, die Drogenbanditen hinter Schloss und Riegel zu befördern.

4

VOM VERBOT ZUM VERBRECHEN

Die Erfindung der Nüchternheit: Wie die Alkoholprohibition Drogenverbote und ihre Missachtung selbstverständlich machte

Wie viele Menschen das erste amerikanische Drogengesetz von 1914 zwang, zwischen kaltem Entzug und gefährlicher Schattenwirtschaft zu wählen, weiß niemand. Doch zeitgenössische Schätzungen gehen davon aus, dass Drogenkonsum zu dieser Zeit noch ein Randphänomen war, dass also kaum jemand jemanden kannte, der oder die persönlich betroffen war. Darin unterschied sich die Drogenprohibition deutlich von ihrer jüngeren, aber größeren Schwester, von *der* Prohibition: 1919 wurde der amerikanischen Verfassung ein 18. Zusatzartikel beigefügt, der die Produktion, den Transport und den Verkauf von alkoholischen Getränken für illegal erklärte. Kurz darauf verabschiedete der Kongress das dazugehörige Verbotsgesetz, ohne das die Geschichte der Drogenverbote kaum zu verstehen ist.

Beide Verbote stammten von denselben Eltern ab. Diese hatten sich im Lauf des 19. Jahrhunderts in der Temperenz-Bewegung zusammengefunden, weil sie zu dem Schluss kamen, dass ein staatliches Alkoholverbot ihre Probleme lösen könnte. Es war eine unwahrscheinliche Allianz ganz unterschiedlicher Gruppen, die da gegen den Alkohol ins Feld zogen: Da waren Frauenrechtlerinnen, die den Alkoholrausch verantwortlich machten für die Gewalt, die viele Frauen unter dem eigenen Dach erleiden mussten, wenn ihre Gatten betrunken aus dem Saloon oder der Kneipe nach Hause kamen. Da waren christliche, vor allem protestantische Aktivist*innen und Prediger, die gegen alkoholgetränkte Ausschweifung und für Mäßigung (»temperance«) eintraten, weil sie ihnen als Weg in eine moralischere, christlichere Gesellschaft erschien. Da waren aber auch Eugeniker, die das körperliche und charakterliche Heil der gesamten Gesellschaft im Blick hatten und die fürchteten, Alkoholkonsum gefährde das nationale Erbgut. Nicht zuletzt kamen im Lauf des 19. Jahrhunderts manche Sozialreformer*innen zu dem Schluss, dass der Alkohol viele Menschen in die Armut führe oder in der Armut festhalte und folglich ein Alkoholverbot das soziale Elend reduzieren müsse.

Sie alle fühlten sich mit ihrer gemeinsamen Forderung nach einem allgemeinen Alkoholverbot nicht etwa als Außenseiter, denn die Idee, das Wohl der gesamten Gesellschaft durch ambitionierte Reformversuche zu fördern, passte hervorragend zum politischen Klima des ausgehenden 19. und frühen 20. Jahrhunderts. Historiker*innen nennen diese Phase der amerikanischen Geschichte mit ihrer moralisierenden Aufbruchstimmung auch die *Progressive Era* und meinen damit eine Zeit, in der die amerikanischen Gesetzgeber sich gern als Hüter von Sitte und Moral hervortaten und nicht nur gegen Alkohol, sondern eben auch gegen Drogen, Prostitution und Glücksspiel vorzugehen begannen, um ihre Bürger*innen vor diesen Übeln zu schützen.

Die dabei entstandenen Sittlichkeitsgesetze zielten darauf, das Verhalten des Individuums zu kontrollieren und die Gesellschaft zu einem möglichst sündenfreien Ort zu machen. Wichtig ist: Bei den Reformprojekten dieser Zeit, zu denen auch die

Drogen- und Alkoholprohibition gehörten, ging es in erster Linie um sittliche Disziplinierung und nur im Hintergrund auch um gesundheitliche Argumente. Hier verbirgt sich eine erste konkrete, historische Antwort auf die Frage, welche gemeinsame Eigenschaft Drogen eigentlich zu Drogen macht: Drogen sind psychoaktive Substanzen, die die US-amerikanische Gesellschaft im frühen 20. Jahrhundert für unsittlich hielt – und alle Stoffe, von denen seitdem beschlossen wurde, dass sie den damals verbotenen Urdrogen ähnlich genug seien, um sie ebenfalls zu verbieten.

Im Reformklima des jungen Jahrhunderts fand die Drogenprohibition wenig öffentliche Aufmerksamkeit. Schon 1914 hatte die Verabschiedung des *Harrsion Act* in den USA nur die Betroffenen und einige wenige politisch Engagierte interessiert. Seit aber 1919 der Alkohol verboten wurde, sprach öffentlich kaum noch jemand über das Schicksal der Drogenabhängigen, denn nun gab es ein anderes Thema, das viel mehr Menschen direkt betraf. Es folgten die wilden Zwanzigerjahre, in denen die gesamte Alkoholbranche in den Untergrund gezwungen wurde: Brauereien, Winzerbetriebe und Destillerien mussten schließen oder wurden versteckt. Das Schmuggelgeschäft mit Wein, Bier und Schnaps aus dem Ausland blühte und ließ die Preise explodieren. Kneipen, Bars und Saloons mussten auf Saft und Limonade umsteigen und verhalfen so der Coca-Cola-Company zum Durchbruch – oder sie ließen sich auf ein gefährliches Spiel mit der Illegalität ein und schenkten Schmuggelware aus. Ganz überließen sie das Geschäft mit dem Alkohol nicht den Flüsterkneipen, die nun überall aufmachten, um den anhaltenden Durst nach dem verbotenen Rausch mit Selbstgebrautem zu stillen.

Wer sich die steigenden Schwarzmarktpreise leisten konnte, feierte mitunter jetzt erst recht wilde Partys, wie sie F. Scott Fitzgerald in *The Great Gatsby* beschrieben hat. Viele dachten gar nicht daran, dabei nüchtern zu bleiben, verstießen gegen alle zur

Verfügung stehenden Prohibitionsgesetze und machten der Bezeichnung *high society* alle Ehre. Und selbst die, die nicht gegen die Verbote verstießen, sprachen pausenlos über sie und machten die Prohibition zu einem der meistdiskutierten Themen der Zeit. Das lag nicht nur daran, dass es sich um ein skandalträchtiges Thema handelte, sondern auch daran, dass die Prohibition die amerikanische Bevölkerung in ernste Gefahr brachte. Die Qualität der alkoholischen Getränke auf den Schwarzmärkten wurde nun nicht mehr kontrolliert, und außerdem ließ die Regierung gezielt giftige Beimischungen in den Industriealkohol kippen, der oft zu Konsumzwecken weiterverarbeitet wurde, um genau das zu verhindern. Hunderttausende Vergiftungen und ungezählte Todesopfer waren die Folge.

Bei all dieser Aufregung hatte kaum jemand Spucke übrig, um sich auch noch über den *Harrison Act* aufzuregen, der ohnehin fast niemanden betraf. Wenn schon Alkohol verboten war, dann wäre der legale Handel mit Kokain und Co. den meisten Leuten inkonsequent vorgekommen. So erlangte die Drogenprohibition schnell den Status einer eher nebensächlichen Selbstverständlichkeit – eine ideale Voraussetzung dafür, viele Jahrzehnte lang zu überleben.

Die Drogenprohibition verdankte ihrer größeren Schwester jedoch nicht nur diese Selbstverständlichkeit, sondern auch die kollektive Gewohnheit, sich über Prohibitionsgesetze hinwegzusetzen. Während der Zwanzigerjahre lernte die amerikanische Gesellschaft, dass Substanzverbote etwas waren, auf das man sich zwar irgendwie geeinigt hatte, an das sich aber gleichzeitig kaum jemand hielt. In großen Teilen der Gesellschaft nutzten Menschen den verbotenen Alkoholkonsum als Pose: Trotzig brachen sie das Gesetz und spielten genüsslich mit dem Reiz der Grenzüberschreitung.

Widersprüchlicherweise machte die Prohibition so eine ehemals völlig banale und alltägliche Konsumgewohnheit zu etwas

Besonderem und Gefährlichen und steigerte so deren Wert durch den Reiz des Verbotenen für manche noch. Die kollektive Erfahrung, dass man sich mit dem Konsum von illegalen Substanzen schmücken und interessant machen konnte, überstand die Alkoholprohibition. Nach deren Ende mussten sich Menschen, die ihre Rebellion, ihren Trotz oder ihren Eigensinn mithilfe ihrer Konsumgewohnheiten ausdrücken wollten, nach solchen Substanzen umsehen, die weiter verboten blieben.

Nicht nur bei den kollektiven Konsumgewohnheiten trug die Alkoholprohibition zur Entwicklung der amerikanischen Drogengeschichte bei. Die Drogenprohibition verdankte der größeren Schwester auch ihre erste eigene nationale Behörde, die 1920 gegründete *Narcotics Division*. Sie war eine kleine und wenig beachtete Unterabteilung der Prohibitionsbehörde, in der sich anfänglich nicht einmal 300 Agenten um die Durchsetzung des *Harrison Act* kümmerten. Parallel waren in der Alkoholabteilung 2500 Agenten beschäftigt: Vor 1919 hatten sie die Steuern und Abgaben verwaltet, die durch Alkohol in die Staatskasse geflossen waren. Schon das war eine gewaltige Aufgabe. Laut dem Historiker David Musto trieb die Behörde 1916 Alkoholsteuern in Höhe von 241 Millionen Dollar ein. Die Steuereinnahmen insgesamt lagen bei 513 Millionen Dollar, die Alkoholbranche erwirtschaftete also fast die Hälfte aller staatlichen Einnahmen. Nach 1919 fiel diese Einnahmequelle komplett weg. Stattdessen kämpften die Agenten der *Alcohol Division* nun gegen die alkoholischen Windmühlen und versuchten, das Alkoholverbot durchzusetzen, was den Staat nun viel Geld kostete, aber abgesehen von ein paar Geldbußen keins mehr einbrachte.

Der Kampf gegen die illegale Alkoholwirtschaft barg mehrere Schwierigkeiten. Angesichts der hohen Nachfrage nach Alkohol auf dem Schwarzmarkt wurden hohe Summen für verbotene Drinks bezahlt. Deshalb lohnte sich das illegale Geschäft mit dem Alkohol sehr schnell. Der Historiker Thomas Welskopp rechnet in seinem Buch *Amerikas große Ernüchterung* vor, dass sich die Investition in eine gewöhnliche Destillieranlage, wie sie in jede Garage passt, bereits nach einer Woche amortisiert hatte. Der illegale Destillierbetrieb wäre also sogar dann noch rentabel gewesen, wenn die Anlage alle zwei Wochen konfisziert worden wäre – was angesichts der Kapazitäten der Behörden und der Größe des Schwarzmarkts völlig illusorisch war. Hinzu kam, dass sich viele Polizisten und Mitarbeiter der *Prohibition Unit* gern von den Untergrundunternehmer*innen dafür bezahlen ließen, wenn sie auf ihren Patrouillen diese Garage oder jenes Untergeschoss nicht so genau überprüften. Die Anfälligkeit für Korruption war in diesem Bereich besonders hoch – nicht nur, weil so viel Geld für Schmiergelder zur Verfügung stand, sondern auch, weil viele Beamte den Verstoß gegen die Prohibition nicht für ein besonders schwerwiegendes Verbrechen hielten. Die hohen Schwarzmarktpreise und die durch sie finanzierte Korruption machten Alkohol so zu einem äußerst lukrativen Geschäft und die Aufgabe der Prohibitionsbehörde unlösbar.

Die hohen Preise und entsprechenden Gewinnmargen trugen außerdem dazu bei, dass die Alkohol-Schattenwirtschaft zu einem immensen Geschäftszweig heranwuchs – was wiederum wichtige Auswirkungen auf die amerikanische Drogengeschichte hatte. Das Geschäft mit dem illegalen Alkohol war vor allem für junge Kleinkriminelle in den Großstädten attraktiv. Sie kamen oft aus Einwandererfamilien und hatten in der legalen Wirtschaft wenig Aufstiegschancen. Häufig waren sie Kinder von Migrant*innen und hatten miterlebt, wie ihre Eltern im späten 19. Jahrhundert ihr altes Leben in Europa zurückgelassen hatten, um in den USA nichts als harte Arbeit, Ausgrenzung und Armut zu finden. Nicht selten hatten diese zumeist jungen Männer ihre Jugend in Straßengangs verbracht und verfügten daher über stabile Netzwerke, in denen Loyalitäten durch persönliche Bekanntschaft und Gewalt geschaffen und stabilisiert wurden.

In diesen Migrantennetzwerken trafen Aufstiegswillen, *street smarts*, Risikobereitschaft, machohafte Männlichkeitsbilder, wenig positive Erfahrungen mit staatlichen Behörden oder Gesetzen und das Gefühl, nichts zu verlieren zu haben, aufeinander. Diese Kombination machte sie zu idealen Untergrundunternehmern – und die Prohibition schuf den Markt, auf dem diese jungen Männer den Aufstieg fanden, der ihnen in der legalen Wirtschaft versagt geblieben war. Auf ihre ganz eigene Art lebten sie eine Variante des amerikanischen Traums: Mit ihren eigenen Händen und nach ihren eigenen Regeln bauten sie sich unternehmerische Existenzen auf, riskierten viel und gewannen noch mehr. Dass sie dabei die Prohibitionsgesetze brachen, nahmen sie in Kauf, denn ohne die Prohibition hätte ihr Aufstieg in dieser Weise gar nicht stattfinden können.

Zwar waren es wenige Einzelfiguren, die durch die Prohibition innerhalb der Schattenwirtschaft in Machtpositionen gelangten. Doch insgesamt war die Bevölkerungsgruppe, die in irgendeiner Weise im Schatten der Prohibition ihr Geld verdiente, keineswegs eine kleine Randgruppe. Thomas Welskopp schätzt, dass gegen Ende der Prohibitionszeit, im Jahr 1931, ungefähr eine Million Amerikaner*innen in der Schattenwirtschaft jährlich zwei Milliarden Dollar Umsatz erwirtschafteten. Das entsprach etwas über einem Prozent der Bevölkerung und nach heutigen Preisen etwa 20 Milliarden Dollar.

Letztlich kapitulierte der amerikanische Staat vor der Aufgabe, diese gewaltige Branche zu unterdrücken: 1933 hob der 21. Verfassungszusatz den 18. wieder auf, das Alkoholverbot war fortan verfassungswidrig und das Trinken wieder legal. In Windeseile wurde nun der Prozess von 1919 umgekehrt: Die Hinterhofdestillerien und Kellerbrauereien zogen zurück in offizielle Geschäftsräume mit Namensschild, nahmen die Qualitätskontrollen wieder auf und lieferten ihre Produkte an legale Händler. Der Import und Export von amerikanischem Whiskey nach

Europa und europäischen Weinen in die USA wurde wieder aufgenommen, und die Restaurants und Kneipen durften neben Milch und Cola wieder Bier und Cocktails ausschenken. Der Staat besteuerte und kassierte wieder – und die Prohibitionsgangster waren vorübergehend arbeitslos.

Das war der vierte Dienst, den die Alkoholprohibition der Drogenprohibition erwies: Sie war das Trainingsfeld, auf dem eine ganze Generation von Untergrundunternehmern sich eine Menge Geld, ausreichend Macht und stabile Netzwerke erarbeitet hatte, um erfolgreich Schattenökonomien zu kontrollieren. Als ihnen 1933 plötzlich ihr Markt unter den Destillieranlagen weglegalisiert wurde, mussten sie sich nach neuen Verdienstmöglichkeiten umsehen. Naheliegend waren da die anderen Bereiche, die von den Sittlichkeitsgesetzen der *Progressive Era* verboten worden waren und die ja nun zu ihrem Glück keineswegs alle legalisiert wurden: Prostitution, Glücksspiel und Drogenhandel blieben als zukunftsträchtige Geschäftsfelder für risikobereite Kapitalisten illegal und damit lukrativ.

Verschärfte Gesetze und ein neuer Chef: Drogenpolitik im Schatten der Alkoholprohibition

Während die Beamten der Prohibitionsbehörde zwischen 1919 und 1933 entweder an der Durchsetzung des Alkoholverbots verzweifelten oder mit seiner gezielten Nichtdurchsetzung reich wurden, ging es nebenan in der Drogenabteilung beschaulicher zu. Im Schatten der Alkoholprohibition gingen die wenigen Beamten dort ihrem Tagesgeschäft nach und verfolgten Verstöße gegen den *Harrison Act*, während im Lauf der Zwanzigerjahre auf dem Capitol Hill hin und wieder ohne größeres mediales Echo neue Gesetze entworfen wurden, die die Drogenprohibition weiter ausgestalteten.

So wurde 1922 ein Gesetz verabschiedet, das Drogenhandel und Drogenbesitz rechtlich gleichsetzte. Anders als zuvor wurde nun der Besitz kontrollierter Substanzen ebenso hart bestraft wie der Handel mit ihnen. Die Gesetzgeber folgten damit einer banalen Logik: Wer eine Droge besaß, die er nicht besitzen durfte, musste sie auch unrechtmäßig erworben haben und war also als Besitzer*in und Konsument*in automatisch am Drogen*handel* beteiligt. Die Argumentation funktionierte aber auch andersherum: Was man nicht kauft, kann man nicht haben, was man nicht hat, kann man nicht einnehmen, und was man nicht einnimmt, davon kann man nicht abhängig werden. In diesem Sinn sollte das Verbot von Handel und Besitz vor Drogen schützen. De facto führte es jedoch vor allem dazu, dass Drogenabhängigkeit nun endgültig kriminalisiert war und eine harte Bestrafung von Drogenkonsum für den Staat leichter wurde.

1924 folgte das erste explizite Verbot einer spezifischen Droge. Auf die Initiative eines Drogendiplomaten namens Stephen Porter verabschiedete der Kongress ein Gesetz, das Produktion, Handel und Gebrauch von Heroin untersagte. Porter argumentierte, dass es für Heroin unter keinen Umständen einen legitimen medizinischen Nutzen geben könne und die Droge deshalb komplett verboten sein müsse. Während der Gesetzesanhörung im Kongress widersprach kein einziger Redner dieser Ansicht. Damit landete zum ersten Mal ein Stoff in der Kategorie »definitiv böse«, und aus dem Prinzip, den *Missbrauch* von bestimmten Medikamenten bestrafen zu wollen, wurde das erste allgemeine Verbot eines Stoffes abgeleitet.

Heroinsüchtige konnten sich nun auch mithilfe gefälschter oder erschlichener Rezepte nicht mehr auf legale Weise mit Heroin versorgen, denn es verschwand aus den Apotheken und durfte von der amerikanischen Pharmaindustrie nicht mehr hergestellt werden. Der Heroinmarkt verschob sich nun endgültig und komplett in den Untergrund, wo der Stoff zwar zunächst weiter aus Pharmafabriken im Ausland stammte, aber rasch an Qualität und Reinheit einbüßte.

Die gesundheitlichen Risiken des Heroinkonsums wurden dadurch enorm gesteigert: Auf dem Schwarzmarkt wurde das Heroin nämlich von den Zwischenhändler*innen jeweils etwas gestreckt, weil das die persönliche Gewinnmarge steigerte. Welche Stoffe dabei in den kleinen Päckchen landeten, die die Endverbraucher*innen auf der Straße kauften, war völlig unklar und wurde von niemandem kontrolliert. Noch gefährlicher aber war, dass die Konsument*innen nie ganz sicher sein konnten, wie viel Heroin ein solches Päckchen tatsächlich enthielt. War der Gehalt deutlich höher als erwartet, führte das zu einer Überdosierung – und damit nicht selten zum Tod. Dass die Überdosistode somit eine direkte Folge der Kriminalisierung waren und bei einem legalen Heroinmarkt so nicht vorgekommen wären, spielte jedoch in der Wahrnehmung der Zeitgenoss*innen keine Rolle. Jede*r Tote trug im Gegenteil dazu bei, dass sich im Lauf der Zwanzigerjahre in den USA die Überzeugung verfestigte, gegen Drogenmissbrauch müsse mit harter Hand vorgegangen werden.

Dieser Meinung war auch ein stämmiger Mann aus Pennsylvania, der seit 1930 die eigene harte Hand für die Drogenbekämpfung zur Verfügung stellte und der die amerikanische Drogenpolitik im 20. Jahrhundert prägen sollte wie sonst vielleicht nur Drogenmissionar Charles Brent und Drogenkrieger Richard Nixon. Sein Name war Harry J. Anslinger. Seine Eltern waren in den 1880er-Jahren aus Bern und dem Großherzogtum Baden in die Vereinigten Staaten emigriert, wo Harry 1892 als achtes von neun Kindern zur Welt kam. Auch seine Karriere war in mancher Hinsicht mit der Alkoholprohibition verbunden, ohne die er vielleicht nicht zum obersten Drogenbekämpfer Amerikas aufgestiegen wäre.

In seinen Memoiren beschreibt Anslinger, wie ein eindrückliches Erlebnis ihn schon als Kind zu der Überzeugung brachte, Drogen würden großes Unheil anrichten. Seiner Erzählung nach war er zwölf Jahre alt, als er in seinem kleinen Heimatort in der Nähe von Altoona, Pennsylvania, eines Tages einen Bauernhof in der Nachbarschaft besuchte. Schon als er den Flur betrat, vernahm er aus der oberen Etage verzweifelte Schreie, wie er sie noch nie gehört hatte. Kurz darauf kam der Bauer die Treppe herunter und schickte den verwirrten Harry eilig und mit Nachdruck mit dem Pferdewagen in die Stadt, wo er bei der Apotheke ein Päckchen abholen sollte, das die schreiende Nachbarin retten würde. Harry zögerte nicht und trieb wie wild die Pferde an, denn das Gehörte hatte ihn so erschreckt, dass er fürchtete, die Frau würde sterben, wenn sie ihre Medizin nicht rechtzeitig bekäme. In der Apotheke reichte man dem Jungen ohne Weiteres das bestellte Päckchen Morphium über den Ladentisch – und sobald der Bauer seine Frau damit versorgt hatte, hörten die Schreie im Obergeschoss auf. Wie so viele Frauen um die Jahrhundertwende war auch Anslingers Nachbarin Morphinistin gewesen: Von den 600 Einwohner*innen des kleinen Ortes war Anslingers Memoiren zufolge jede*r zehnte abhängig von Betäubungsmitteln. Harry sollte die Schreie dieser Bäuerin nie vergessen – und auch nicht den Umstand, dass der Apotheker einem Zwölfjährigen ohne Zögern Morphium ausgehändigt hatte, obwohl es solche Schreie auslösen konnte.

Ob diese Geschichte sich so oder ähnlich tatsächlich zugetragen hat, lässt sich nicht prüfen. Doch dass Anslinger mit ihr die Geschichte seines persönlichen Kreuzzuges gegen die Drogen beginnen lässt, sagt viel darüber aus, wie er gesehen werden wollte: als überzeugter Gegner von Drogenmissbrauch, der aus eigener Erfahrung weiß, was auf dem Spiel steht. Aber auch als entschlossener Retter in der Not. Die Ironie, dass er laut dieser

Geschichte seine Karriere als minderjähriger Drogenkurier begann, blieb ihm dabei vermutlich verborgen.

Trotz seines einfachen Elternhauses entwickelte sich Harry zu einem ehrgeizigen jungen Mann. Nach beruflichen Stationen als Detektiv für die Eisenbahngesellschaft und bei der Polizei meldete er sich während des Ersten Weltkrieges freiwillig zum Kriegsdienst. Eine Augenverletzung verhinderte seinen Dienst als aktiver Soldat, doch weil er fließend Deutsch sprach, begann er für das amerikanische Außenministerium zu arbeiten und übernahm in Europa neben offiziellen diplomatischen Aufgaben auch erste verdeckte Ermittlungen. Nach dem Krieg führte ihn seine diplomatische Laufbahn erst nach Venezuela und dann nach Nassau auf den Bahamas. Dort begann sein Kampf gegen Rauschmittel, denn eine seiner wichtigsten Aufgaben bestand darin, gegen den Schmuggel von Rum in die USA vorzugehen, der aufgrund der Alkoholprohibition illegal war. Seine Erfolge bei diesem Unternehmen öffneten ihm Ende der Zwanzigerjahre den Weg zurück in die USA, wo er für die Prohibitionsbehörde zu arbeiten begann, als sie bereits in ihren letzten Zügen lag.

Als 1930 dann die erste eigenständige Drogenbehörde der USA aufgebaut wurde, war Anslinger zur rechten Zeit am rechten Ort: Er hatte Erfahrung mit Polizeiarbeit, verdeckten Ermittlungen und Diplomatie, er war international herumgekommen, hatte gegen Schmuggler gekämpft und galt als unkorrumpierbar. Gleiches galt für den Leiter der nun aufzulösenden *Narcotics Division* Levi Nutt nicht mehr, nachdem aufgeflogen war, dass sein Sohn Verbindungen mit dem legendären Gangster Arnold Rothstein pflegte. So fiel die Wahl für den ersten Chef des neuen *Federal Bureau of Narcotics*, kurz FBN, auf den 39-jährigen Harry Anslinger. Drei Jahre bevor die Alkoholprohibition ein Ende fand und die Prohibitionsbehörde aufgelöst wurde, schaffte er so den beruflichen Absprung in einen Arbeitsbereich mit mehr Zukunft: Anders als die Alkoholprohibition sollte die Drogenprohibition das 20. Jahrhundert überleben. Mit Anslinger vererbte die Prohibitionsabteilung ihrer kleinen Schwesterbehörde einen überzeugten und sturen Hardliner mit gut funktionierenden Machtinstinkten und großen Ambitionen.

In der ersten Hälfte des 20. Jahrhunderts wurden Drogen kriminalisiert. Nach und nach verschwanden sie im Untergrund und wurden dort zu einem Thema, mit dem sich nicht mehr in erster Linie Dichter und Apotheker beschäftigten, sondern Cops und Banditen. Wie das amerikanische Drogenproblem Mitte des Jahrhunderts wahrgenommen wurde, hatte dabei viel mit der Alkoholprohibition zu tun. Die Verbote von alkoholischen Getränken und Drogen hatten ähnliche Entstehungsbedingungen: Beide waren Sittlichkeitsgesetze, mit deren Hilfe wohlmeinende Reformer*innen die amerikanische Gesellschaft besser machen wollten. Weil dabei viel mehr Menschen Alkohol konsumierten als die damals betroffenen Drogen Heroin, Morphium und Kokain, und weil die Folgen von Alkohol für viel weniger schwerwiegend gehalten wurden als die Folgen von Drogenkonsum, wirkte es auf die amerikanische Gesellschaft selbstverständlich, dass auch Drogen verboten sein müssten, wenn schon Alkohol nicht erlaubt war. An diese Selbstverständlichkeit gewöhnte man sich – und hielt an ihr fest, als das Alkoholverbot scheiterte. Ebenso hatte man sich während der Prohibitionszeit daran gewöhnt, dass es Sittlichkeitsgesetze gab, auf die sich wohl irgendjemand geeinigt haben musste, über die man sich aber auch hinwegsetzen konnte. Die gewohnheitsmäßige lässig-leichtfertige oder auch heimlich-beschämte Grenzüberschreitung wurde mit dem Alkohol eingeübt und übertrug sich in den folgenden Jahrzehnten im kleineren Rahmen auf den kollektiven Umgang mit Drogen.

Die amerikanische Gesellschaft hatte sich also im Schatten der Alkoholprohibition an die Drogenverbote gewöhnt. Sowohl die Cops als auch die Banditen waren außerdem je in ihrer eigenen Weise an der Alkoholprohibition gewachsen: Da war auf der einen Seite das FBN, das noch während der Prohibitionszeit die Drogenabteilung der Prohibitionsbehörde ablöste und dessen Chef seine Karriere unter anderem der Alkoholbekämpfung zu verdanken hatte. Auf der anderen Seite waren in der boomenden Schattenwirtschaft die Banditen groß, mächtig und reich geworden, die in den 1940er- und 1950er-Jahren den Drogenhandel organisieren würden. So war die Alkoholprohibition für beide Seiten eine Art *Bootcamp* gewesen: für die Räuber wie für die Gendarmen.

5

VOM VERBRECHEN IN DIE PANIK

Guter Hanf und böses Haschisch: Warum Cannabis verboten wurde

Das erste große Thema, mit dem Harry Anslinger sich in den 1930er-Jahren beschäftigte, war Cannabis. Bis ins frühe 20. Jahrhundert war Hanf in den USA (wie auch in Europa) vor allem als vielseitige Nutzpflanze bekannt gewesen. Aus den Fasern ihrer Stängel ließen sich stabile Stoffe und Seile herstellen, und die Samen konnten zu Öl verarbeitet werden. Schon seit Beginn der britischen Kolonisation war Hanf ein wichtiger Teil der amerikanischen Landwirtschaft gewesen. Anfang des 17. Jahrhunderts waren zum Beispiel alle Einwohner der Kolonie Jamestown dazu verpflichtet, Hanf anzubauen, und auf den großen Plantagen des 18. Jahrhunderts war Cannabis eine beliebte Nutzpflanze, die unter anderem auch auf den Ländereien von George Washington, Thomas Jefferson und Benjamin Franklin wuchs. Das Gerücht, sogar die amerikanische Verfassung und die Unabhängigkeitserklärung seien auf Hanfpapier geschrieben worden, hat die Historikerin Emily Dufton zwar widerlegt. Doch während die Reinschriften dieser geschichtsträchtigen Dokumente auf Pergament geschrieben sind, könnten frühere Fassungen auf Schmierpapier aus Hanf gestanden haben, denn tatsächlich wurde auf Franklins Plantage aus Hanf Papier hergestellt.

Bekanntlich besteht jedoch die Hanfpflanze nicht nur aus Stängeln mit sehr widerstandsfähigen Fasern. Die weibliche Pflanze trägt außerdem Blüten, Blätter und Blütenstände, die eine Reihe von interessanten Wirkstoffen enthalten. Neben dem bekanntesten unter ihnen, dem Tetrahydrocannabinol (THC), finden sich dort noch viele weitere teils psychoaktive Stoffe, die ihre Wirkung traditionell in einer ganzen Palette von hanfhaltigen Hausmitteln und Arzneien entfalteten. Hanfbonbons sollten gegen Husten helfen, Mütter schmierten Hanftinkturen auf das Zahnfleisch ihrer zahnenden Babys, um sie zu beruhigen, die Schulmedizin kannte Hanf als Mittel gegen Tollwut und Rheuma, als Krampflöser, aber auch als wirksames Schmerz- und Beruhigungsmittel.

Seit der Jahrhundertwende hatte Hanf jedoch langsam einen schlechten Ruf bekommen. Erste warnende Stimmen waren schon im Lauf des 19. Jahrhunderts zu hören gewesen, doch wie bei Opium und Kokain war es auch bei Cannabis nun der Freizeitkonsum einer marginalisierten Gruppe, der plötzlich eine neue Angst vor dem Stoff befeuerte: Im späten 19. Jahrhundert flohen mexikanische Bürger*innen vor der Diktatur von Porfirio Díaz in die USA. Seit den 1910er-Jahren folgten dann die mexikanischen Flüchtlinge, die sich vor der Revolution und dem blutigen Bürgerkrieg in Sicherheit bringen wollten. Die mexikanischen Arbeitskräfte waren während des Wirtschaftsbooms der Zwanzigerjahre in den USA einigermaßen willkommen gewesen, doch seit Beginn der Wirtschaftskrise in den Dreißigerjahren wuchs die Konkurrenz auf den Arbeitsmärkten und damit die xenophobe Ablehnung der Eingewanderten. Zu Hunderttausenden wurden sie auf nicht sehr wasserdichter Rechtsgrundlage zurück über die Grenze nach Mexiko gezwungen.

Begleitet und rationalisiert wurde diese Welle der Ablehnung und Vertreibung mit Verurteilungen des Freizeitkonsums von Cannabis, der unter den mexikanischen Eingewanderten verbreitet war. Das Muster war hier das gleiche wie im Fall der chinesischen Migrant*innen und der afroamerikanischen Minderheit: Je nach politischer Zielsetzung nutzte man abwechselnd die Angst vor der Droge, um den Fremdenhass zu befeuern, und den Fremdenhass, um die Droge zu diskreditieren. Auf diesen spiralförmigen Ablehnungsprozess folgten erste lokale Cannabisverbote, ohne dass das Thema jedoch bei den Drogenpolitikern in Washington schon große Aufmerksamkeit gefunden hätte.

Dafür brauchte es noch mehrere Impulse von außen. Der erste kam von der zweiten internationalen Opiumkonferenz, die 1925 in Genf stattfand. Dort verkündete plötzlich der ägyptische Delegierte Dr. El Guindy, neben Kokain und Opium gehöre auch *Cannabis indica* auf die Liste der kontrollierten Substanzen. In einem ausführlichen Referat über die Wirkungen und Folgen des Haschischkonsums informierte er die anderen Delegationen über das Haschischproblem: Der Harz der Hanfpflanze löse je nach Dosis und Disposition der Konsument*innen Heiterkeit oder Gewalt aus, und nichts mache in Ägypten so viele Menschen wahnsinnig wie der Missbrauch dieses Stoffes als Genussmittel. Er sei davon überzeugt, dass Haschisch mindestens so gefährlich sei wie Opium, und die ägyptische Regierung bitte die internationale Gemeinschaft inständig darum, sich dieses Problems gemeinsam anzunehmen.

Die anderen Delegationen reagierten zunächst überrascht. Niemand hatte mit einem solchen Vorstoß gerechnet oder Ägypten als drogenpolitischen Player überhaupt auf dem Schirm gehabt. Ägypten war bis zum Ersten Weltkrieg Teil des Osmanischen Reiches gewesen und danach kurzfristig britisches Protektorat geworden. Erst 1922 hatte es die Unabhängigkeit erreicht und erschien nun drei Jahre später zum ersten Mal auf dem Parkett der Drogendiplomatie. So hatte der Imperialismus dafür gesorgt, dass ägyptische Themen bisher nicht Teil der internationalen Drogendebatten gewesen waren. Dabei war Cannabismissbrauch in Ägypten seit Jahrzehnten ein wichtiges Thema gewesen. El Guindy erklärte, schon in den 1880er-Jahren habe in Ägypten noch unter osmanischer Herrschaft die Bekämpfung des Cannabisanbaus und -handels begonnen, doch der anhaltende Schmuggel mache es Ägypten unmöglich, die Verbote durchzusetzen. El Guindy schilderte damit eine ganz ähnliche Lage, wie Charles Brent sie auf den Philippinen erlebt hatte: Ohne internationale Abkommen waren nationale Verbotsversuche häufig zum Scheitern verurteilt.

Auf El Guindys Vorstoß antwortete als Erster der amerikanische Delegierte und drogenpolitische Hardliner Stephen Porter, der in den USA kurz zuvor das Heroinverbot auf den Weg gebracht hatte. Er gab offen zu, dass er sich mit Cannabis kaum auskannte. Trotzdem war er sofort bereit, das ägyptische Anliegen zu unterstützen. Interessanterweise tat er dies aber nicht aus amerikanischem Interesse. Vielmehr betonte er, wenn Ägypten bereit sei, die USA bei der Kontrolle der Opium- und Kokainmärkte zu unterstützen, dann sei es nur fair, im Gegenzug Ägypten bei der Lösung von *dessen* Cannabisproblemen zu helfen. Dass es auch ein amerikanisches Cannabisproblem geben könnte, kam Porter 1925 noch nicht in den Sinn, denn die Debatten um den Marihuanakonsum der mexikanischen Migrant*innen waren eher lokaler Natur und weitgehend an ihm vorübergegangen.

Auch die anderen Delegierten waren zwar überrascht und vielleicht auch ein bisschen überrumpelt von dem ägyptischen Vorstoß, doch die meisten von ihnen hatten nichts dagegen einzuwenden. Nur der indische Delegierte telegrafierte nach Hause an seine Regierung und erhielt die Antwort, man könne Cannabis in Indien nicht so ohne Weiteres verbieten: Es sei in vielen

Regionen ein wichtiger Bestandteil der sozialen und religiösen Bräuche. Außerdem wachse Cannabis wild, die Weiterverarbeitung zu *Ganja* sei kinderleicht, und man wisse nicht, wie man unter diesen Umständen ein Verbot durchsetzen solle. Die indischen Einwände konnten jedoch die Mehrheit der Delegierten nicht überzeugen. Kurzerhand nahmen sie das indische Hanf neben den Opiaten und Kokaprodukten in die Liste der Substanzen auf, die die Nationalstaaten laut Opiumkonvention zu kontrollieren hatten. Zusätzlich verabschiedeten sie strenge Exportregeln und ersannen einen Mechanismus, nach dem es auch in Zukunft möglich sein sollte, neue Substanzen in die Verbotsliste der Opiumkonvention aufzunehmen.

Cannabis hatte es damit offiziell auf die Liste der »bösen« Drogen geschafft. Allerdings waren die USA deshalb noch nicht dazu verpflichtet, Cannabis zu verbieten, denn sie weigerten sich, die Opiumkonvention von 1925 zu ratifizieren. Das lag nicht etwa daran, dass Washington seinen Prohibitionskurs inzwischen überdacht gehabt hätte – im Gegenteil. Der US-Delegierte Stephen Porter hatte die Konferenz von Anfang an mit sehr weitreichenden Forderungen bombardiert, bei denen er kaum Kompromissbereitschaft zeigte. Porters Haltung führte zu wochenlangen Blockaden, bis die amerikanische Delegation Genf am Ende unter Protest und ohne Kompromiss verließ. Selbst dem altgedienten Drogenmissionar Brent, der ebenfalls Teil der amerikanischen Delegation war, wurde Porters Position im Lauf der Verhandlungen zu eisern. Ausführliche Gespräche mit britischen Kollegen nährten bei Brent den Verdacht, dass die Sache mit den Drogen doch komplizierter sein könnte, als es ihm in den vergangenen Jahren bewusst gewesen war. Porters Blockaden irritierten den zweifelnden Drogenmissionar zunehmend. So zog Brent sich nach dem amerikanischen *Walk out* von 1925 vollständig aus der Drogenpolitik zurück – etwas peinlich berührt angesichts der eigenen Verbohrtheiten der Vergangenheit, wie Drogenhistoriker William McAllister vermutet. Porter hingegen blieb bei seiner Betonposition und isolierte damit die USA in der internationalen Drogenpolitik, die nun zunehmend eine Sache des Völkerbundes wurde.

Das Abkommen, nach dem die Nationalstaaten den Cannabiskonsum nur noch zu medizinischen Zwecken erlauben durften, galt also für die USA nicht. So durfte der Gebrauch von Hanf dort zunächst zu jedem Zweck legal bleiben. Erst später sollten Harry Anslinger und sein FBN dafür sorgen, dass Cannabis auch in den USA seinen festen Platz in der ersten Reihe der »bösen« Drogen einnahm.

Reefer Madness: Anslingers erste Angstkampagne und das amerikanische Verbot von Marihuana

Der neue FBN-*Commissioner* Harry Anslinger begann 1930 seinen Kampf gegen die Drogen mit einer kleinen Behörde und bescheidenen Ressourcen. Im Jahr vor seinem Amtsantritt war in New York am »Schwarzen Donnerstag« (der in Europa wegen der Zeitverschiebung als »Schwarzer Freitag« bekannt wurde) die Börse zusammengebrochen und hatte so die schwerste Weltwirtschaftskrise des 20. Jahrhunderts ausgelöst und das Land in die Große Depression gestürzt. Der amerikanische Staat musste nun überall sparen, und Anslinger fürchtete, dass auch das FBN dem Rotstift zum Opfer fallen würde. So hatte seine Arbeit von Anfang an vier Prioritäten: Er kümmerte sich um die Verfolgung von Drogendelikten, um die Regulierung der Pharmaindustrie, um die internationale Drogendiplomatie – und darum, dass die Öffentlichkeit erfuhr, wie gefährlich und deswegen wichtig das Drogenproblem sei.

Um sich die öffentliche Aufmerksamkeit zu sichern und auf die Relevanz seiner Behörde hinzuweisen, konzentrierte Anslinger sich in den frühen 1930er-Jahren auf Cannabis. Diese Wahl hatte mehrere Gründe: Erstens gab es hier schon seit dem 19. Jahrhundert eine gewisse Skepsis, auf die er seine Kampagne aufbauen konnte. Zweitens hatte 1920 die mexikanische Regierung ein Cannabisverbot verabschiedet, das laut dem Hanfhistoriker Isaac Campos mit dazu beitrug, die Droge in den USA in Verruf zu bringen. Und drittens brauchten die USA Seile.

Seit 1934 führte die US-Regierung eine Liste mit Rohstoffen, die im Fall eines Krieges nur schwer zu bekommen sein würden. Einer dieser Rohstoffe war der sogenannte »Manila-Hanf«, der ausschließlich von japanischen Herstellern auf den (weiterhin amerikanischen) Philippinen produziert und für die Herstellung von Seilen für die Marine gebraucht wurde. Zu Beginn der 1930er-Jahre begann sich nämlich abzuzeichnen, dass Japan in Zukunft kein zuverlässiger Handelspartner mehr für die USA sein würde.

Seit Jahrzehnten arbeitete der Inselstaat daran, seine Machtposition in Ostasien auszubauen. Im Ersten Japanisch-Chinesischen Krieg hatte Japan 1884 Korea unter seine Herrschaft gebracht und China gedemütigt, in einem weiteren, dem Russisch-Japanischen Krieg, hatte es Russland 1905 aus der chinesischen Mandschurei vertrieben. 1931 nutzte nun die japanische Armee einen selbst inszenierten Zwischenfall als Anlass, die Mandschurei zu besetzen und dort den letzten Kaiser von China als neuen Herrscher zu installieren. Kaiser Puyi hatte als Kleinkind vier Jahre lang über das Reich der Mitte geherrscht und funktionierte nun als Marionette des japanischen Imperiums. Mit dem Aufbau des neuen »Kaiserreiches Mandschukuo« wurde nun immer deutlicher, dass die japanischen Expansionspläne keine Rücksicht auf den Weltfrieden nehmen würden. Als die USA und der Völkerbund sich weigerten, Mandschukuo als unabhängigen Staat anzuerkennen, trat Japan 1933 kurzerhand aus dem Völkerbund aus. Stattdessen verbündete es sich bald mit Deutschland, das seit Hitlers Wahl zum Reichskanzler im Januar 1933 ebenfalls begann, seine Expansionsbestrebungen immer rücksichtsloser zu verfolgen und dabei die internationalen Beziehungen mit Füßen zu treten.

1934 begannen nun vor diesem Hintergrund die USA damit, sich auf einen möglichen Weltkrieg einzustellen. Mit dem japanischen Manila-Hanf von den Philippinen konnte dazu jedoch nicht mehr gerechnet werden. Um diesen Rohstoff zu ersetzen, entschloss man sich Mitte der 1930er-Jahre, den Hanfanbau in den USA anzukurbeln. Gleichzeitig wollte man verhindern, dass dadurch der Marihuanahandel und -konsum gleich mit in Schwung kam, und brauchte deshalb plötzlich ein Gesetz, das explizit zwischen dem Nutzen der Stängelfasern und dem Missbrauch der psychoaktiven Pflanzenteile unterschied. Doch die Versorgung der Marine mit Seilen war 1934 zwar eine Frage der nationalen Sicherheit, aber kein Thema, das öffentlich besprochen worden wäre – war doch keineswegs ausgemacht, ob, wann und in welcher Form sich die USA an einem möglichen neuen großen Krieg beteiligen würden. So argumentiert Historiker William McAllister sehr überzeugend, das amerikanische Cannabisverbot sei tatsächlich nicht ausschließlich durch Anslingers machtpolitische Ambitionen motiviert gewesen, sondern habe handfeste sicherheitspolitische Hintergründe gehabt. Das schließt jedoch nicht aus, dass der FBN-Chef die Marihuanakampagne hervorragend auch für seine Öffentlichkeitsarbeit zu nutzen wusste.

Zu der Zeit, in der die US-Regierung Hanf als heimischen Rohstoff zu fördern plante, begann das FBN eine kleine Medienoffensive, die die erste amerikanische Marihuanagesetzgebung vorbereiten sollte. In dieser ging es mit keinem Wort um Seile oder Weltkriege. Vielmehr bemühte sich Anslinger, in dunklen Farben auszumalen, wie gefährlich Marihuana für die Gesellschaft und besonders für die Jugend sei. Sein öffentlicher Feldzug gegen die Marihuanablüten erregte auch deshalb so viel Aufsehen, weil sich der oberste Drogenbekämpfer dabei nur sehr lose an die Fakten hielt.

In seinem Nachlass ist eine Akte überliefert, die unter Drogenhistoriker*innen gern als »Gemetzelakte« (»gore file«) bezeichnet wird. Dort findet sich eine ganze Reihe von Horrorgeschichten über Cannabiskonsum. Sie alle haben gemeinsam, dass sie das Kiffen verteufeln: Sie berichten von afroamerikanischen oder mexikanischen Konsument*innen, von der Gefahr, die Marihuana für (weiße) Kinder und Jugendliche bedeute, und von brutaler Gewalt, angeblich begangen von bekifften, wahnsinnig gewordenen (typischerweise männlichen) Tätern. Eine genauere Untersuchung der einzelnen Fälle durch den Historiker Bob Beach hat gezeigt, dass die hier gesammelten Vorkommnisse vermutlich mit realen Begebenheiten in Beziehung stehen, wobei unklar ist, ob Anslinger sie von Polizeibehörden zugespielt bekam oder ob seine Mitarbeiter sie einfach aus der Zeitung abschrieben. Bei genauerem Hinsehen belegen diese Fälle jedoch nur, dass manchmal derselbe Mensch Cannabis konsumiert und ein Verbrechen begeht. Einen direkten Zusammenhang zwischen Konsum und Kriminalität kann Anslinger mit diesen Geschichten nicht belegen, und in den meisten Fällen ist dieser Zusammenhang nur mit viel Fantasie und schlechtem Willen konstruierbar. Das hinderte ihn jedoch nicht daran, immer und immer wieder genau diesen Zusammenhang zu behaupten.

Regelmäßig griff Anslinger in seinen Reden und schriftlichen Äußerungen auf die Geschichten aus seinem *gore-file*-Fundus zurück, um seine Warnungen vor Marihuana mit anekdotischer »Evidenz« zu untermauern. Mit ihrer Hilfe zog er in den Dreißigerjahren systematisch eine Angstkampagne auf, in der er Marihuana zur neuen großen Drogengefahr erklärte und immer wieder eindringlich vor dessen Folgen warnte. Seine Gruselgeschichten verbreitete er dabei auf verschiedenen Wegen. Die wirksamsten Veröffentlichungen in diesem Zusammenhang waren zwei Filme.

Der erste und bekanntere hieß *Reefer Madness*, was so viel heißt wie »Joint-Wahnsinn«, und erschien 1936. Im Vorspann des Films wird eine schriftliche Warnung eingeblendet, die Anslingers Haltung zu Marihuana auf den Punkt bringt: Was nun gezeigt werde, könne erschreckend wirken, doch anders sei es nicht möglich, angemessen die schreckliche neue Drogengefahr zu beschreiben, die die amerikanische Jugend zerstöre. Marihuana sei eine gewaltvolle Droge, eine unbeschreibliche Plage, es sei: *Der wahre Staatsfeind Nummer eins! (»The Real Public Enemy Number One!«)* Es folgt eine Beschreibung des Marihuanarausches: Zuerst komme heftiges, unkontrollierbares Gelächter, dann gefährliche Halluzinationen, fixe Ideen, emotionale Verwirrung, die totale Unfähigkeit, seine Gedanken zu kontrollieren. Dann verliere man die Fähigkeit, physischen Gefühlen (»physical emotions«) zu widerstehen – was auch immer das sein mag. Letztlich führe der Konsum zu schockierenden Gewalttaten und münde in unheilbarem Wahnsinn. Der Vorspann endet mit dem dramatischen Appell: Etwas muss getan werden, um diese grässliche Bedrohung auszulöschen. »Denn Marihuana kann als Nächstes nach deinem Kind greifen... oder nach *deinem*... oder nach DEINEM!«

Es folgt zunächst ein Vortrag vor einer Versammlung von Eltern. Ein schulmeisterlicher Dozent informiert über den Drogenhandel und die Gefahr von Marihuana, verliest dabei einen Brief des FBN und hat dabei die Hauptrolle in der möglicherweise unelegantesten Informationsszene der Filmgeschichte. Dann beginnt der Plot, der angeblich auf Forschung zur Wirkung von Marihuana beruht und Anslingers Behauptungen geschickt dramatisiert: Ein skrupelloses, verlottertes Paar verkauft Marihuana an Schülerinnen und Studenten, einer von ihnen fährt im Rausch einen Passanten zu Tode, ein anderer betrügt unter Einfluss von Marihuana seine Freundin, ein Dealer vergewaltigt seine jugendliche Marihuanakundin, deren (ebenfalls bekiffter) Freund will ihr zur Hilfe kommen und gerät in eine Schlägerei mit dem Dealer, bei der am Ende das junge Mädchen erschossen wird. So und ähnlich geht es weiter, bis ein weiterer Drogendealer totgeschlagen, seine Komplizin aus dem Fenster gesprungen und ein anderer Dealer auf Lebenszeit in die geschlossene Psychiatrie eingewiesen ist. Zum Schluss erscheint noch einmal der Schulmeister aus der Einleitung und droht, es könne jeden treffen. Zu dramatischer Streichermusik wird zu guter Letzt die Botschaft eingeblendet: »TELL YOUR CHILDREN«. Mit den realen physiologischen und psychischen Auswirkungen von Marihuana hat dieser Film nichts zu tun. Doch die dramatischen Verzerrungen, die er produziert, kamen Anslinger sehr gelegen: Sie machten Angst vor Cannabis, und es entstand der Eindruck von einem schwerwiegenden Problem, das dringend gelöst werden müsse.

Der zweite Propagandafilm gegen Marihuana erschien 1937, hieß *Assassin of Youth* (»Mörder der Jugend«) und teilte diesen Titel mit einem Aufsatz von Anslinger selbst, in dem er von Todesfällen im Zusammenhang mit Marihuana berichtete. Der Titel spielt auf die von Anslinger gern wiederholte Anekdote an, das Wort »assassin« (Mörder) stamme von dem Wort »Haschisch« ab. Die Etymologie ist hier jedoch nur teilweise auf Anslingers Seite. Tatsächlich geht der Begriff »assassin« auf den Geheimbund der Assassinen (englisch: »assassins«) zurück, dessen Mitglieder im 13. Jahrhundert in Persien und Syrien eine Reihe von politisch motivierten Morden begingen. Ob jedoch die Assassinen, von denen sich das englische Wort »assassin« ableitet, tatsächlich nach der Droge Haschisch benannt wurden, ist unklar.

Selbst wenn es so wäre, beweist es weder, dass die Assassinen tatsächlich Haschisch konsumierten, noch, dass dieser potenzielle Konsum irgendetwas mit ihrer Gewalt zu tun hatte. Im Widerspruch zu Anslingers Erzählungen vom Marihuanawahnsinn waren ihre Morde keineswegs Taten von Rausch, Enthemmung und Kontrollverlust, sondern sorgfältig geplante Tötungen von mächtigen Männern. Trotzdem nutzte Anslinger die Wortspielerei um »hashish« und »assassin« immer wieder. Er verknüpfte damit eine dezidiert negative Konnotation mit dem Wort »Haschisch«, erzeugte außerdem gezielt und ziemlich raffiniert den Eindruck, die gefährliche Wirkung von Marihuana sei schon seit Hunderten von Jahren bekannt. Der Umstand, dass wohl mit hoher Wahrscheinlichkeit kaum einer seiner Zuhörer oder Leserinnen sich mit der Geschichte Persiens im 13. Jahrhundert auskannte, verstärkte noch die Bereitschaft, Anslingers vermeintlichen »Beweis« als solchen anzunehmen. Die orientalistischen Untertöne der Anekdote passten gleichzeitig zur Grunderzählung, dass Drogen etwas Fremdes, Unamerikanisches seien, gegen das man sich zu wehren habe. Als griffige Anekdote fand dieser Faktoid so bald Eingang in den Kosmos der urbanen Drogenmythen: »Did you know!? The word ›assassin‹ comes from ›hashish‹ …«

Anslingers Angstkampagne hatte Erfolg. 1937 wurde im Kongress der *Marihuana Tax Act* beschlossen, der Marihuanaprodukte besteuerte und festlegte, dass nur Apotheker, Ärzte und die Pharmaindustrie berechtigt seien, diese Steuer zu entrichten. Wer nicht zu diesen Gruppen gehörte und mit Marihuana erwischt wurde, konnte also dafür verurteilt werden, die Marihuanasteuer nicht gezahlt zu haben. Faktisch war die Droge damit aus dem Topf der »guten« Drogen in den Topf der »bösen« Drogen gewandert – Marihuana war kriminalisiert. Anslinger hatte damit seinen Kompetenzbereich deutlich erweitert und außerdem nebenbei dafür gesorgt, dass die Droge landauf, land ab durch die Schlagzeilen gejagt wurde, und im Hintergrund die Versorgung der Marine mit Seilen im Kriegsfall sichergestellt.

In den USA gelangte Cannabis so in den 1930er-Jahren in den Fokus der Drogenpolitik. Anslingers Kampagne sorgte dafür, dass zwischen Marihuana, Kokain und Heroin in der öffentlichen Wahrnehmung kaum differenziert wurde. Dabei blieb Heroin als König der gefährlichen Drogen über Jahrzehnte das wichtigste Thema des FBN. An zweiter Stelle stand jedoch nun nicht mehr Kokain, für das sich Behörden und Öffentlichkeit seit den Dreißigerjahren immer weniger interessierten, sondern Marihuana – und das sollte jahrzehntelang so bleiben. Dass Cannabis einmal als harmloses Mittelchen in Form von Bonbons und Sirups verkauft worden war, geriet dabei schnell in Vergessenheit oder wurde für eine Torheit der Altvorderen gehalten.

Dass Anslinger den legalen Hanfanbau zur Seilproduktion angekurbelt hatte, erwies sich im Übrigen schon bald als sinnvoll. 1939 brach in Europa mit dem Zweiten Weltkrieg tatsächlich ein neuer großer Krieg aus, und 1941 wurden auch die USA mit dem japanischen Angriff auf Pearl Harbour in diesen Konflikt hineingezogen. In den folgenden vier Jahren machten die Mitarbeiter der amerikanischen Drogenbehörde eine Erfahrung, die ihre Strategien in den folgenden Jahrzehnten prägen sollte: Durch den U-Boot-Krieg war der transatlantische Handel empfindlich gestört und damit auch der Heroinschmuggel, der bislang überwiegend zwischen Südfrankreich und der amerikanischen Ostküste stattgefunden hatte.

Die Folge war für die Heroinsüchtigen in den USA eine Katastrophe: Auf dem Schwarzmarkt war plötzlich so wenig Heroin zu haben, dass ihnen oft nur die Wahl blieb zwischen dem kalten Entzug und einem Einbruch in die Opiat-Schublade einer Apotheke, von denen es plötzlich ungewöhnlich viele gab. Dass die amerikanischen Drogenunternehmer*innen sich so schnell wie möglich nach Zulieferungen aus Mexiko umsahen, konnte so schnell auch nicht helfen. Es war der einzige Moment im 20. Jahrhundert, in dem der amerikanische Drogenkonsum tatsächlich durch die Drosselung des Angebots verringert wurde: Wo nichts verkauft wird, kann man nichts kaufen. Es war dieser Zustand, den Anslinger in den folgenden Jahrzehnten wiederherstellen wollte, und so wurde die Strategie der Angebotskontrolle (»supply control«) zum Leitstern seiner Politik. Doch weil der uneingeschränkte U-Boot-Krieg für das FBN keine Option war, blieb seine Vision von der drogendichten Grenze ein Wunschtraum.

Junkie oder Wirkstoff: Wer ist schuld?

Seit Harry Anslinger 1930 sein Amt als *Commissioner of Narcotics* angetreten hatte, gab es in den USA nun also eine Behörde, die sich mit Drogen beschäftigte. Diese Behörde war nicht etwa dem Gesundheitsministerium unterstellt, sondern dem Finanzministerium. Das lag einerseits daran, dass ihre Vorgängerorganisation, die Prohibitionsbehörde, ursprünglich mit dem Eintreiben von Alkoholsteuern beschäftigt gewesen war. Andererseits waren die Gesetze, auf deren Grundlage das FBN arbeitete, zum großen Teil Steuergesetze: Sowohl der *Harrison Act* als auch der *Marihuana Tax Act* führten zwar zur Kriminalisierung von Drogenhandel und Drogenkonsum, doch sie waren an sich keine Strafgesetze.

Das hinderte jedoch Harry Anslinger nicht daran, sich selbst in erster Linie als Cop zu verstehen und zu inszenieren. Tatsächlich leitete er ja eine Ermittlungsbehörde, deren Name nicht zufällig dem Namen der Bundeskriminalpolizei ähnelte: Das *Federal Bureau of Narcotics* beschäftigte wie das *Federal Bureau of Investigation* (FBI) Agenten, die gegen Verdächtige ermittelten, um sie vor Gericht zu bringen.

Rückblickend ist es nicht selbstverständlich, dass sich eine Ermittlungsbehörde um das Drogenproblem kümmerte, denn sicherlich wäre auch Experten (und später immer häufiger Expertinnen) aus anderen Fachbereichen wie Gesundheit, Bildung oder Sozialpolitik etwas zu dem Thema eingefallen. Doch Anslinger war spätestens seit der Heroindürre während des Zweiten Weltkrieges davon überzeugt, dass man dem Drogenproblem nur mit Strategien der Angebotskontrolle beikommen könne. Anstatt sich etwa damit zu beschäftigen, wie man wirkungsvoll den Konsum beeinflussen und so die Nachfrage eindämmen könnte (»demand control«), setzte er auf Abschreckung durch harte Strafgesetze und wollte ansonsten in erster Linie dafür sorgen, dass Drogen möglichst gar nicht erst ins Land und auf den amerikanischen Schwarzmarkt gelangten. Das hing vor allem auch mit seiner Antwort auf die Frage zusammen, wer am Drogenproblem eigentlich die Schuld trug.

Aus Anslingers Sicht gab es auf diese Frage drei mögliche Antworten. Erstens waren diejenigen am Drogenproblem schuld, die Drogen konsumierten – vor allem, wenn sie es mutwillig taten. Kriegsveteranen, ehemalige Patient*innen und andere, denen es gelang, ihre Abhängigkeit zur Krankheit zu erklären, waren von dieser Schuldzuweisung jedoch teilweise ausgenommen. Außerdem waren die Konsument*innen gleichzeitig Opfer des Drogenproblems und kamen deshalb als Feindbild nur dann infrage, wenn sie marginalisierten Gruppen angehörten.

Deshalb traten andere Verdächtige in den Vordergrund: Zweitens standen nämlich auch die Drogen selbst im Verdacht, am Drogenproblem schuld zu sein. Obwohl es sich um unbeseelte Substanzen handelte, die keinen eigenen Willen haben, traten sie Mitte des 20. Jahrhunderts häufig als Täter auf, denen eine Art eigene Handlungsmacht zugetraut wurde. Immerhin handelte es sich um Wirk-Stoffe, auf Englisch: »active ingredients«, also aktive Zutaten. Schon die Semantik deutete also auf das Eigenleben dieser Stoffe hin. Begründet wurde die Vorstellung von Drogen als Akteuren außerdem durch eine Reihe von

Experimenten, bei denen in den 1950er-Jahren Laborratten in Käfige gesetzt wurden, in denen sie freien Zugang zu einem Morphium-Wasser-Cocktail hatten. Zuverlässig wurden diese Ratten morphiumabhängig, ohne dass man sie gezwungen hatte, dieses Wasser zu sich zu nehmen. Aus diesen Experimenten schlossen die Forscher, dass allein die *Erhältlichkeit* von suchtbildenden Substanzen dazu ausreiche, abhängig zu machen.

Inzwischen ist diese Vorstellung, die auch mit den Annahmen des 19. Jahrhunderts übereinstimmt und schon damals die moralische Verurteilung von Süchtigen befeuert hatte, widerlegt. In der aktuellen Forschung geht man davon aus, dass Substanzabhängigkeit deutlich vielschichtiger ist und immer durch mehrere Faktoren ausgelöst wird, nie aber durch den Kontakt mit einer Substanz allein. Experimente in den 1970er-Jahren haben gezeigt, dass auch Ratten durchaus nicht zwangsläufig süchtig werden, wenn man ihnen Morphium zur Verfügung stellt – außer, man sperrt sie allein in trostlose Käfige, in denen das Morphium die einzige Beschäftigungsmöglichkeit darstellt. Ratten, die gemeinsam in einem geräumigen Rattenparadies voller Spielsachen leben (»Rat Park«), lassen den Morphiumcocktail stehen – sie probieren zwar mal, entwickeln aber nur selten eine Abhängigkeit. Die *Rat-Park*-Experimente zeigten, dass es nicht das Morphium war, das eigenständig die Abhängigkeit erzeugte, sondern dass die Lebensumstände der Betroffenen für ihren Substanzkonsum eine wichtige Rolle spielten. Diese Beobachtung wurde in der Folge auch im Zusammenhang mit menschlichem Substanzkonsum immer häufiger gemacht und änderte langsam das Expert*innenwissen zu Abhängigkeit, ohne jedoch im kollektiven Bewusstsein die Vorstellung auszulöschen, manche Drogen hätten eine diabolische und unwiderstehliche Anziehungskraft und Wirkmächtigkeit, die zwangsläufig in den Drogensumpf führe.

Von den Erkenntnissen über Substanzabhängigkeit aus den 1970er-Jahren konnten Anslinger und seine Kollegen in den

1950er-Jahren jedoch noch nichts wissen. Wenn sie vermuteten, die Droge sei der wichtigste Faktor bei der Entwicklung einer Abhängigkeit, entsprach das dem aktuellen Wissensstand. Tatsächlich verwendete Anslinger deshalb einen großen Teil seiner Arbeitszeit darauf, gegen die Drogen selbst vorzugehen. Er versuchte, sie daran zu hindern, ins Land zu gelangen, er ließ sie aus dem Verkehr ziehen, wo er nur konnte, und er ging mithilfe von Diplomatie und Außenpolitik auch direkt gegen den Drogenanbau und die Drogenproduktion im Ausland vor.

Weil nun die Drogen selbst die Bösen waren, entstand während Anslingers Amtszeit die Ikonografie der Beschlagnahmung: Zuverlässig wurden bei Meldungen über erfolgreiche Drogenfahndung nun stolze Beamte mit Stapeln, Haufen oder Bergen von beschlagnahmtem Rauschgift abgelichtet. Sie wurden zum Äquivalent des sogenannten *mugshots*, also des erkennungsdienstlichen Fotos eines Verhafteten, das in Film und Fernsehen den Triumph der verhaftenden Behörde und die Niederlage des betroffenen Gangsters markierte. Die Bildsprache der konfiszierten Drogenberge passte hervorragend zu Anslingers drogenpolitischer Strategie, denn sie erzählte gleichzeitig von den immensen Erfolgen der Polizeibehörden und führte mahnend vor Augen, wie viele Drogen im Umlauf waren.

Abgesehen von den Konsument*innen und den Drogen selbst hatten Anslinger und sein FBN aber vor allem eine dritte Gruppe von Verdächtigen auf dem Zettel, der sie das Drogenproblem anlasteten und mit der sie sich besonders in den 1950er- und 1960er-Jahren schwerpunktmäßig beschäftigten. Diese Beschuldigten machten sich auf Pressefotos der Polizei ebenfalls gut und versorgten nebenbei die amerikanische Drogenpolitik mit einem Geflecht aus Erzählungen, das keine Zweifel an ihrer Relevanz zulassen sollte. Diese dritte Gruppe von Verdächtigen war: die Mafia.

Kefauver-Fieber: Wie mit Anslingers Hilfe vor laufender Kamera die Mafia erfunden wurde

Schon im frühen 20. Jahrhundert hatten die Drogenhändler*innen besonders im Fokus der Drogenpolitik gestanden, denn diejenigen, die am Drogengeschäft und damit mitunter am Leid der anderen verdienten und mutmaßlich sogar damit reich wurden, schienen ganz besonders verurteilungswürdig zu sein. Schon früh waren sie in den Erzählungen rund um das Drogenproblem in unterschiedlichem Gewand aufgetreten: Da waren die Betreiber der chinesischen Opiumhöhlen, die ihr Opium an unschuldige Amerikaner*innen verkauften. Da waren die Dope-Doktoren, die (möglicherweise auch noch gegen Bestechungsgelder) unrechtmäßige Rezepte ausstellten. Und da waren als böswillig vorgestellte Einzelgestalten, denen für die marihuanabefeuerte Eskalation des Wahnsinns die Verantwortung zugeschrieben wurde. Der karikaturhafte Auftritt des Dealerpärchens in *Reefer Madness* zeigt, wie schlecht das Image der Drogendealer*innen schon in den 1930er-Jahren war.

Im Lauf der 1950er-Jahre erweiterte sich nun das Gruselkabinett der Drogen-Feindbilder um eine weitere düstere Gestalt: den Mafiaboss. Auf der Bühne der Drogenpolitik erschien er mit der Hilfe eines aufstrebenden demokratischen Senators. Sein Name war Estes Kefauver, und von Mai 1950 bis Mai 1951 leitete er einen Untersuchungsausschuss des Senats, der sich mit dem organisierten Verbrechen beschäftigte. In 14 amerikanischen Städten befragten er und seine Kollegen Zeugen zu diesem Thema, trugen Informationen zusammen und verfassten einen Abschlussbericht.

Wer nun angesichts der Vokabeln »Untersuchungsausschuss« und »Abschlussbericht« zu gähnen beginnt, hat sich bei der Beurteilung der sogenannten *Kefauver Hearings* gründlich geirrt. Ziel der Anhörungen war nicht nur, den Strukturen des organisierten Verbrechens auf den Grund zu gehen. Vielmehr wollte Senator Kefauver die amerikanische Öffentlichkeit über dieses Thema aufklären und dabei so viel Aufmerksamkeit generieren wie nur irgend möglich.

Während er sein erstes Ziel gründlich verfehlte, hatte er mit dem zweiten Vorhaben vollen Erfolg. Am 25. Januar 1951, als die Senatoren gerade in New Orleans waren und dort Zeugen befragten, unterbrach der einzige Fernsehsender der Stadt sein übliches Programm und übertrug eine Stunde lang live die Anhörungen zu Korruption und Kriminalität. Wie die lokale Tagespresse später berichtete, kam es zu einem regelrechten »Kefauver-Fieber«. Überall in der Stadt, in Geschäften, Büros und Wohnzimmern, strömten die schmutzigen Geschichten über das organisierte Verbrechen aus dem Anhörungssaal direkt unter die Leute. Zum ersten Mal in der Geschichte der USA war eine parlamentarische Anhörung live übertragen worden, und das atemberaubende Interesse der Bevölkerung führte dazu, dass auch bei den folgenden Sitzungen Kameras aufgestellt wurden. Anfang Februar in Detroit wurden bereits beide Anhörungstage in ihrer gesamten Länge ohne Werbepause übertragen, zwei Wochen später erweiterten die Fernsehmacher von St. Louis ihre Übertragungspläne auf Wunsch zahlreicher Zuschauer, in Los Angeles wurden alle 16 Stunden der Anhörungen live übertragen, und in San Francisco liefen die *Hearings* sogar auf zwei von drei Sendern – auch hier natürlich live. Den absoluten Höhepunkt des Fernsehereignisses bildeten jedoch die Anhörungen in New York City. Nicht nur fünf der sieben städtischen Fernsehsender übertrugen dort die Sitzungen, auch in 20 anderen US-amerikanischen Städten konnten die Zuschauer*innen die *Hearings* in Echtzeit mitverfolgen.

Und das taten sie auch. Schon im Lauf des Tages übertrafen die Einschaltquoten die durchschnittlichen Werte um das Zwanzigfache, und an den Abenden erreichten die Übertragungen

Marktanteile von über 70 Prozent. So verfolgten, je nach Schätzung, zwischen 17 und 30 Millionen Zuschauer*innen die Anhörungen – und das zu einem Zeitpunkt, zu dem in den USA insgesamt erst ungefähr acht Millionen Fernsehapparate in Gebrauch waren. Anfang April berichtete das Magazin *Life*, noch nie habe es so etwas gegeben. In Detroit hätten die Telefongesellschaften berichtet, dass Telefonleitungen, die normalerweise ständig blockiert waren, am Tag der Anhörungen stundenlang frei gewesen seien. Tausende von Leuten seien ihren Jobs ferngeblieben. Kaufhäuser und Theater hätten leer gestanden. Doch auf den Straßen seien die Leute auch nicht gewesen. Stundenlang hätten sie vor den Bildschirmen gesessen und tagelang über kaum etwas anderes gesprochen.

Dass plötzlich ganze Städte mit offenem Mund dem bürokratischen Prozedere einer Kongressanhörung lauschten, hatte weniger mit einer plötzlichen amerikanischen Liebe zu den inneren Mechanismen der Demokratie zu tun als mit dem Gegenstand der Anhörungen. Tatsächlich war die Geschichte, die im Rahmen der *Kefauver Hearings* erzählt wurde, faszinierend. Sie handelte von einer unheimlichen kriminellen Organisation namens »Mafia«, die angeblich ihre Tentakel in alle Gemeinden des Landes ausgestreckt hatte. Sie bestand den Untersuchungsergebnissen zufolge überwiegend aus italienischen Einwanderern, die sich angeblich zu einem riesigen, sehr mächtigen hierarchischen Gebilde zusammengeschlossen hatten und in allen größeren Städten Amerikas Zweigstellen unterhielten. Gelenkt werde diese Organisation von Italien aus, und sie verdiene ihr Geld mit den Lastern der amerikanischen Bürger*innen, denn sie organisiere das Glücksspiel, die Prostitution und den Drogenhandel.

Es handelte sich bei dieser Geschichte um eine klassische Verschwörungstheorie: Da hatten sich im Verborgenen übelmeinende Kräfte gegen Amerika verschworen, und nun wurden sie von entschlossenen Politikern ans Licht gezerrt. Um sie noch etwas gruseliger und skandalträchtiger zu machen, war die Geschichte gewürzt mit einer ordentlichen Dosis Fremdenfeindlichkeit, denn die angeblichen Mafiosi kamen überwiegend aus dem fernen Italien und unterwanderten mit ihren Verbrechen die amerikanische Gesellschaft.

All das war Stoff für öffentliche Aufregung – doch die sensationellen Einschaltquoten erklärt es noch nicht. Diese waren vielmehr den Auftritten »echter Mafiosi« zu verdanken, die bei den Anhörungen vor laufender Kamera aussagten und damit zur eigentlichen Sensation der Veranstaltung wurden. Besonders großes Aufsehen erregte Frank Costello, der in New York aussagte.

Frank Costello hieß ursprünglich Francesco Castiglia und war 1895 als kleines Kind mit seiner Familie aus Süditalien nach New York City eingewandert. Er wuchs in Armut auf und wurde schon als Jugendlicher wegen erster Gewalt- und Eigentumsdelikte verurteilt. Zu einem einflussreichen Untergrundunternehmer wurde er, wie so viele seiner Kollegen, als er während der Prohibitionszeit Geld mit Alkohol verdiente, doch auch Schutzgelderpressung und illegales Glücksspiel zählten zu seinen Geschäftsbereichen. In den Vierzigerjahren hatte er es bereits als »America's No. 1 Mystery Man« zu zweifelhaftem Ruhm gebracht – und nun sagte er bei den *Kefauver Hearings* vor laufender Kamera aus. Er war eine beeindruckende Erscheinung und trat den Senatoren trotz seiner kriminellen Vergangenheit voller Selbstbewusstsein entgegen. Auf die Frage, ob er sich immer an die amerikanischen Gesetze gehalten habe, antwortete er, er glaube schon – obwohl er zu diesem Zeitpunkt bereits mehrfach verurteilt worden war. Auf die Frage, was er in seinem Leben zum Wohlergehen der amerikanischen Gesellschaft beigetragen habe, schwieg er erst bedeutungsschwer. Dann sagte er, er habe seine Steuern gezahlt. Auch das stimmte nicht, und vielleicht hatte er gerade deshalb die Lacher auf seiner Seite.

Costellos Auftritt war der Höhepunkt einer ganzen Parade von mehr oder weniger wichtigen Exponenten der Unterwelt, die vor Kefauvers Komitee aussagten. Die öffentliche Befragung der kriminellen Prominenz vermittelte den Zuschauern einen Eindruck von Authentizität. Sie hatten das Gefühl, hautnah dabei gewesen zu sein, als Kefauver die Wahrheit über die Mafia aufdeckte. Das trug zu ihrer Bereitschaft bei, die Interpretationen des Kefauver-Komitees zu glauben – auch wenn für die Verschwörungsgeschichte von der weitverzweigten internationalen Verbrecherorganisation bei den Anhörungen keine stichhaltigen Beweise geliefert wurden und auch sonst bei genauerem Hinsehen nur Informationen wiederholt wurden, die Fachleuten schon zuvor bekannt gewesen waren. Am Ende der Anhörungen hatte sich in weiten Teilen der amerikanischen Gesellschaft der Eindruck eingestellt, es gebe eine italienische Mafia, die mit ihren kriminellen Machenschaften die amerikanische Gesellschaft bedrohe. In Kefauvers Abschlussbericht hieß es dann auch, Behörden und Bürger*innen müssten nun ständig wachsam sein und sich auf eine Festigung der privaten wie der öffentlichen Moral konzentrieren, um dieser nationalen Bedrohung zu begegnen.

Dass die *Kefauver Hearings* zu einem so eindrücklichen Medienereignis geworden waren, freute vor allem einen Mann: Harry Anslinger. Denn auch er hatte vor dem Komitee ausgesagt und als einer der ersten Zeugen die Bühne genutzt, um als Experte seine Interpretationen der Mafia und ihrer Verbrechen in die öffentlichen Debatten und politischen Deutungen einzuspeisen. Als Erstes hatte Anslinger bestätigt, dass die Mafia als internationale Verbrecherorganisation überhaupt existiere. Diese Annahme war in den Jahren zuvor von den Strafverfolgungsbehörden bezweifelt worden. Allen voran hatte FBI-Chef Edgar Hoover erklärt, eine Mafia würde es nicht geben. Anslinger behauptete nun das Gegenteil und warf das Gewicht seines

Amtes in die Waagschale, um seiner Deutung Plausibilität zu verleihen: Die Mafia sei eine niederträchtige, grenzüberschreitende, geheimbündisch strukturierte Organisation, die der »Lasterkönig« (»vice king«) Lucky Luciano von Italien aus lenke. Das gefährlichste und lukrativste Geschäft dieser Organisation sei – selbstverständlich! – der Drogenhandel, und nicht etwa das Glücksspiel, wie bis dahin angenommen worden war.

Nachdem Anslinger diese Deutung ausgeführt hatte, folgte ein Werbeblock für die Arbeit des FBN: Man könne der Mafia nur mit Strafverfolgung beikommen, und das tue seine Behörde »effizient und effektiv«. Allerdings sei das FBN bedauernswert unterbesetzt und brauche dringend Verstärkung.[16] Bestätigt wurden Anslingers Deutungen von zwei seiner Agenten, die ganz in seinem Sinne aussagten und Akten des FBN als Anschauungsmaterial mitbrachten. Zwar handelte es sich bei diesen »Beweisen« ausschließlich um selbst fabrizierte Schriftstücke, die einfach nur die tatsächlich nicht so leicht zu beweisenden Ansichten des FBN zu Papier brachten. Doch immerhin waren es offizielle Dokumente, mit denen hier die Referate der Sachverständigen illustriert wurden, und so verliehen sie Anslingers Mafia-Erzählung weiteres Gewicht.

Von einem FBN-Agenten stammte auch die Geschichte von der *Omertà*, die den Mafia-Mythos noch geheimnisvoller und gleichzeitig plausibler machte. Sie ging so: Jedes Mafia-Mitglied musste dem FBN zufolge einen Verschwiegenheits- und Treueeid schwören. Jeder, der den Behörden gegenüber sein Schweigen breche, werde mit dem Tode bedroht, und auch seine Familienmitglieder seien nicht sicher vor der Rache der Mafia. Diese Geschichte erinnerte an das, was man über Geheimbünde bereits wusste, und steigerte den Gruselfaktor. Vor allem aber erklärte sie das lückenhafte Wissen der Behörden über die Mafia: Dass so wenig über diese Organisation bekannt war, deutete demnach nicht etwa darauf hin, dass es diese Organisation in der behaupteten Form möglicherweise gar nicht gab oder dass sie ganz anders funktionierte und aussah – sondern darauf, wie mächtig, geheimnisvoll und verschwiegen sie sei.

Es gelang Anslinger und seinen Agenten, die Senatoren von der FBN-Version des Mafia-Mythos zu überzeugen. Im Abschlussbericht der *Kefauver Hearings* liest sich die Definition des Mafia-Problems wie eine Zusammenfassung der politischen Ansichten des FBN-Chefs. Begeistert erklärte auch Kefauver höchstpersönlich in dem Buch, das er über die Anhörungen schrieb, niemand habe ihm bei seiner Mafia-Jagd so sehr geholfen wie das FBN.

Mafia-Mythen: Wie die Angst vor der Drogenmafia die Prohibition stabilisierte

Die explosionsartige Aufmerksamkeit, die die amerikanische Öffentlichkeit den Mafia-Anhörungen entgegengebracht hatte, machte Kefauver über Nacht in ganz Amerika bekannt und bescherte ihm einen glanzvollen Aufstieg innerhalb der Demokratischen Partei, sodass er 1956 als Vizepräsident bei den Präsidentschaftswahlen kandidierte. Dieser karrieremäßige Glücksgriff fand schnell Nachahmer, und das Thema des organisierten Verbrechens war noch lange nicht abschließend behandelt. So fanden im Lauf der Fünfziger- und Sechzigerjahre noch zwei weitere ausführliche Anhörungsserien statt, in denen es wieder um organisierte Kriminalität ging, bei denen weiter am Mythos der Mafia gestrickt wurde und bei denen ambitionierte Politiker wie zum Beispiel Bobby Kennedy ihre Karrieren in Schwung brachten.

Immer wieder ging es bei den Anhörungen darum, neue Beweise für die Existenz der Mafia vorzulegen und neue Einzelheiten über ihre Struktur und Arbeitsweise zu enthüllen. So beschäftigte sich zum Beispiel das sogenannte *Watchdog Committee* 1959 eingehend mit dem legendären Mafia-Treffen von Apalachin. Am 14. November 1957 hatte die Polizei in der kleinen Stadt Apalachin im Bundesstaat New York im Anwesen eines Mannes namens Joseph Barbara eine Versammlung unterbrochen und eine Reihe der Gäste verhaftet. Die meisten Anwesenden kamen aus New York oder New Jersey, und keiner von ihnen machte je eine Aussage darüber, was bei dem Treffen besprochen worden war.

Doch Joseph Barbara galt als einflussreicher Mafia-Boss, und schon bald legten sich Ermittler und auch die Abgeordneten bei den Anhörungen darauf fest, dass es sich bei dem Treffen um eine Art Vorstandssitzung der Mafia gehandelt habe. Die Mafia werde nämlich geleitet von einer nationalen »Kommission«, bestehend aus Mafia-Vertretern aus dem ganzen Land. Diese Kommission habe bei Mr Barbara getagt – und nun sei ihre Existenz endlich eindeutig bewiesen. Dass einer der zuständigen Ermittler die Stammbäume der Anwesenden verglich und zeigte, dass ungefähr die Hälfte der Anwesenden miteinander verwandt oder verschwägert waren, galt als Beleg für die These, die Mafia sei die Verschwörung einiger weniger, eng verknüpfter italienischstämmiger Sippen. Wieder trat in diesem Zusammenhang auch Anslinger auf. Er deutete das Treffen von Apalachin als Beweis für seine These, die Mafia sei eine uralte italienische Geheimgesellschaft.

Ein anderer »Beweis« für die Existenz der Mafia, den in den frühen Sechzigerjahren ein weiterer Untersuchungsausschuss vorlegte, kam von einem eindrucksvollen Kronzeugen. Sein Name war Joseph Valachi, und er inszenierte sich als wichtiges Mafia-Mitglied, das nun »auspackte« und damit sein Leben riskierte. Ausführlich berichtete er von den hierarchischen Strukturen der Mafia und von ihren kriminellen Machenschaften. Besonders eindrücklich war seine Erzählung von dem Treueeid, den er angeblich während seiner Initiation als Mafia-Mitglied hatte schwören müssen: In seiner hohlen Hand habe er ein Stück Papier gehalten, das der Mafia-Boss in Brand gesteckt habe. Dann habe er schwören müssen: »So werde ich brennen, wenn ich das Geheimnis der Cosa Nostra verrate.« Valachi lieferte mit dieser Geschichte einen Beleg für die Theorie der *Omertà* und fügte der Vorstellung von einem kriminellen Geheimbund anschauliche Details hinzu. Auch sonst bestätigte er manche der Theorien, die die Behörden im Lauf der vergangenen Jahre aufgestellt hatten: dass die Mafia aus 24 Familien bestehe, zum Beispiel, oder dass sie streng hierarchisch organisiert sei. Nicht zuletzt »verriet« Valachi den angeblich »wahren Namen« der Mafia, den Öffentlichkeit und Presse sofort bereitwillig übernahmen: *La Cosa Nostra*.

Begeistert waren von all diesen pikanten Details vor allem Autoren, die mit Werken des *True-Crime*-Genres ihr Geld verdienten. Gangsterfilme, Krimis, aber besonders Erzählungen, die angeblich auf wahren Geschehnissen beruhten, erlebten parallel zu den Mafia-Anhörungen einen Boom. Wie Joseph Albini und sein Kollege Jeffrey McIllwain gezeigt haben, sind die Übergänge zwischen Fakten und Fiktionen hier fließend: Die Autoren ließen sich von den Mafia-Anhörungen inspirieren, die Vorstellungen der Ermittler waren aber gleichzeitig geprägt von fiktionalen Stoffen zum Mafia-Thema – und auch die Verbrecher griffen bei ihrer Selbstinszenierung mitunter auf Muster zurück, die sie aus Film und Fernsehen kannten. Dieser »inzestuöse Zirkel«, wie Albini und McIllwain dieses chaotische Voneinander-Abschreiben nannten, führte dazu, dass bald die gängigsten Annahmen zum Thema Mafia so häufig wiederholt worden waren, dass sich die Gesellschaft darauf einigte, sie als Fakten zu behandeln.[17]

In diesem wilden Gemisch aus Gangstergeschichten, Ermittlungsergebnissen und Spekulationen geriet die Frage nach der Belegbarkeit früh aus dem öffentlichen Fokus. Dabei hatte es schon seit den *Kefauver Hearings* kritische Stimmen gegeben, die darauf hingewiesen hatten, wie wenig stichhaltig viele der »Beweise« waren, die Abgeordnete und Zeugen für die Mafia-Thesen anführten. Seit den 1970er-Jahren entstand dann ein ganzer kriminologischer Forschungszweig, der die Mafia-Theorien kritisch beleuchtete und Stück für Stück zeigte, wie Behörden und Regierung folgenschweren Fehlschlüssen aufgesessen waren. Trotzdem halten sich viele der Vorstellungen, die durch die Mafia-Anhörungen geprägt wurden, bis heute.

Das Hauptproblem der Mafia-Theorien war, dass sie von einzelnen ans Licht gekommenen Details in häufig blinder Verallgemeinerung auf ein großes Ganzes schlossen. Dabei wurde häufig der Wert der bekannten »Beweise« überschätzt, das Ausmaß des eigenen Unwissens aber gleichzeitig unterschätzt. An den Beispielen von Joseph Valachi und dem »Mafia-Treffen« von Apalachin lässt sich dieser Mechanismus gut zeigen. Valachis Aussage wurde nur von einem einzigen Zeugen bestätigt, nämlich von ihm selbst. Der Kriminologe Joseph Albini weist zu Recht darauf hin, dass das doch im Verhältnis zur Tragweite der daraus abgeleiteten Aussagen ein recht kleines Sample sei. Hinzu kommt, dass Valachi seiner eigenen Aussage zufolge kein großer Boss war, sondern eher auf einem der mittleren Hierarchiegrade einzuordnen wäre. Woher er von dieser Position aus einen so detailreichen Überblick über die gesamte Organisation der doch so geheimnisvoll agierenden Mafia gehabt haben soll, bleibt unerklärt.

Vor allem aber darf bei der Beurteilung seiner Aussagen nicht vergessen werden, dass für Valachi sehr viel davon abhing, wie er sich vor dem Untersuchungsausschuss präsentierte. Egal, ob stimmte, was er da aussagte – der Rückweg in eine kriminelle Karriere unter seinen alten Arbeitgebern war ihm nach seiner Aussage mit Sicherheit verwehrt. Seine Zukunft hing also nun weitgehend davon ab, wie sein Publikum ihn beurteilte, ob es ihm glaubte und für wie wichtig es ihn hielt. Unter diesem Druck mag Valachi sich Mühe gegeben haben, die Wahrheit zu sagen. Genauso plausibel wäre jedoch die Annahme, dass er versuchte, die von ihm angenommenen Erwartungen seines Publikums zu erfüllen und seine Aussage also an das anzupassen, was er aus Presse, Film und Fernsehen über die öffentlichen Erkenntnisse zur Mafia wusste. Weil die Behörden wenig Möglichkeiten hatten, seine Aussagen zu überprüfen, konnte er seiner Fantasie weitgehend freien Lauf lassen, ohne dass das jemand hätte merken können. Wie viel und welche Teile seiner Aussagen mit der Wirklichkeit übereinstimmen, lässt sich bis heute nicht klären.

Auch am Umgang mit der Geschichte von Apalachin lässt sich ablesen, wie bereitwillig die amerikanische Öffentlichkeit blinde Flecken der gesicherten Erkenntnis mit Fantasie füllte und sich das Ergebnis am Ende als »Enthüllung« verkaufen ließ. Denn dass sich in Apalachin eine Reihe von Männern getroffen hatte, von denen einige miteinander verwandt waren, beweist an sich gar nichts. Nur, wer darin unbedingt einen Beweis sehen will und von vornherein die Existenz einer Mafia voraussetzt, gerät in folgenden Zirkelschluss: Es gibt eine Mafia, und Joseph Barbara ist ein Mafia-Boss. Wenn sich dieser Boss jetzt mit anderen italienischstämmigen Männern trifft, sind die bestimmt auch Teile der Mafia, denn die Mafia ist schließlich eine italienische Verschwörerbande. Dass sie sich aber getroffen haben, beweist also, dass es diese Verschwörerbande tatsächlich gibt. Und dass niemand von ihnen verraten will, worüber dort gesprochen wurde, kann nur ein Beweis dafür sein, dass sie zur Mafia gehören, denn die Mafia verbietet schließlich ihren Mitgliedern, ihre Geheimnisse zu verraten.

Fantasievolle Fehldeutungen und großzügige Schlüsse vom Detail aufs große Ganze prägten insgesamt die Interpretation der Mafia, die in den 1950er- und 1960er Jahren in den USA konstruiert wurde und zum Teil auch jenseits der einschlägigen Gangsterfilme bis heute überlebt hat. Immer wieder hatte Harry

Anslinger dabei seine Finger im Spiel. Seine Autorität als Leiter der Drogenbehörde machte den Mafia-Mythos plausibel. Indem Anslinger erfolgreich behauptete, das Drogengeschäft sei der wichtigste Geschäftszweig der Mafia, gelang es ihm, sich selbst zum obersten Mafia-Bekämpfer zu stilisieren. Das hatte für ihn und seine Behörde viele Vorteile: Es sicherte ihm nicht nur die Deutungshoheit auf diesem Gebiet, sondern auch Aufmerksamkeit, politisches Gewicht und damit Ressourcen für seine Behörde, die angesichts der Mafia-Bedrohungen vor Etatkürzungen geschützt war und nun nach und nach zu wachsen begann.

Vor allem aber konnte Anslinger mithilfe der Mafia-Erzählung seine Handlungsspielräume in der Drogenbekämpfung erweitern: Es war der Kampf gegen die Mafia, vor dessen Hintergrund zwischen 1950 und 1970 eine ganze Reihe von Gesetzen verabschiedet wurde, die es den Strafverfolgungsbehörden erleichterten, Drogenkriminelle zu verfolgen und zu bestrafen. 1951 wurde im Kielwasser der *Kefauver Hearings* der *Boggs Act* verabschiedet, der die Strafen für Drogendelikte massiv verschärfte und Mindesthaftstrafen für bestimmte Drogenvergehen festlegte. Mit diesem Gesetz erfüllte der Kongress die Wünsche von Anslinger, härter durchgreifen zu dürfen, hoffte auf eine abschreckende Wirkung und legte die Grundlage für Inhaftierungsraten, die in den folgenden Jahrzehnten immer weiter steigen sollten. 1968 wurde, ebenfalls im Zusammenhang mit den Anhörungen zum organisierten Verbrechen, die Grundlage dafür geschaffen, dass Polizeibehörden Verdächtige abhören durften. Das *wire tapping*, das bis heute für reale wie für fiktionale Drogenermittlungen eine wichtige Rolle spielt, griff massiv in die Privatsphäre der Betroffenen ein und erweiterte ebenfalls den Handlungsspielraum der Ermittlungsbehörden. Nicht zuletzt wurde 1970 mit dem *Organized Crime Control Act* ein Gesetz verabschiedet, das es erleichterte, Täter*innen zu verurteilen, die nicht selbst mit der Tat in Verbindung gebracht werden konnten, denen aber eine Zusammenarbeit mit den ermittelten Schuldigen nachgewiesen werden konnte.

Anslingers Strategie, den Mafia-Hype zu verstärken und in seinem Sinne zu lenken, ging also insofern auf, als er damit die Handlungsspielräume seiner Behörde und damit auch seine eigene Macht deutlich erweitern konnte. Gleichzeitig erwies Anslinger sich selbst, seiner Behörde und seinem Land jedoch mit seinen Mafia-Märchen einen großen Bärendienst. Denn leider entsprach seine Interpretation des organisierten Verbrechens nur sehr lose der Wirklichkeit, die viel komplexer und unordentlicher war.

Schon ein kritischer Blick in die FBN-Akten der Sechzigerjahre zeigt, dass es *die eine Mafia* nicht gab – jedenfalls nicht so, wie die Zeitgenoss*innen sie sich vorstellten. Das organisierte Verbrechen war mit sehr hoher Wahrscheinlichkeit deutlich unorganisierter, als es die Stammbäume und Gangsterlisten der Ermittlungsbehörden suggerierten. Damit soll nicht behauptet sein, dass es das organisierte Verbrechen nicht gab. Kooperierende Kriminelle gab es durchaus, mit großer Wahrscheinlichkeit stammten viele von ihnen aus marginalisierten Milieus, und sicherlich waren auch italienische Einwanderer dabei, die aus ihrer Heimat bestimmte Methoden der Loyalitätssicherung und der Organisation von Schwarzmärkten mitgebracht hatten. Doch *wie genau* das organisierte Verbrechen operierte, darüber wussten die amerikanischen Behörden eben deutlich weniger, als sie selbst vermuteten. Die Strategien zur Bekämpfung von Mafia und Drogenhandel, die das FBN aus ihren Interpretationen ableitete, hatten dementsprechend wenig Erfolg.

Weil das FBN zum Beispiel davon ausging, dass es sich bei der Mafia um eine streng hierarchische Organisation handelte, wurde viel Zeit und Energie darauf verwendet, die Bosse dieser Organisation dingfest zu machen. Jahrelang trieb sich zum Beispiel der FBN-Agent Charles Siragusa in Italien herum, um den angeblichen »Boss aller Bosse« Lucky Luciano seiner Mafia-Tätigkeiten zu überführen – ohne jeden Erfolg. Die Hoffnung, dass durch die Verhaftung eines angeblichen Bosses die ganze Organisation zusammenbrechen und ihre Tätigkeiten einstellen würde, wurde nie erfüllt. Denn wie die kriminologische Forschung der folgenden Jahrzehnte zeigen sollte und wie auch ein genauerer Blick in die Akten des FBN nahelegt, waren das organisierte Verbrechen und vor allem auch der Drogenmarkt viel flexibler organisiert, als es die Mafia-Stammbäume des FBN nahelegten. Mühelos wurden verhaftete Funktionsträger durch neues Personal ersetzt, ohne dass das die flexiblen Netzwerke gestört hätte, in denen das Schmuggelgeschäft organisiert war. Ebenso mühelos gelang es den Drogenunternehmen, neue Schmuggelrouten und -methoden zu ersinnen, wenn alte aufgeflogen waren. Weil aber das FBN an seiner Interpretation der Mafia festhielt, hinkte es den innovationsfreudigen Geschäftsleuten auf den Schwarzmärkten immer einige Schritte hinterher.

Die Mafia-Mythen erfüllten also für Anslinger ihren Zweck, ohne dabei dafür zu sorgen, dass der Drogenhandel in nennenswertem Ausmaß eingeschränkt worden wäre. Auch für die amerikanische Gesellschaft hatte die Auseinandersetzung mit der Mafia zwiespältige Folgen. Zum einen war sie ein Grund, sich vor der kriminellen Verschwörung zu fürchten. Zum anderen aber lenkte diese Furcht von der noch viel größeren Angst vor der atomaren Vernichtung der Menschheit ab und hatte dabei den Vorteil, dass sie die amerikanische Gesellschaft angesichts dieser Bedrohung enger zusammenrücken ließ. Noch dazu war die Mafia-Gefahr deutlich unterhaltsamer und kinotauglicher als die Bedrohung durch den Kalten Krieg. (Was nicht hieß, dass man nicht auch James-Bond-Filme drehen konnte, die beides gleichzeitig verhandelten.)

Für die Entwicklung des Drogenproblems hatte der Mafia-Hype der 1950er- und 1960er-Jahre schwerwiegende Folgen, denn er führte dazu, Anslinger noch stärker als zuvor auf seine Strategie der Angebotskontrolle festzulegen. Jahrzehntelang floss der Großteil des Drogenbekämpfungsbudgets in Ermittlung, Strafverfolgung und Schmuggelbekämpfung. Alternative Strategien der Drogenpolitik wie zum Beispiel die Suche nach besseren Behandlungs- und Rehabilitationsmöglichkeiten für Abhängige oder die Entwicklung von Aufklärungskonzepten konnten sich erst nach und nach durchsetzen, als Anslinger in den 1960er-Jahren in den Ruhestand ging und seine harte Linie etwas aufgeweicht wurde.

Harry Anslinger war als überzeugter Verteidiger von Drogenverboten aus der Prohibitionszeit hervorgegangen. Abschreckung, Repression und Angebotskontrolle hielt er für die richtigen Strategien im Umgang mit dem Drogenproblem und machte sie zu den zentralen Aufgaben des *Federal Bureau of Narcotics*. Er war ein überzeugter Hardliner und außerdem ein Machtmensch – nicht nur in seinem äußerlichen Erscheinungsbild, sondern auch in dieser Hinsicht erinnerte er stark an Benito Mussolini. Unter amerikanischen Drogenhistoriker*innen kursiert die unbelegte, aber vielsagende Anekdote, Anslinger habe einmal in einem Lokal keinen Platz bekommen – bis er sich als *Duce* zu erkennen gegeben habe, sodass sofort ein Tisch für ihn geräumt worden sei. Als bürokratischer Stratege mit felsenfesten antinarkotischen Überzeugungen und einem feinen Gespür für die Mechanismen der amerikanischen Herrschaftsstrukturen setzte er in den folgenden Jahrzehnten vieles daran, seiner Drogenbehörde und damit auch sich selbst möglichst viel Einfluss zu sichern.

Er spielte zu diesem Zweck gern mit den Ängsten der Gesellschaft. Das zeigte sich zum Beispiel in der Angstkampagne, mit der er das erste amerikanische Cannabisverbot vorbereitete, aber auch daran, wie er den Mafia-Hype der Fünfziger- und Sechzigerjahre nutzte, um sich als obersten Mafia-Bekämpfer zu inszenieren. In beiden Fällen interessierte er sich wenig für die Belegbarkeit seiner Aussagen. Vermutlich hatte er nicht gezielt vor, die Gesellschaft zu belügen. Vielmehr war er womöglich selbst so überzeugt von seinen Ansichten, dass er deren kritische Prüfung nicht für nötig hielt – die eine oder andere Übertreibung an passender Stelle hingegen für opportun und gerechtfertigt.

War der Konsum von Drogen ohne medizinischen Zweck noch gegen Ende des 19. Jahrhunderts ein schillerndes, faszinierendes und insgesamt wenig beachtetes Randphänomen gewesen, so war vor allem der Drogenhandel bis zur Mitte des 20. Jahrhunderts zu einem Verbrechen geworden, das der amerikanischen Gesellschaft – besonders in Kombination mit dem Mafia-Gespenst – zunehmend Angst einflößte. Diese Angst war ein entscheidender Motor für die Institutionalisierung der Drogenpolitik: Wo Panik war, wurden besonders strenge Gesetze verabschiedet, für deren Durchsetzung dann auch bereitwillig Geld ausgegeben wurde. Paradoxerweise lag es deswegen nicht im Interesse drogenpolitischer Institutionen wie des FBN, die Gesellschaft über die drogenpolitische Lage der Nation zu beruhigen. Opportun war hingegen ein bewegliches Mischverhältnis aus Erfolgsgeschichten von verhafteten Mafia-Bossen und Horrorgeschichten von alten oder neuen Drogengefahren. Solange die Angst vor dem Drogenproblem lebendig blieb, konnten Anslinger und sein FBN die Helden der Stunde sein und die amerikanische Gesellschaft Jahr um Jahr vor den Gefahren des Drogenübels bewahren.

6

VON DER PANIK ZUM PROTEST

Konsens und Konsum: Anpassungszwänge in der Vorstadtgesellschaft der Fünfzigerjahre

Während die amerikanischen Bürger*innen in den Fünfziger- und frühen Sechzigerjahren gebannt vor den Fernsehgeräten saßen, um die Mafia-Anhörungen zu verfolgen, war auf den Straßen jenseits der Wohnzimmerfenster so gut wie nichts von einem Drogenproblem zu spüren. Nicht Rausch und Ausschweifung, sondern Stabilität und Anpassung an vorgegebene Lebensentwürfe prägten den Alltag einer Mehrheit der US-amerikanischen Bevölkerung. Besonders die wachsende Mittelschicht einigte sich auf einen beschaulichen gemeinsamen Lebensstil, von dem nur wenige abwichen.

Ein immer größerer Teil der arbeitenden Bevölkerung ging morgens nicht mehr in die Fabrik, sondern ins Büro; 1955 gab es in den USA zum ersten Mal mehr Angestellte als Arbeiter*innen. Die Firmen und Organisationen, für die diese Angestellten arbeiteten, wurden immer größer, und die Zahl der kleineren Läden und Betriebe ging zurück. Nur zwischen drei und sechs Prozent der US-amerikanischen Männer im erwerbsfähigen Alter waren in den 1950er-Jahren arbeitslos gemeldet, verglichen mit den zweistelligen Arbeitslosenquoten in den krisengebeutelten Dreißigerjahren wirkte diese Quote beruhigend niedrig.

Wer 1945 noch nicht verheiratet war, holte das nach Kriegsende bald nach. 95 Prozent der Amerikaner*innen, die während der Vierzigerjahre volljährig wurden, heirateten und bildeten damit die heiratsfreudigste Generation der US-amerikanischen Geschichte. Das durchschnittliche Heiratsalter sank bei Frauen auf 20, bei Männern auf 22 Jahre. Nur etwa jedes zehnte Paar ließ sich wieder scheiden. Sofern sie weiß waren, zogen die frisch getrauten Ehepaare nach der Hochzeit nun in Scharen in die segregierten Vorstädte, die seit dem Krieg immer schneller wuchsen. Nicht Haus für Haus, sondern häufig gleich Vorstadt für Vorstadt wurden die neuen Lebensräume auf die Felder rings um die Städte gestellt. 1950 bauten hoffnungsvolle Unternehmer in den USA auf diese Weise knapp 1,7 Millionen Häuser, so viele wie nie zuvor und nie danach in einem Jahr. In langen Reihen standen die häufig baugleichen Holzhäuser an frisch asphaltierten Straßen und erwarteten den Babyboom.

Denn auf den Umzug der jungen Nachkriegspaare folgten die Geburten. Waren im Krieg die Geburtenraten etwas zurückgegangen, wurde nun die Familiengründung mit Eifer nachgeholt. Frauen, die in den Dreißigern volljährig geworden waren, bekamen durchschnittlich 2,4 Kinder, bei den jungen Erwachsenen der Fünfziger waren es 3,2. (Zum Vergleich: In Deutschland bekam 2020 jede Frau statistisch 1,5 Kinder.) Nachdem die amerikanische Geburtenrate seit Beginn des 19. Jahrhunderts stetig gefallen war, stieg sie damit zum ersten Mal wieder deutlich an. Familien mit zwei bis vier Kindern wurden die Regel, kinderlose Paare oder gar Singles die auffällige Ausnahme. Zwischen 1954 und 1964 wurden in den USA jedes Jahr ungefähr vier Millionen Kinder geboren. Selten hatte eine Gesellschaft in Friedenszeiten eine so tiefgreifende demografische Verschiebung erlebt.

Für den Nachwuchs und um sich außerdem ein Auto in die Garage, eine elektrische Waschmaschine in die Waschküche und ein möglichst pompöses Fernsehset in die Wohnzimmerschrankwand stellen zu können, fuhren die Mehrheit der Männer und auch manche wenige Frauen mit den Pendlerzügen ins Büro. Die Wirtschaft boomte, der Wohlstand wuchs mit dem Bruttoinlandsprodukt, und Konsum wurde zu einer Art neuer Bürgerpflicht, wenn nicht zum Ziel und Fluchtpunkt des bürgerlichen Lebensentwurfs. Anders als während der Zeit der Wirtschaftskrise, in der die jungen Eltern der Fünfziger aufgewachsen waren, gingen viele optimistisch mit ihrem Geld um. Wo Gehalt und Erspartes nicht ausreichten, um mit dem Lebensstandard der vorstädtischen Nachbarschaft gleichzuziehen, waren die jungen Familien so bereit wie nie zuvor, Konsumkredite aufzunehmen. 1955 erreichte die Höhe der Konsumschulden in sechs aufeinanderfolgenden Monaten jeweils einen neuen Höchststand. Ein Ende der Stabilität schien den Kreditnehmern nicht in Sicht zu sein.

Wo für politische Aktivität Zeit übrig war, fand diese meist im Rahmen dessen statt, was man für sagbar und unkommunistisch hielt. Abweichende Meinungen konnten während der McCarthy-Ära in den frühen Fünfzigerjahren schnell zum persönlichen Verhängnis werden. Auch Verstöße gegen die geltende Sexualmoral waren die große Ausnahme. Homosexualität war gesetzlich verboten, wer sich scheiden ließ, musste mit Verachtung rechnen, die Anti-Baby-Pille war noch nicht auf dem Markt, und Sex außerhalb einer stabilen Partnerschaft war damit vor allem für Frauen ein großes Wagnis. So war für eine große Mehrheit des Mittelstandes der Alltag in den Fünfzigerjahren geprägt von den monotonen Rhythmen von Arbeit, Haushalt und Kinderversorgung. Die Rollen waren dabei innerhalb der allermeisten Familien streng traditionell verteilt: Er verdiente Geld mit seinem Job und machte möglicherweise Karriere, sie arbeitete unbezahlt und unentwegt im Haushalt. Er traf die Entscheidungen und verwaltete das Geld, sie folgte gehorsam.

Auch wenn noch keine Kinder da waren, spielte sich das Leben der Mittelklassefamilien zunehmend im Wohnzimmer ab. Hatten 1950 erst ca. 10 Prozent der US-Haushalte einen Fernseher, waren es 1955 bereits 64,5 Prozent und 1960 schon 86 Prozent. Hunderte von Kinos mussten in der Folge schließen, und Hollywood schraubte die Produktion in den Traumfabriken zwischen 1949 und 1962 um 62 Prozent zurück. Von den knapp 31 Millionen Haushalten mit Fernseher schalteten 1956 jeden Mittwochabend 19 Millionen den Sender NBC ein. Dort lief *Father Knows Best*, eine Comedy-Serie, die durch ihren Titel eigentlich schon hinreichend charakterisiert ist: Fast zwei Drittel der US-amerikanischen Familien verfolgten hier wöchentlich, wie eine idyllische Mittelstandsfamilie mit drei Kindern unter ständigem Publikumsgelächter ihre äußerst harmlosen Probleme löste.

Ein Blick in diese schwarz-weiße Fernsehwelt mit dem liebevollen und doch paternalistischen Vater, der sorgenden perfekten Hausfrau und Mutter und den braven Kindern, die gern alles richtig machen wollen, füllt die Sozialstatistiken mit Leben. Er zeigt: Die wichtigsten Ideale eines *American Way of Life* waren in den Fünfzigerjahren nicht Aufbruch und Freiheit, sondern Sicherheit, Wohlstand und Stabilität – besonders für die Alterskohorte, deren Jugend durch die Wirtschaftskrise geprägt war und die im jungen Erwachsenenalter den Zweiten Weltkrieg erlebt hatte. Der Sehnsuchtsort dieser Generation war im Zeitalter der nuklearen Bedrohung die *nuclear family*, die Kernfamilie, in der Frieden und materielle Sicherheit den Alltag bestimmten.

Von familiärer Idylle und dem Streben nach Stabilität in Suburbia erzählt auch der erfolgreiche Bestseller *Der Mann im grauen Flanell* von Sloan Wilson, der 1955 zeitgleich mit den ersten Fernsehfolgen von *Father Knows Best* erschien. Der Ich-Erzähler im Flanellanzug beschreibt darin jedoch vor allem die gefühlte

Enge und die Machtlosigkeit, die er in dieser Welt empfindet. Er erzählt von seinem Rennen im Hamsterrad des Angestellten, von den Sorgen um seine Frau und die drei Kinder und von seiner ängstlichen Sehnsucht nach einem größeren Haus, mehr Wohlstand und einem Ende der ökonomischen Abhängigkeit. Die dominierenden Gefühle seiner Erzählung sind nicht Gemütlichkeit und Zuversicht, sondern Angst, Enttäuschung und Klaustrophobie. Der Roman ist Ausdruck der unangenehmeren Seiten der idyllischen Vorstadtgesellschaft. Dass er so begeistert in großer Zahl gelesen wurde, lässt vermuten, dass Konformitätsdruck, Unzufriedenheit trotz materieller Sicherheit und nicht zuletzt Langeweile nicht nur die Romanfiguren quälten, sondern wohl auch einige der Leser*innen. Sie waren Produkte einer gesellschaftlichen Norm, die zugunsten einer gemeinsamen Festlegung auf bestimmte breit akzeptierte Lebensentwürfe die Handlungsspielräume jedes und besonders jeder Einzelnen stark begrenzte.

Vermutlich waren es diese Gefühle des Eingesperrtseins und der gleichzeitigen Überforderung durch die Anforderungen in Job und Haushalt, die in den Fünfzigerjahren immer mehr Menschen in den Vorstädten ihre Badezimmerschränkchen mit Schlaftabletten und Aufputschmitteln füllen ließen. Der Griff zur chemischen Unterstützung lag nahe, wurde doch in Popkultur und Werbung fortwährend suggeriert, Konsum sei die Lösung aller Probleme. So gewöhnten sich überarbeitete Väter und ausgelaugte, gelangweilte Mütter und Hausfrauen scharenweise an, morgens neben ihrer Tasse Kaffee auch Amphetamine zu schlucken, um wach und leistungsfähig zu werden. Die Speed-Pillen fielen nicht unter den *Harrison Act* und waren daher rezeptfrei im *drug store* erhältlich. Um nach einem langen Tag wieder runterzukommen und einschlafen zu können, warfen viele dann abends ein ebenfalls rezeptfreies Schlafmittel hinterher. Sie gerieten so in eine mehrfache Medikamentenabhängigkeit, die jedoch ihre Leistungsfähigkeit nur dann einschränkte, wenn eine versehentliche oder depressionsbedingte Überdosis der Schlafmittel zum Tode führte. So dauerte es verhältnismäßig lange, nämlich bis in die späten Sechziger hinein, bis dieser gewohnheitsmäßige und massenhafte Drogenkonsum auffiel und als solcher problematisiert wurde.

Bis dahin half der Drogenkonsum der Vorstadtbevölkerung dabei, ihre Anpassungsleistungen auszuhalten und nebenbei den Nachkriegsboom zu erarbeiten. Denn wie die Sozialstatistiken zeigen, waren die strengen Verhaltensnormen der Fünfzigerjahre keineswegs leere Forderungen. Für eine große Mehrheit der Gesellschaft lieferten sie Orientierung und prägten den Alltag. Zwischen den Polen der gemütlichen Idylle des allwissenden Fernsehvaters und der klaustrophobischen Beklemmung des Mannes im grauen Flanell entstand der Druck, der die einen in den Kreislauf aus Amphetaminen und Barbituraten führte und die anderen zum Ausbrechen animierte: Hier lag der Nährboden für die Revolten der Sechzigerjahre. Denn nicht alle waren bereit, sich den Konformitätsansprüchen der Vorstadtgesellschaft zu beugen.

Beat: Rauschhafte Rebellion der Poeten

In einer Zeit, in der die Mehrheit der weißen amerikanischen Gesellschaft an ihren Vater-Mutter-Kind-Träumen strickte, verweigerten ein paar literarische Rebell*innen in New York City den Gehorsam. Kennengelernt hatten sich die drei bekanntesten unter ihnen, nämlich Allen Ginsberg, Jack Kerouac und William S. Burroughs, 1943 an der Columbia University. Ein Leben zwischen Job und Familie in Suburbia war für sie keine Option, stattdessen lebten sie gemeinsam mit einigen anderen jungen Künstler*innen wild und selbstzerstörerisch, immer auf der Suche nach überschreitbaren Grenzen, nach unverbrauchten künstlerischen Ausdrucksweisen und sensationellen neuen Empfindungen. Kerouac bezeichnete sich selbst und seine Freunde später als verrückte, erleuchtete Hipster, die plötzlich aufstanden und über Amerika herfielen, ernsthaft, neugierig, überallhin trampend, zerlumpt, glückselig (»beatific«) und schön auf eine hässliche, anmutige Weise.[18] Die Gruppe, die sich weniger über einen gemeinsamen literarischen als über einen gemeinsamen Lebensstil definierte, bezeichnete sich selbst als *Beat Generation*. Sie richtete sich explizit gegen den grauen Mainstream, der ihr mit seiner Konformität, seiner Stabilität und seiner Ausrichtung auf Materialismus und Konsum sinnentleert vorkam. Für die Männer in den grauen Flanellanzügen hatten die Beats vor allem Verachtung übrig.

Auf der Suche nach neuen Lebensentwürfen revolutionierte diese kleine Gruppe junger Leute in Zusammenarbeit mit ein paar weiteren befreundeten Schriftsteller*innen die Literatur. Ginsbergs Gedicht »Howl«, Kerouacs wilder Highwayroman *On the Road*, Burroughs' surreale, pornografische Romancollage *Naked Lunch* und ähnliche Werke wirkten auf das Publikum so verstörend wie faszinierend und zogen immer wieder Verbotsverfahren nach sich, die das Interesse an ihnen nur noch weiter steigerten. Die *Beatniks* ließen sich inspirieren von Rhythmen und Improvisationstechniken aus Jazz und Bebop und testeten neue literarische Ausdrucksformen jenseits der geltenden Konventionen aus. So experimentierte Kerouac mit improvisierter Literatur, schrieb in einem kaum unterbrochenen Fluss alles auf, was ihm in den Sinn kam, und nannte das Ergebnis spontane Prosa. Seinen Roman *On the Road* tippte er mithilfe von Amphetaminen an 20 Tagen auf eine über 35 Meter lange Papierrolle, die dafür sorgte, dass er seinen chemisch unterstützten Schreibflow nicht für das Einspannen neuer Papierbögen in die Schreibmaschine unterbrechen musste. Ginsberg las seine Gedichte öffentlich und machte Lyrik zu einer Kunst der Performance, sie sollte nicht auf dem Papier stattfinden, sondern im flüchtigen Moment, nicht als Schrift, sondern als Klang, als Ausdruck, als Erlebnis. Als Burroughs 1959 von seinem Verlag gedrängt wurde, nun endlich seinen neuen Roman einzureichen, öffnete er der Legende nach einen großen Koffer voller loser, unsortierter Manuskriptfetzen und montierte sie aneinander – überwiegend in der Reihenfolge, in der er sie aus dem Koffer zog. Das Ergebnis hieß *Naked Lunch*, die literarische Methode entwickelte er später gemeinsam mit Brion Gysin weiter und nannte sie *Cut-up*.

Eine zentrale Bedeutung kam in diesem rebellischen und trotzigen Aufbruch den Drogen zu. Auf der Suche nach Rausch und Entgrenzung konsumierten die *Beats* eine wild wechselnde Mischung von Alkohol, Benzedrin (ein Amphetamin aus der Apotheke), Marihuana, Haschisch, Peyote (ein meskalinhaltiger, psychoaktiver Kaktus aus der mexikanischen Wüste), Ayahuasca (eine psychedelische Liane aus dem Amazonasdschungel), Morphium, Heroin und allen möglichen anderen Stoffen.

Rausch und Drogenexperimente waren für die *Beat Generation* eine Methode, neue Ausdrucksweisen zu erfinden, aber auch ein Feld, auf dem sie ihre literarischen Stoffe entwickelten, und ein Erfahrungsraum, in dem sie Sinn, Erfüllung, Erleuchtung, Transzendenz und all die Qualitäten zu finden hofften, die sie im gewöhnlichen amerikanischen Alltag vermissten. Als »Kosmonauten des inneren Raums« waren sie Suchende, die in Grenzbereiche des Bewusstseins vordrangen.[19] Die Idee, dass Drogen vielleicht doch nicht nur fehlerhafte Wahrnehmungen produzierten, sondern dass die im Rausch erlebten Welten und Erfahrungen einen eigenen Wirklichkeitsstatus haben könnten und dass das Erleben dieser alternativen Wirklichkeiten für den oder die Berauschte*n wertvoll sein könnte, war nicht ganz neu, aber seit der Romantik doch sehr stark in den Hintergrund geraten. Die *Beat Generation* belebte diese Denkrichtung neu und stürzte sich in den Rausch, der so zum ästhetischen Experimentierfeld wurde.

Von Anfang an sollten ihre Drogenexperimente die *Beats* jedoch nicht nur zu etwas hinführen, nämlich in neue, unbekannte Erlebnisräume und kreative Sphären, sondern auch immer von etwas weg: Sie waren der Versuch, sich von den Konformitätszwängen zu befreien, die ansozialisierten Pflicht- und Schamgefühle hinter sich zu lassen und damit alle zu provozieren, die sich den geltenden Normen verpflichtet fühlten. Provokation, Protest und Revolte waren immer Teil der trotzigen Pose, mit der die *Beat Generation* sich dem Mainstream entgegenstellte.

Die Folgen dieses exzessiven Lebensstils waren zum Teil verheerend. Substanzabhängigkeiten und Krankheit, Kontrollverlust, Depression, körperlicher Verfall und ökonomischer Ruin prägten in unterschiedlichen Graden das Leben der *Beat*-Literaten – wobei der Effekt der Drogen letztlich schwer von den Effekten anderer Gewohnheiten und den Folgen von allerlei persönlichen Traumata zu unterscheiden ist.

Besonders hart traf es William S. Burroughs, der am 6. September 1951 im Alkoholrausch seine Frau Joan aufforderte, für ein Wilhelm-Tell-Spiel ein Glas auf ihren Kopf zu stellen. Er nahm seine Pistole, zielte – und schoss Joan versehentlich in den Kopf, was sie nicht überlebte. Von diesem Abend sollte sich Burroughs nie mehr ganz erholen. Das Leid, das der berauschte Lebensstil der *Beat Generation* bereitete, lasteten sie jedoch nicht den Drogen an, die sie in ihrer Kunst immer wieder positiv beschrieben, als integralen Bestandteil eines leichten, schnellen, euphorischen Lebens voller mystischer Bedeutung.

Sehr konkret wurde Burroughs in der Beschreibung seiner persönlichen Drogenwelt, als er 1953 unter dem Titel *Junky. Confessions of an Unredeemed Drug Addict* ein zeitgenössisches Pendent zu De Quinceys Opiumbeichten veröffentlichte – wobei der Titel nicht von ihm selbst stammte, sondern von seinem

Verlag Abe Books. In dem weitgehend autobiografischen Roman beschreibt er die Entwicklung seiner Morphium- und Heroinabhängigkeit sowie das Milieu, in dem sie stattfand: die New Yorker Unterwelt mit allerhand zwielichtigen Gestalten, Dealern, Prostituierten, Schnorrern, Gangstern und Junkies, die in der U-Bahn Betrunkene ausrauben und auf der Suche nach dem nächsten Schuss durch die Straßen irren.

Anders als De Quincey warnte Burroughs kaum vor den Gefahren der Opiate. Vielmehr beschrieb er die Warnungen der Ärzte und Behörden als Propaganda und erklärte, dass Heroin erst nach mehreren Hundert Injektionen abhängig mache und nicht schon beim ersten Konsum. Vorsichtshalber merkte der Verlag an solchen Stellen in Fußnoten an, dass die anerkannte Lehrmeinung den Aussagen von Burroughs widerspreche. (Diese alte Lehrmeinung hält sich bis heute als verbreitetes Vorurteil, obwohl die psychopharmakologische Forschung inzwischen gezeigt hat, dass nur zwischen 10 und 30 Prozent der Heroinkonsument*innen überhaupt eine Abhängigkeit entwickeln.[20])

Dass die *Beat*-Poeten ihren Drogenvorlieben nicht im Verborgenen nachgingen, sondern sie in ihrer Literatur beschrieben, bescherte dem Thema zunächst vor allem Aufmerksamkeit. Burroughs' *Junky* verkaufte sich über 100 000 Mal, »Howl« wurde zum bekanntesten Gedicht der *Beat Generation*, ja zum »Urtext der Gegenkulturen«, wie der Kulturwissenschaftler Diedrich Diederichsen später urteilen sollte,[21] und *Naked Lunch*, das von expliziten wie impliziten Verweisen auf Drogenerfahrungen ebenso wimmelt wie von sehr anschaulichen Darstellungen von (Homo-)Sexualität, erzeugte große Aufmerksamkeit, als 1959 das Postamt die Auslieferung von Zeitschriften mit Auszügen aus dem Roman wegen »obszöner« Inhalte verweigerte und die Stadt Boston den Roman 1962 auf den Index setzte.

Diese literarischen Erfolge und die damit verbundenen Skandale der *Beat*-Literatur bedeuteten zwar nicht, dass nun plötzlich die gesamte US-amerikanische Gesellschaft von einem rauschhaften Leben auf den Straßen der Großstädte träumte oder dass die jungen Paare in Suburbia plötzlich ihre Häuser und Fernsehgeräte wieder verkauft hätten. Die Wirkung der *Beats* war subtiler. Durch den provokanten, halböffentlichen und literarisch reflektierten Drogenkonsum dieser urbanen Rebellen begannen sich neue Assoziationen mit der allgemeinen Vorstellung von Drogen zu verknüpfen.

Durch den provokativen Umgang der *Beats* mit Drogen wurden Drogen *hip*. Dabei war es Teil des Konzeptes, *hipness* nicht zu definieren. In seinem Slangglossar im Anhang zu *Junky* erklärte Burroughs: *hip* sei eben jemand, der Bescheid wisse und dem man nicht zu erklären brauche, was *hip* bedeute. (»The expression is not subject to definition because, if you don't ›dig‹ what it means, no one can ever tell you.«[??]) Wer nicht wusste, was *hip* bedeutet, war dieser Logik zufolge ein Spießer, dem die Welt der Hipster verschlossen blieb. Damit hatten die *Beats* den Spieß umgedreht und ihr eigenes *Out*-Sein, ihr eigenes Außen-vor-Bleiben zum neuen *In* erklärt.

Eines der wenigen eindeutigen Signale, mit dem jemand in diesem System beweisen konnte, dass er oder sie *hip* war, war der Konsum von Drogen. Beides, also das Konzept des hippen Außenseiters und dessen Distinktion über Drogenkonsum, war keine Erfindung der Beats, sondern eine Aneignung aus einer anderen Untergrundkultur: der afroamerikanischen Jazzszene der Dreißiger- und Vierzigerjahre.

Es waren Legenden wie Charlie Parker und Bilie Holliday, die in dieser Zeit in New York das mit der Musik taten, was die *Beats* in den Fünfzigerjahren mit der Literatur versuchen würden: Sie brachen die Konventionen, experimentierten und entwickelten radikal Neues. Auch sie waren Außenseiter*innen: Die Segregationsgesetze beraubten sie vieler Freiheiten und Möglichkeiten und bedrohten oder beschädigten damit permanent ihre Würde und ihr Selbstwertgefühl. Anstatt sich dem zu ergeben, schufen sie ein eigenes Referenzsystem, in dem oben und unten, innen und außen vertauscht wurden und sich die Musiker*innen per Proklamation in einem Akt der trotzigen Selbstermächtigung eigenständig für wertvoll erklärten, wenn das die Gesellschaft um sie herum nicht tun wollte.

Um diesen Umbau der geltenden Bewertungssysteme nach außen wie nach innen zu markieren, benutzten manche dieser Jazzmusiker*innen Heroin. Es eignete sich zu diesem Zweck ihrer Ansicht nach hervorragend, denn erstens wurde es von der Mehrheit abgelehnt, zweitens aber verschaffte es den Konsument*innen einen intensiven Rausch, den sie als eine Art geheimes Wissen zu deuten begannen: Durch ihren Grenzübertritt hatten sie etwas erlebt, das denen da draußen, denen da oben unbekannt war. Charlie Parker formulierte, Heroin sei eine Art Erkennungszeichen geworden, eine Marke (»badge«). »Es bedeutete: ›Wir wissen Bescheid. Du nicht.‹ Es war das, was uns Mitgliedschaft in einem einzigartigen Club sicherte, und für diese Mitgliedschaft gaben wir alles andere auf der Welt auf. Jeden Ehrgeiz. Jeden Wunsch. Alles. Die meisten Leute hat das ruiniert.«[23]

Es war dieser Trotz, den sich die *Beat*-Poeten abschauten. Obwohl sie weiß waren, hatten auch sie kaum Chancen, sich ohne Verleugnung ihrer Identität in die Gesellschaft zu integrieren – mit dem feinen Unterschied, dass ihnen die äußerst schmerzhafte Wahl blieb, sich anzupassen, wie es andere queere Zeitgenoss*innen gleichzeitig millionenfach taten. Diese Option blieb ihren Vorgänger*innen in den Jazzkellern aufgrund des Rassismus verwehrt, denn dieser Rassismus richtete sich gegen äußere Merkmale, die sich nicht unterdrücken oder verstecken ließen. Dass die *Beats* diese Anpassung verweigerten, dass sie also ihre Homosexualität, ihren Hedonismus und ihren Freiheitsdrang auslebten, obwohl sie damit freiwillig ihren Status gefährdeten, war gerade das Irritierende und Provokante an ihnen. Für all die queeren Menschen, für die es damals diese Bezeichnung noch nicht gab und die ihr Anderssein tagtäglich versteckten, um in Ehe, Beruf und Familie ihre Aufgaben zu erfüllen, war diese Selbstbefreiung der *Beat*-Rebellen vermutlich gleichzeitig inspirierend und besonders schmerzhaft.

Ende der 1950er-Jahre waren Drogen mithilfe der Konsumkulturen von ein paar Jazzmusiker*innen und Literat*innen zu einer trotzigen Geste geworden – und zu einem Instrument der kreativen Sinnsuche. Die *Beats* stellten sich mit ihrer drogenunterstützten Suche nach Transzendenz gegen den Konformitätsdruck und explizit auch gegen die materialistischen Antworten auf die Sinnfrage, die in den Vorstädten vorherrschten – also gegen die Vorstellung, Glück könne man kaufen. Sie legten damit eine wichtige Grundlage für den protestorientierten Drogenkonsum, der in den 1960er-Jahren zu einem Massenphänomen werden sollte. Der trotzige Drogenkonsum der *Beats* ist dabei nicht denkbar ohne die konformen Kulissen von Suburbia, vor deren Hintergrund er für die urbanen Rebellen seinen Sinn entfaltete.

Dabei passte ironischerweise der hedonistische Drogenkonsum der *Beats* hervorragend zu der Konsumgesellschaft, die sie umgab: Die Vorstellung, etwas zu kaufen und zu sich zu nehmen, das aus der grauen Realität hinausführen, die eigenen Fähigkeiten verbessern und ein neues Leben hervorbringen würde, hatte auch etwas zutiefst Kapitalistisches an sich. Vielleicht sollte sich dieser Aspekt der *Beat*-Kultur später deswegen als so anschlussfähig erweisen.

7

VOM MEDIKAMENT ZUR ERLEUCHTUNG

Psychedelische Medikamente: Die Entdeckung von LSD und Co.

Während die *Beat Generation* mit Drogen und Worten experimentierte, fanden in immer mehr psychologischen und psychiatrischen Instituten in der westlichen Welt Drogenexperimente einer ganz anderen Sorte statt. Sie begannen – wieder einmal – damit, dass in einem europäischen Labor ein junger Chemiker Wirkstoffe aus einer Pflanze isolierte und testete, um daraus Medikamente herzustellen. Der Mann hieß Albert Hofmann und war 32 Jahre alt, das Labor gehörte der Pharmafirma Sandoz (heute: Novartis) in Basel, und die Experimente begannen 1938. Auf der Suche nach einem Mittel, das den Kreislauf anregt, beschäftigte sich Hofmann mit den zahlreichen Alkaloiden, die im Mutterkorn enthalten sind.

Das Mutterkorn heißt eigentlich Mutterkornpilz und wächst in Getreideähren. Sein Ruf war bisher nicht nur gut gewesen, denn wer Getreide konsumiert, das vom Mutterkornpilz befallen ist, kann sich leicht vergiften: Die Blutgefäße verengen sich, die Gliedmaßen werden nicht mehr durchblutet und können absterben, Vergiftungen führen bei ausreichender Dosis zum Tod.

Bevor im 17. Jahrhundert die Wirkung des Mutterkorns erkannt wurde, fanden immer wieder Massenvergiftungen statt, wenn Hungersnöte die Menschen dazu zwangen, verunreinigtes Getreide zu sich zu nehmen. Gleichzeitig nutzten Hebammen seit dem Mittelalter das Mutterkorn in der Geburtshilfe, wo es sich auch in der Neuzeit als Mittel gegen nachgeburtliche Blutungen bewähren sollte.

Doch dieser ambivalente Ruf musste nicht unbedingt bedeuten, dass aus dem Mutterkorn mit den Mitteln der modernen Pharmazie nicht doch noch ein Heilmittel werden konnte, und so hatte Sandoz bereits 1918 das Ergotamin aus dem Mutterkorn isoliert, das für dessen blutstillende Wirkung verantwortlich war. Zwanzig Jahre später stellte sich Albert Hofmann ins Labor und begann erneut, mit den Mutterkorn-Alkaloiden zu experimentieren. Sie alle basierten auf dem gleichen Grundbaustein, der Lysergsäure genannt wurde. Schon bald gelang es Hofmann, diejenige Lysergsäure-Verbindung zu synthetisieren, die blutstillend wirkt und die Gebärmutter zusammenzieht. Seine Entdeckung vereinfachte die Herstellung eines Medikamentes, das bald zum Marktführer auf diesem Gebiet wurde und zahllosen Müttern mit nachgeburtlichen Blutungen das Leben rettete.

Um solche Erfolge zu erzielen, mussten Chemiker (und selten: Chemikerinnen) in den späten 1930er-Jahren sehr viel arbeiten. Weil ihnen nicht die technischen Verfahren zur Verfügung standen, mit denen heute die chemische Struktur eines Stoffes leicht und elegant dargestellt werden kann, bestand ein großer Teil ihrer Arbeit in Versuchen nach dem Prinzip von *trial and error*. So stellte Hofmann Dutzende von Lysergsäure-Verbindungen her, von denen die meisten keine nützliche Wirkung zu haben schienen. Die pharmakologische Abteilung von Sandoz testete sie im Tierversuch, verwarf die allermeisten, Hofmann archivierte seine Ergebnisse und wandte sich neuen Projekten zu. Fast hätte er auf diese Weise die größte Entdeckung seines Lebens verpasst.

Er selbst berichtete später, dass er 1943 die Mutterkorn-Experimente wieder aus der Schublade holte, weil er eine eigenartige Vorahnung hatte, dass ein ganz bestimmter Wirkstoff noch einmal genauer angeschaut werden müsste. Er hieß Lysergsäurediethylamid-25, kurz: LSD. 1938 war auch dieser Stoff im Tierversuch getestet worden und hatte zwar schwache Gebärmutterkontraktionen ausgelöst und die Tiere etwas unruhig gemacht, aber sonst keine Auffälligkeiten gezeigt. Trotzdem machte sich Hofmann nun fünf Jahre später daran, diesen Stoff ein zweites Mal zu synthetisieren. Später erklärte er, es sei gewesen, als hätte der Stoff selbst ihn gerufen.

Während der Arbeit im Labor kam er vermutlich über die Haut in Kontakt mit seiner Probe, jedenfalls bemerkte er plötzlich eigenartige Empfindungen. Eine »merkwürdige Unruhe« und ein leichtes Schwindelgefühl trieben ihn nach Hause, wie er in seinem Bericht an einen Vorgesetzten später aufschreiben sollte: »Zu Hause legte ich mich nieder und versank in einen nicht unangenehmen rauschartigen Zustand, der sich durch eine äußerst angeregte Phantasie kennzeichnete. Im Dämmerzustand bei geschlossenen Augen [...] drangen ununterbrochen phantastische Bilder von außerordentlicher Plastizität und mit intensivem, kaleidoskopartigem Farbenspiel auf mich ein.«[24] Dieses ungewöhnliche Erlebnis weckte sofort seinen Forschergeist, und nur wenige Tage später tat er, was viele Forscher an seiner Stelle zu dieser Zeit getan hätten: Er fuhr ins Labor, machte sich selbst zum Versuchskaninchen, wog 0,25 Milligramm LSD ab und schluckte es.

Bei allen bisher bekannten Drogen und Medikamenten wäre das eine sehr vorsichtige und damit sinnvolle erste Dosis gewesen. Vielleicht rechnete Hofmann damit, zunächst gar nichts zu spüren und dann schrittweise die Dosis zu erhöhen, bis erste Effekte einsetzten. Hofmann konnte nicht wissen, das LSD besser nicht in *Milli*gramm, sondern in *Mikro*gramm dosiert werden sollte: Schon ab zehn Mikrogramm (also zehn Millionstel Gramm) sind erste Effekte spürbar, und 75 bis 100 Mikrogramm gelten als sinnvolle Einstiegsdosis. Hofmann hatte aber 250 Mikrogramm genommen – eine saftige Menge, die für Einsteiger*innen nicht empfohlen wird.

Bald setzten erste heftige Symptome ein, und Hofmann bat seine Assistentin, einen Arzt zu rufen und ihn nach Hause zu begleiten. Dann setzte er sich auf sein Fahrrad. Schon auf dem Weg begannen die Straßen von Basel um ihn herum ihre vertraute Gestalt zu verlieren: »Alles in meinem Gesichtsfeld schwankte und war verzerrt wie in einem gekrümmten Spiegel.« Zu Hause angekommen, begann bald das, was er in seinem Laborjournal als »schwere Krise« beschreiben sollte: »Alle Anstrengungen meines Willens, den Zerfall der äußeren Welt und die Auflösung meines Ich aufzuhalten, schienen vergeblich. Ein Dämon war in mich eingedrungen und hatte von meinem Körper, von meinen Sinnen und von meiner Seele Besitz ergriffen. Ich sprang auf und schrie, um mich von ihm zu befreien, sank dann aber wieder machtlos auf das Sofa. Die Substanz, mit der ich hatte experimentieren wollen, hatte mich besiegt.«[25] Schon bald wurden die Empfindungen fast unerträglich: Erst war er überzeugt, der Wahnsinn ergreife nun ein für alle Mal Besitz von ihm, dann sah er seinen eigenen leblosen Körper von oben und glaubte zu sterben.

Doch der Arzt, der bald darauf eintraf, konnte keinerlei körperliche Probleme feststellen. Puls, Blutdruck, Atmung, alles war normal. Tatsächlich verschwanden alle Symptome nach einer Weile von allein wieder. Zurück blieb ein begeisterter junger Mann, der am Tag nach dem großen Rausch ein tiefes Glücksgefühl empfand: »Die Welt war wie neu erschaffen. Alle meine Sinne schwangen in einem Zustand höchster Empfindlichkeit, der noch den ganzen Tag anhielt.«[26] Seit diesem Tag im April 1943 sollte er den Rest seines langen Lebens unter anderem damit verbringen, sein »Sorgenkind LSD« gegen üble Nachrede zu verteidigen.

Bis Hofmanns Entdeckung zu einer Revolution führte und die Revolutionär*innen den Tag seines ersten LSD-Trips als »Bicycle Day« zu feiern begannen, sollte es noch eine Weile dauern. Zunächst brachte LSD die psychopharmakologische Forschung einen Schritt voran bei dem Projekt, das menschliche Gehirn besser zu verstehen. Dass so geringe Mengen so intensive Effekte haben konnten, machte die junge Neurowissenschaft stutzig. Bei dem Versuch, diese Beobachtung zu erklären, entdeckten Wissenschaftler das körpereigene Hormon Serotonin, das an die gleichen Rezeptoren andockt wie LSD. Erstmals beschrieben sie so das Prinzip der Rezeptoren, die durch Botenstoffe aktiviert werden können. Damit leisteten sie einen wichtigen Beitrag zu unserem heutigen Verständnis von der Funktionsweise des Gehirns und ermöglichten außerdem die Entwicklung einer ganzen Klasse von Antidepressiva, die in den Serotoninabbau im Gehirn eingreifen und so in den kommenden Jahrzehnten die Stimmung von Millionen von Depressionspatient*innen nachhaltig verbessern sollten.

Dass die Erforschung von psychoaktiven Stoffen das Verständnis vom Gehirn vorantreiben konnte, war für die psychiatrische und die psychologische Forschung ein Hoffnungsschimmer an einem weitgehend düsteren Horizont. Seit Sigmund Freud der Erforschung der Seele im frühen 20. Jahrhundert neuen Schwung gegeben hatte, hatte dieses Forschungsfeld ein großes Problem: Fast alle psychologischen Theorien basierten auf der Vorstellung von einem mysteriösen Unbewussten, das zwar angeblich immerfort auf den Menschen und sein Verhalten einwirkt, das aber unbewusst, unsichtbar, unhörbar und dessen Existenz damit unbeweisbar, unwiderlegbar und unerforschbar ist.

Weil man an das Unbewusste (genau wie an die meisten als krankhaft klassifizierten psychischen Zustände) mit den Instrumenten der medizinischen Forschung nicht herankam, entwickelten in den Fünfzigerjahren mehrere Forscher im transatlantischen Raum ein alternatives Konzept: Wenn sich die abweichenden Geisteszustände nicht greifen ließen, vielleicht konnte man dann diese Geisteszustände ja stattdessen irgendwie mit pharmakologischer Hilfe imitieren und dann diese imitierte Version im Labor zu fassen kriegen.

Diese Hoffnung hatten zum Beispiel die beiden britischen Psychiater Humphry Osmond und John Smythies. Sie waren zu Beginn der Fünfziger im Weyburn Mental Hospital in Saskatchewan, Kanada, auf der Suche nach Medikamenten, die gegen psychotische Zustände helfen könnten. Neben LSD verwendeten sie in ihren Versuchen zu diesem Zweck auch Meskalin. Dieser Stoff ist in einer Reihe von Kakteenarten enthalten, die vor allem auf dem amerikanischen Kontinent heimisch sind, zum Beispiel im Peyote-Kaktus. Anders als LSD waren die bewusstseinsverändernden Eigenschaften dieser Kakteen seit Jahrhunderten bekannt, denn ihr ritueller Gebrauch war und ist ein wichtiger Teil vieler indigener Kulturen auf den beiden amerikanischen Kontinenten.

Osmond und Smythies begannen nun also, Meskalin zu nehmen und an Testpersonen auszuteilen, um zu verstehen, wie Psychosen funktionieren. Emsig protokollierten sie die unter Laborbedingungen hervorgerufenen Räusche, ohne dabei allerdings einem klaren Verständnis der Psychose oder einer besseren Behandlung psychotischer Zustände näher zu kommen. Stattdessen bemerkten sie und andere Kollegen, die sich ebenfalls mit dieser Stoffgruppe beschäftigten, bald, dass die von Meskalin ausgelösten Zustände deutlich vielfältiger waren als zunächst vermutet. Die Unterschiede zwischen einer psychotischen Episode und einem Meskalinrausch waren zu groß, um auf diesem Weg etwas über das Wesen der Psychose herausfinden zu können.

So änderten die Forscher ihre Grundannahmen und brachten neue Hypothesen ins Spiel: Vielleicht handelte es sich bei Meskalin, Psilocybin und LSD nicht um »psychotomimetische« Stoffe, die psychoseähnliche Zustände auslösten, sondern um »psycholytische«, also um Stoffe, die die Seele »lösten«. Auf diese Annahme hin wurden Versuchsreihen durchgeführt, in denen Therapiepatient*innen und teilweise auch ihre Therapeut*innen unter Einfluss von »Psycholytika« Gesprächstherapien durchführten. Tatsächlich drangen die Versuchspersonen dabei häufig deutlich schneller in die Tiefen ihrer Psyche vor, als die Therapeut*innen das aus ihrem Arbeitsalltag gewöhnt waren. Es war jedoch eine dritte Hypothese, die sich vorläufig durchsetzen würde, und an dieser war – wieder einmal – ein Schriftsteller beteiligt, der sich auf die Suche nach neuen inneren Wahrheiten gemacht hatte.

Es ist keine Selbstverständlichkeit, dass psychopharmakologische Experimente wie die von Osmond und Smythies öffentliche Aufmerksamkeit erregen, und es wäre durchaus möglich gewesen, dass auch diese Versuchsreihe die westliche Gesellschaft weitgehend unbeeindruckt gelassen hätte. Tatsächlich fanden zeitgleich an vielen Universitäten ähnliche experimentelle Projekte statt, die kein vergleichbares Aufsehen erregten. Insgesamt entstanden in dieser Zeit über 1000 wissenschaftliche Studien zur Wirkung von LSD, Meskalin, Psilocybin und Co. , die an über 40 000 Menschen getestet wurden.

Dass sich die Öffentlichkeit für diese Experimente zu interessieren begann, lag sicherlich nicht nur, aber eben auch an ebenjenem Schriftsteller, der seine Rauscherlebnisse nicht für sich behalten konnte. Er hieß Aldous Huxley und war 1953 bereits 58 Jahre alt. In eine alte englische Familie mit lauter Wissenschaftlern und Intellektuellen hineingeboren, hatte er schon in seinen Zwanzigern Erfolg als Autor gehabt. Mit 36 Jahren schrieb er den dystopischen Erfolgsroman *Schöne neue Welt*. 1953 erreichte ein Brief dieses berühmten britischen Schriftstellers den Forscher Humphry Osmond. Schon lange hatte sich Huxley für das Bewusstsein und seine verschiedenen Zustände interessiert, und mehrere seiner Texte spielten mit der Frage, wie sich eine Welt durch den massenhaften Gebrauch von Drogen verändern könnte. Neben dem Schreiben beschäftigte er sich seit Jahrzehnten intensiv mit den Grenzen des Beweisbaren, mit Okkultem, Mystischem und Paranormalem. Nun hatte er einen Artikel von Osmond gelesen und bat ihn um eine Dosis Meskalin.

Osmond sagte zu. Er und seine Kollegen hatten zunehmend das Gefühl, mit ihren wissenschaftlichen Methoden den Eigenschaften dieser neuartigen Substanzen nicht gerecht zu werden, und so hoffte er, Huxley könne als Schriftsteller in Worte fassen, was für die Psychiatrie bisher rätselhaft geblieben war. Also besuchten er und sein Kollege Smythies Huxley im Mai 1953 in Kalifornien, wo dieser seit einer Weile lebte. So kam Huxley zu seinem halben Glas Wasser, in dem 0,4 Gramm Meskalin gelöst waren.

Huxley trank und war überwältigt. Er erlebte die wohlbekannte Umgebung seines Zuhauses mit neuen Sinnen, hatte das Gefühl, die Dinge zum ersten Mal so wahrzunehmen, wie sie wirklich sind, pulsierend mit Lebendigkeit und Gegenwärtigkeit. Er stellte sich vor, so habe die Welt für Adam am Tag seiner Erschaffung ausgesehen – und betrachtete völlig begeistert die Falten und Strukturen seiner grauen Flanellhosen. Ausgerechnet das Kleidungsstück, das für Sloan Wilsons Helden, den Mann im grauen Flanell, die Gefangenschaft in der engen Welt der Vorstädte repräsentierte, wurde für Huxley eins der ersten Dinge, die er sah, als er die Pforten der Wahrnehmung mithilfe von Meskalin sperrangelweit aufriss.

Nach diesen »Pforten der Wahrnehmung« benannte er dann 1954 auch die Beschreibung seines ersten Meskalinrausches, die er als Essay veröffentlichte: In »The Doors of Perception« konnte jede*r nachlesen, wie die neuen Wundermittel wirkten, die nun in vielen Laboren der westlichen Welt beforscht wurden. Wäre seine begeisterte Beschreibung von jemand anderem gekommen, sie wäre vielleicht als Spinnerei abgetan worden. Doch Huxley war ein anerkannter Intellektueller und seine Empfindungen in einem wissenschaftlichen Rahmen entstanden – und so erregten sie auch in solchen Kreisen Aufsehen, die sich sonst für Visionen dieser Art nicht interessiert hätten.

Osmonds Plan war aufgegangen: Dem Schriftsteller hatten angesichts seines Meskalinrausches nicht die Worte gefehlt. Doch am Ende war es Osmond selbst, der den Namen für die Stoffgruppe erfinden sollte, der sich bis heute gehalten hat. In einem Briefwechsel zu diesem Thema hatte er gemeinsam mit Huxley ein kleines Brainstorming in Versform veranstaltet, weil der Name »psychotomimetisch«, also »Psychosen nachahmend«, ihnen für LSD und seine faszinierenden Geschwister nicht mehr passend erschien. Huxley schlug vor: »To make this trivial world sublime, take half a gramme of phanerothyme.« Doch dieser Name, der »den Geist manifestierend« bedeutet, klang nach einem Zungenbrecher. So antwortete Osmond mit einer Variante mit ganz ähnlicher Bedeutung, die aber viel griffiger klang: »To fall in hell or soar angelic, you'll need a pinch of psychedelic.«[27]

Dieser Vorschlag sollte sich weitgehend durchsetzen und mit ihm die Hypothese, die durch ihn ausgedrückt wird. »Psychedelisch« bedeutet »die Seele offenbarend«. Forscher entwickelten in Anlehnung an dieses Modell nun die »psychedelische Therapie«, bei der Patient*innen in wenigen Sitzungen mit LSD oder Psilocybin behandelt wurden, um schwere Depressionen, Substanzabhängigkeiten oder Zwangsstörungen zu überwinden. Wie sich in Michael Pollans Buch *How to Change Your Mind* im Detail nachlesen lässt, führten diese Therapiesitzungen häufig zu eindrücklichen Verbesserungen im Leben der Patient*innen – bis die psychedelische Therapie verboten wurde.

Denn wie schon bei Heroin, Kokain und Marihuana folgten

nun auch bei den psychedelischen Drogen auf den großen Rausch erst ein medial vervielfachter Hype und dann ein tiefer Absturz. Diesmal waren es in den Augen mancher die psychedelischen Drogen, die die Menschheit von ihren Leiden befreien sollten, die endlich das Geheimnis des Unbewussten lüften würden – und die dann plötzlich doch im Giftschrank der »bösen« Drogen verschwanden.

Die große Bepilzung: Timothy Leary und die psychedelische Revolution

Osmond und Smythies waren in den 1950er-Jahren keineswegs die Einzigen, die sich mit der Wirkung von psychedelischen Substanzen beschäftigten. Von Berkeley über Saskatchewan in Kanada bis Göttingen wuchs die Beschäftigung mit dieser Substanzgruppe langsam zu einem kleinen, lebendigen Forschungsfeld heran. In den meisten Fällen spielte sich die psychedelische Forschung dort ab, wo sie traditionell hingehörte: in den Laboren, in den wissenschaftlichen Fachzeitschriften und auf Forschungskonferenzen.

Nachdem jahrzehntelang Gesprächstherapien im Fokus der psychiatrischen und psychologischen Forschung gestanden hatten, erlebte die Suche nach organischen Ursachen für psychische Leiden zu dieser Zeit eine Renaissance. Die Entdeckung der ersten wirksamen Neuroleptika, die psychotische Zustände mildern konnten, machte Hoffnung, dass es pharmazeutische Lösungen geben könnte, wo therapeutische Mittel zu kurz griffen. Die Ansätze waren vielfältig und vielversprechend: Die einen gaben den Therapeut*innen LSD, damit diese den Zustand ihrer Patient*innen besser nachvollziehen konnten. Die anderen begleiteten psychotherapeutische Sitzungen mit gelegentlichen Gaben von psychedelischen Stoffen, um Widerstände aufzulösen und tiefer und schneller ins Unbewusste der Patient*innen vorzudringen. Wieder andere behandelten mit großem Erfolg Substanzabhängigkeiten mit LSD. Besonders die Studien mit Alkoholkranken erregten dabei Aufsehen, weil sie so unwahrscheinlich große Erfolgsquoten aufwiesen. Wie es sich gehörte, wurden Versuche designt, durchgeführt, protokolliert und ihre Ergebnisse veröffentlicht. Die ersten Zwischenergebnisse erschienen vielversprechend. Doch dann verließ ein psychedelisches Forschungsprojekt zu Beginn der Sechzigerjahre den geordneten Rahmen der wissenschaftlichen Strukturen und Methoden und brachte nebenbei das gesamte Forschungsfeld in Verruf.

Das war das Projekt eines jungen Psychologen namens Timothy Leary. Er war 1920 als Sohn eines katholischen Zahnarztes in einer mittelgroßen Stadt in Massachusetts geboren worden. Als Zwanzigjähriger war er nach wenigen Monaten aus der Militärakademie in West Point hinausgeflogen, weil er sich dort nicht an die Regeln hielt und sich außerdem weigerte, Untergebene für Regelbrüche zu disziplinieren. So entkam er der militärischen Eliteschmiede, die ohnehin sein Vater für ihn ausgesucht hatte, und begann stattdessen sein Studium. Bald entwickelte er ein Interesse für Psychologie und Biologie. Anstatt sein Leben im Weltkrieg zu riskieren, schloss er im August 1945 sein Bachelor-Studium ab und entschied sich für eine wissenschaftliche Laufbahn.

In den späten Fünfzigerjahren beschäftigte er sich als promovierter Psychologe vor allem mit der Frage, unter welchen Umständen seelische Heilung möglich sein könnte. Was nach einer sehr grundsätzlichen Fragestellung klingen mag, war zu dieser Zeit keineswegs abwegig: Seit dem Zweiten Weltkrieg befand sich die US-amerikanische Gesellschaft (ähnlich wie heute) in einer selbst diagnostizierten Krise der mentalen Gesundheit, und gleichzeitig waren die Mittel, um seelische Leiden wirksam zu behandeln, sehr begrenzt.

Leary beschäftigte sich vor allem mit der Wirksamkeit von Psychotherapie. Er hatte beobachtet, dass manche Patient*innen jahre- und jahrzehntelang zur Gesprächstherapie gingen, ohne dass es ihnen deswegen substanziell besser ging, während es anderen gelang, mithilfe der gleichen Therapieform ihr Leben umzukrempeln. Leary vermutete, dass Psychotherapie eher zufällig Heilungsprozesse beförderte, ohne dass klar gewesen wäre, unter welchen Umständen genau diese Prozesse zustande kamen. Um diesem Verdacht nachzugehen, ersann er eine Studie: Er befragte eine Gruppe von Therapiepatient*innen und eine Vergleichsgruppe von Menschen, die auf psychotherapeutischen Wartelisten standen, nach ihrem Wohlbefinden. Ein Jahr später befragte er beide Gruppen wieder. Es stellte sich heraus, dass sich der gesundheitliche Zustand bei einem Drittel der Befragten verbessert hatte, bei einem Drittel hatte er sich verschlechtert, und bei einem Drittel war er gleich geblieben – unabhängig davon, ob die Patient*innen therapiert worden waren oder nicht. Learys Verdacht hatte sich bestätigt: Seelische Heilung war möglich, aber durch die bestehenden Methoden der Psychotherapie wurde sie nicht zuverlässig herbeigeführt.

Während Leary mit solcherlei Fragen beschäftigt war, machte ihn ein Kollege auf einen Artikel im Magazin *Life* aufmerksam, den ein gewisser Mr Wasson 1957 dort veröffentlicht hatte. Robert Gordon Wasson arbeitete als Investmentbanker bei J.P. Morgan und war mit Valentina Pavlovna Wasson verheiratet, die russische Wurzeln hatte und Kinderärztin war. In ihrer Freizeit sammelten die beiden gemeinsam Pilze und arbeiteten an einem ambitionierten Werk mit dem Titel *Pilze, Russland und Geschichte*, für das sie als hobbymäßige »Ethnomykologen« die kulturellen Unterschiede im Umgang mit Pilzen erforschten.

Bei dieser Forschung waren sie in Mexiko auf eine ganz besondere Sorte Pilze gestoßen: In den Bergen von Oaxaca hatten sie eine alte mazatekische Schamanin namens María Sabina mit falschen Behauptungen dazu gebracht, ein Heilungsritual mit ihnen durchzuführen. Während dieses Rituals gab María Sabina ihnen eine Sorte Pilze, die den modernen westlichen Gesellschaften bislang unbekannt geblieben war. Während dieser Zeremonie hatten die Wassons geheimnisvolle Visionen erlebt. Weil sich die psychologische Forschung ohnehin gerade für Stoffe interessierte, die auf Seele und Wahrnehmung wirkten, weckten diese magischen mexikanischen Pilze Learys Interesse.

Drei Jahre später verbrachte er seine Sommerferien in Mexiko und beschloss, der Sache nachzugehen. Er besorgte sich ein paar Exemplare des Pilzes *teonanacatl*, den die Wassons auf so faszinierende Weise beschrieben hatten. Dann brachte er einer Bekannten, die ihn auf seiner Reise begleitete, die spanischen Worte für »Krankenwagen« und »Magen auspumpen« bei und schluckte sieben Pilze. Wie schon Albert Hofmann hatte auch er sich für einen Selbstversuch entschieden, wenn auch unter etwas weniger kontrollierten Umständen, ohne Laborjournal und Protokoll, dafür aber mit dem Wissen, dass die lokale indigene Bevölkerung seit Jahrhunderten Erfahrungen mit diesen Pilzen hatte und vermutlich nichts Schlimmes passieren würde.

Wie Hofmann und Huxley war auch Leary begeistert von den Effekten seines ersten psychedelischen Experimentes. Wochenlang sprach er von kaum etwas anderem und bezeichnete sich fortan als »bepilzt« (»bemushroomed«). Der Rausch war die bis dahin tiefste spirituelle Erfahrung seines Lebens gewesen und gab seinem Schaffen eine ganz neue Richtung.

Zufällig fiel Learys erstes Pilzexperiment zeitlich zusammen mit einem wichtigen Abschnitt in seiner Karriere. Seit etwas mehr als einem halben Jahr hatte er einen Lehrauftrag am *Center for Personality Research* an der Universität Harvard. Als er nach seiner glorreichen ersten Bepilzung aus Mexiko heimkehrte, bestellte er gemeinsam mit seinem Kollegen Richard Alpert umgehend auf Rechnung des Instituts bei Sandoz einen

Vorrat des Wirkstoffes, der den Pilzen ihre magische Wirkung gab. Er hieß Psilocybin und war kurz zuvor von einem gewissen Albert Hofmann aus dem *teonanacatl* isoliert worden, der im deutschen Sprachraum als »Mexikanischer Kahlkopf« (*Psilocybe mexicana*) bekannt war. Leary brauchte ihn für sein neues Forschungsvorhaben: das *Harvard Psilocybin Project*.

In den kommenden Monaten scharte Leary eine Gruppe von Kollegen um sich, mit denen er verschiedene Versuchsanordnungen entwarf, um die Wirkung von Psilocybin zu testen. Bei einem dieser Projekte verhalfen sie Gefängnisinsassen zu einem Psilocybintrip, um zu erforschen, ob die bepilzten Kriminellen seltener rückfällig würden als die unbepilzten. Tatsächlich sank die Rückfallrate Learys Interpretation zufolge unter den Versuchspersonen auf 23 bis 25 Prozent, während ihre unbehandelten Mitinsassen mit einer Wahrscheinlichkeit von 65 Prozent nach ihrer Entlassung bald wieder ins Gefängnis zurückkehrten. Erst viele Jahre später stellte sich heraus, dass Leary seine Ergebnisse gezielt manipuliert hatte und in Wirklichkeit kein signifikanter Effekt messbar gewesen war, wie der Publizist Michael Pollan klarstellt. Zunächst weckten Learys Zahlen jedoch große Hoffnungen.

Ähnlich vielversprechend waren auch die Ergebnisse des sogenannten Karfreitagsexperimentes, bei dem es weniger um die sozialen Folgen des Psilocybinkonsums ging als um dessen spirituelle Dimension: Am Karfreitag des Jahres 1962 verteilte ein von Leary betreuter Doktorand der Theologie namens Walter Pahnke vor dem Gottesdienst Drogen an 20 fortgeschrittene Theologiestudenten. Zehn von ihnen bekamen eine Dosis Psilocybin, die anderen zehn erhielten ein aktives Placebo, das zwar eine spürbare physiologische Wirkung hatte, aber nicht das Bewusstsein oder die Wahrnehmung veränderte. Wer welchen Wirkstoff erwischt hatte, blieb allen Beteiligten verborgen. Die Frage war, ob Psilocybin das Erlebnis tiefer religiöser Gefühle erleichtert, und auch hier schien die Antwort eindeutig: Alle zehn

Studenten, die Psilocybin geschluckt hatten, berichteten hinterher von tiefen religiösen, ja mystischen Erfahrungen, während nur ein Kommilitone aus der Kontrollgruppe derart bewegt die Kapelle der Boston University wieder verließ.

Abgesehen von solchen doch einigermaßen methodisch entworfenen und durchgeführten Experimenten, bestand die Forschungsarbeit von Leary, Alpert und ihren Kollegen jedoch zu einem großen Teil auch darin, dass sie selbst Psilocybin konsumierten. Diese Verfahrensweise war an sich noch nicht völlig abwegig, denn wie auch das Vorgehen von Albert Hofmann zeigt, waren Selbstversuche in der pharmakologischen Forschung üblich und galten auch als moralisch, da sich die Forschenden mit ihnen erst selbst in Gefahr brachten, bevor sie andere neuartigen Substanzen aussetzten. Zu Beginn versuchten die Wissenschaftler des Psilocybinprojektes, ihre Trips zu protokollieren und methodisch zu erfassen, was sie erlebten. Das erschien auch deswegen nötig, weil die Beobachtung von Versuchspersonen kaum Aufschlüsse darüber zuließ, was diese während ihrer Trips erlebten. Wurden diese im Nachhinein darüber befragt, berichteten sie zwar häufig von sehr intensiven Erlebnissen, waren aber oft sprachlos, wenn sie präzise fassen sollten, was genau sie denn erlebt, gesehen oder gefühlt hatten.

Leider ging es den Forschern aus dem Psilocybinprojekt nicht anders. Fast jeder von ihnen hatte früher oder später eine Art von spirituellem Erweckungserlebnis, ohne dass es ihnen damit leichter gefallen wäre, das Wesen von Psilocybin in wissenschaftliche Begriffe zu fassen. Eine wichtige Folge dieser Erleuchtungen war im Gegenteil in vielen Fällen, dass die Forscher danach sich selbst, ihre Karrieren, aber auch die rigiden Regeln der Wissenschaft nicht mehr so ernst nahmen wie zuvor. Ihre Perspektiven und Prioritätensetzungen verschoben sich, sie schotteten sich innerhalb der Universität immer mehr ab, und die Absicherung ihrer Experimente durch wissenschaftliche Methoden geriet dabei zunehmend aus dem Blick. Anstatt in den Worten der psychologischen Wissenschaft zu beschreiben, wie Psilocybin in unterschiedlichen Zusammenhängen auf seine Konsument*innen wirkt, versuchten sie nun, immer tiefer in das vorzudringen, was sie geheimnisvoll und unpräzise »die andere Welt« nannten.

Neben dieser nach innen weisenden Perspektive hatte das Harvard-Psilocybin-Projekt jedoch schon früh auch eine politische, nach außen gerichtete Dimension. Kurz nach seinem magischen Mexikourlaub hatte Leary Huxleys Buch über die Pforten der Wahrnehmung gelesen und dem Literaten gleich darauf einen Brief geschrieben. Huxley lud Leary sofort zum Mittagessen ein und überzeugte ihn von der Vision, die er seit seinem inzwischen sieben Jahre zurückliegenden ersten Meskalinrausch entworfen hatte: Er war davon überzeugt, dass psychedelische Drogen das menschliche Bewusstsein auf eine Art verändern könnten, die den Menschen auf eine neue evolutionäre Ebene heben würde. Es sei nun an der Zeit, diesen evolutionären Sprung einzuleiten. Allerdings zögerte Huxley, gleich allen Menschen diese Entwicklung ans Herz zu legen, denn die meisten seien dazu noch nicht bereit. Zuerst wollte er deshalb die intellektuellen Eliten mit psychedelischen Drogen in Kontakt bringen, bis eine »kritische Masse« erreicht wäre, die dann von selbst die Erweiterung des kollektiven Bewusstseins voranbringen würde.

Leary war sofort einverstanden mit dieser Vision, denn sie deckte sich in guten Teilen mit dem, was er selbst sich von den neuen psychedelischen Wunderdrogen erhoffte. Sie erschienen ihm die Antwort auf seine alte Frage zu sein, unter welchen Umständen die menschliche Seele Heilung finden könnte. Viele seiner Kollegen berichteten nach ihren Selbstversuchen mit Psilocybin von so tiefgreifenden psychischen Veränderungen und von so anhaltender Verbesserung ihrer Stimmung und ihres allgemeinen seelischen Wohlbefindens, dass er hoffte, mithilfe seiner Entdeckung kollektive seelische Heilung hervorrufen zu können.

Mit Huxleys und Learys Vision, die irgendwo zwischen spirituellem Heil und psychologischer Heilung changierte, hatte das Psilocybinprojekt von Anfang an einen Zweck, der weit über die Grenzen der nüchternen wissenschaftlichen Fragestellungen hinauswies. Die Idee, mithilfe von Psilocybin die Menschheit zu heilen, verband sich nach und nach mit der Eigendynamik, die die Erweckungserlebnisse der Beteiligten erzeugten. Gemeinsam machten diese beiden Komponenten ein vielversprechendes Forschungsvorhaben zu einem kulturellen Reformprojekt mit erweckungsreligiösen Zügen.

Religiöse Erweckungserfahrungen, Transzendenz und Mystik waren im restlichen *Center for Personality Research* jedoch keine üblichen Argumente, geschweige denn Forschungsergebnisse oder gar -ziele, und so regte sich unter denjenigen Kollegen, die nicht selbst an den (nach und nach immer weniger akkurat protokollierten) Psilocybinsitzungen beteiligt waren, bald erste Kritik. Die Stimmung begann zu kippen, als man sich im Dezember 1960 in Harvard erzählte, wie der inzwischen international bekannte *Beat*-Poet Allen Ginsberg und sein Lebensgefährte Peter Orlovsky nach einer Dosis Psilocybin nackt durch Learys Wohnhaus getanzt waren – ein Bild, bei dem 1960 noch allen anständig angepassten Amerikaner*innen vor Schreck und Empörung das Blut in den Adern gefrieren musste. Ginsberg war sich mit Huxley und Leary einig, dass all diesen Mitbürger*innen eine Dosis Psychedelika guttun würde. Doch die Mitbürger*innen und auch das Kollegium in Harvard fanden ihrerseits, dass ein derartiger Besuch von Ginsberg Leary seine Glaubwürdigkeit als Wissenschaftler gekostet hatte. So begannen sich die Angriffe auf Leary und sein Forschungsprojekt zu häufen.

Aus Learys Perspektive war das ärgerlich, denn die Ziele, die er mit seiner Forschung verfolgte, waren seit Ginsbergs Besuch nicht gerade bescheidener geworden. Wie Leary war auch Ginsberg ein Mann mit großen Visionen. Leary sollte sich später erinnern, wie Ginsberg während seines Rausches zum Telefon gerannt war, um Kennedy und Chruschtschow anzurufen und den Kalten Krieg zu beenden. Als er wieder halbwegs nüchtern war, hatte der *Beat*-Poet sich leicht von Learys und Huxleys Ideen von der Evolution und Heilung der Menschheit durch Drogen überzeugen lassen. Allerdings war er in einer Hinsicht entschieden anderer Meinung: Nicht nur die Eliten müssten durch dieses großartige neue Werkzeug der Bewusstseinserweiterung zu neuen Einsichten geführt werden, vielmehr habe jeder Mensch ein Recht, sein eigenes Bewusstsein so oft und so heftig zu erweitern, wie er oder sie es selbst für richtig halte.

Das wiederum fand Leary nun überzeugend, und so begann die Popularisierung der psychedelischen Drogen über die Wissenschaftscommunity hinaus. Erst schickte Ginsberg seine Kumpels aus der *Beat Generation* zu Leary, dann kamen immer mehr Mitglieder des New Yorker Jetsets für ein Psilocybin-Wochenende in das Haus des ungewöhnlichen Harvard-Professors, während die Hipster-Subkultur zum Teil direkt von Ginsberg mit Psilocybin versorgt wurde. Langsam verbreitete sich so die Beschäftigung mit psychedelischen Drogen über die wissenschaftlichen Sphären hinaus, sickerte in die Gesellschaft ein und wurde zu einem populären Phänomen.

Gleichzeitig wuchs der Gegendruck. Im Frühjahr 1962 wurde öffentlich bekannt, dass Leary und sein Kollege Richard Alpert Student*innen dazu ermutigt hatte, Psilocybin zu nehmen. Obwohl die Fakultät verlangt hatte, die Drogenexperimente nur mit älteren Studierenden durchzuführen, stellte sich nun heraus, dass auch einige jüngere unter ihnen gewesen waren. Viele Lehrende waren sich einig, das gehe zu weit. Bei einer Konferenz zu dem Thema wurde Leary heftig angegriffen, und man beschloss, seine Forschung unter die Aufsicht einer fakultätsinternen Kommission zu stellen, die auch die Ausgabe des Psilocybins kontrollieren sollte. Am Tag darauf wurde die Geschichte von der Presse aufgegriffen, und Learys Drogenexperimente wurden zum ersten Mal – nicht eben positiv – in den nationalen Medien diskutiert. Die Psilocybinstudien gerieten so in ernsthafte Gefahr.

Doch das war Leary inzwischen fast schon egal, denn im September 1961 hatte er aus einem umfunktionierten Mayonnaiseglas seine erste Dosis LSD zu sich genommen. Die Erfahrungen, die er und seine Kollegen mit Albert Hofmanns Wunderdroge machten, waren so komplex, verwirrend und unbeschreiblich, dass nun die Hoffnung schwand, man könne die »andere Welt« in irgendeiner Form sinnvoll kartografieren, wenn man sie nur oft genug besuchte. Anstatt deswegen die Forschungsreisen aufzugeben, begannen Leary und seine Kollegen, sich immer tiefer in jener Welt zu verlieren und dabei ihre Pflichten diesseits des Unbegreiflichen zu vernachlässigen. Viele von ihnen waren zu der Überzeugung gelangt, die Wahrheiten und Einsichten, die ihre Trips ihnen vermittelten, seien deutlich wichtiger und weitreichender als profane Kategorien wie Status, Erfolg oder Karriere.

Als Leary im Mai 1963 seinen Kündigungsbrief von Harvard erhielt, war niemand überrascht. Ein echtes Problem war dieser Brief für Leary nicht, und so kommentierte er ihn lakonisch mit dem vielsagenden Urteil, LSD sei wichtiger als Harvard. Längst hatte er einen neuen Beruf angetreten: Als Prophet seiner eigenen psychedelischen Befreiungsbewegung verschwand er fröhlich grinsend in den Sechzigern, ohne sich noch einmal nach seinem Schreibtisch in Harvard umzublicken.

Wieder einmal brachte in den Fünfziger- und frühen Sechzigerjahren die pharmakologische Forschung eine Drogenwelle hervor, wie sie schon mehrfach durch das 19. und frühe 20. Jahrhundert gerollt waren. Erst wurden auf der Suche nach Medikamenten neue psychoaktive Wirkstoffe entdeckt – der eine durch Zufall, der andere, indem ein altbekannter Wirkstoff aus seinem kulturellen Zusammenhang innerhalb einer indigenen Kultur entwendet und durch die moderne Pharmaforschung in den Wissensschatz der westlichen Pharmakologie überführt wurde. Dann begann die Forschung zu diesen Wirkstoffen, und schon bald fanden sich Visionäre, die in ihnen neuartige Wundermittel gefunden zu haben glaubten.

Anders als in den Fällen von Kokain und Heroin waren es jedoch nicht die Konsument*innen, die diese Neuentdeckungen erst als Medikamente nutzten und dann allmählich für den Freizeitgebrauch zweckentfremdeten. Vielmehr waren es die Forscher selbst, die schon bald in ihren neuen Wunderdrogen Heilungspotenziale sahen, die über den medizinisch-psychiatrischen Bereich weit hinauswiesen. Schon früh fragten sie nach der spirituellen Dimension der psychedelischen Erfahrungen, mit deren Hilfe sie bald nicht nur Kranke heilen, sondern auch Gesunden ein besseres, sinnvolleres Leben oder gar den Zugang zu mystischen Erfahrungen verschaffen wollten.

Im Fall von Timothy Leary nahm dann die Expansion der Visionen kein Ende: Innerhalb kürzester Zeit war aus einem Forschungsprojekt zur psychischen Wirkung eines kleinen braunen Pilzes ein gesamtgesellschaftliches Reformprojekt geworden, für das Leary und seine Kollegen sehr viel mehr zu opfern bereit waren als nur ihre wissenschaftliche Methodik und Glaubwürdigkeit. So entkamen die neuen Wunderdrogen aus dem Labor und leisteten ihren ganz eigenen Beitrag zu den Revolten der Sechzigerjahre.

8

VON PROTEST UND ERLEUCHTUNG IN DIE KRISE

Drop out, Hippies! Drogen als Symbol und Instrument der Revolte

Im November 1963 verkündete die Zeitschrift *Cosmopolitan*, LSD sei das neue Ding: Wer niemanden kenne, der oder die kurz zum freundlichen Bootlegger in der Nachbarschaft laufen könne, um ein paar von diesen neuen blauen Pillen zu besorgen, sei einfach nicht *in*. Mitte der 1960er-Jahre waren die psychedelischen Drogen dabei keineswegs ein Massenphänomen. Doch dass der psychedelische Funke von den Laboren auf die Trendsetter in den großen Metropolen übergesprungen war, hatte weitreichende Folgen für das Bild, das sich die amerikanische Gesellschaft von »den Drogen« machte.

Die Heroin- und Kokainwellen waren inzwischen seit 60 Jahren vorbei, und auch die Marihuanapanik der 1930er-Jahre war nun 30 Jahre her. Aus den realen, für manche erschreckenden Drogenerfahrungen der Jahrhundertwende waren inzwischen für die ältere Generation entfernte Erinnerungen geworden, für die jüngere Generation waren sie nicht mehr als Schauermärchen, die man bestenfalls aus zweiter Hand kannte und die ihren Schrecken weitgehend verloren hatten. Weil die Marihuanapanik für fast alle Amerikaner*innen in erster Linie eine mediale Erfahrung gewesen war, während so gut wie niemand selbst von negativen Erfahrungen mit dem Kiffen zu berichten wusste, wirkte auch sie in den 1960er-Jahren nicht mehr abschreckend auf diejenigen, die aufschnappten, Drogenkonsum sei nun das, was die Reichen, Schönen und Berühmten in New York mit ihrer Freizeit anstellten.

Leary und seine Kollegen hatten Drogen mit ihren psychedelischen Experimenten aus der Schmuddelecke herausgeholt und mit neuen Assoziationen versehen. Die Herrschaften aus Harvard lagen nicht nutzlos und halb tot im Straßengraben, wie es das Junkieklischee vorsah. Es ging ihnen auch nicht um Rausch, Devianz oder Protest, wie den wilden jungen Männern aus der *Beat Generation*. Ihre Themen waren viel positiver besetzt: Es ging ihnen um Heilung, um die Erforschung des Geistes, um Bewusstseinserweiterung, Spiritualität, Frieden und Liebe. Die Forscher teilten zwar einige Berührungspunkte mit den Beats, die ja auch als »Kosmonauten des inneren Raums« auf der Suche nach neuen Bewusstseinszuständen gewesen waren. Doch anders als die *Beat*-Poeten rauschten Leary und seine Kollegen (zunächst) nicht kopflos und benebelt auf der Suche nach Entgrenzung durch die Nacht. Stattdessen hatten sie (zunächst) ein Büro in Harvard, bestellten ihre Drogen auf Rechnung der Fakultät und besangen ihre Rauscherfahrungen nicht mit jazzigen Gedichtzeilen, sondern beschrieben sie (zunächst) in Fachzeitschriften mit den Begriffen der Wissenschaft. Sie schienen einigermaßen bei Sinnen zu sein, waren ausgestattet mit den äußeren Anzeichen von nüchternem Renommee, und erfolgreich schienen sie auch zu sein.

Bald schon waren sie außerdem nicht mehr die Einzigen, die in positiven Tönen von ihren psychedelischen Erfahrungen erzählten. Besonderen Eindruck machte auf die öffentliche Stimmung der beliebte Hollywoodschauspieler Cary Grant, der in den frühen Sechzigerjahren während seiner Psychotherapie ungefähr einhundert Mal LSD nahm und in einer Reihe von Interviews mit großen Zeitungen und Magazinen von seinen Trips berichtete. Grant war mit dieser Erfahrung nicht allein, denn inzwischen wurde in den reicheren Vierteln der Großstädte immer häufiger LSD-Therapie angeboten. Freimütig schwärmte Grant nun öffentlich von der sogenannten »psycholytischen« Methode, bei der Patient*innen mithilfe von niedrigen Dosen psychedelischer Drogen im Rahmen ihrer Psychotherapie dazu befähigt wurden, innere Widerstände gegen die Reflexion und Verarbeitung von Traumata zu überwinden. Grant schilderte, wie LSD ihm geholfen hatte, Schmerzhaftes hinter sich zu lassen und seine Beziehungen zu Frauen zu verbessern – was die Presse gleich umzuformulieren wusste in den leicht verkäuflichen Claim, LSD habe Cary Grant für Frauen noch attraktiver gemacht, als er es sowieso schon gewesen sei.

Dass die psychedelischen Drogen plötzlich derart positiv diskutiert wurden, färbte auch auf die anderen Drogen ab, und so erhielt das gesamte Image des Drogenphänomens im Lauf der Sechzigerjahre ein Make-over. Besonders Cannabis geriet schon bald mit in den Auftrieb, der durch diesen Stimmungsumschwung geschaffen wurde. Weil Cannabis, ähnlich wie die psychedelischen Drogen, kaum toxisch auf den Körper wirkt und je nach Dosis ebenfalls die Wahrnehmung verzerren kann, zählten es manche bald zu den psychedelischen Drogen dazu, obwohl es physiologisch anders wirkt. Abhängigkeit, Vergiftung und die Angst vor der moralischen, sozialen und körperlichen Degeneration traten als Assoziationen in den Hintergrund. Stattdessen wurden Drogen im Allgemeinen nun von vielen auch mit einer Veränderung des Bewusstseins und der Wahrnehmung in Verbindung gebracht. Gleich unter der glitzernden Oberfläche des neuen LSD-Glamours lag außerdem noch ziemlich frisch der trotzige Protest der *Beat*-Poeten gegen die Konformitätszwänge der Fünfziger- und Sechzigerjahre. Drogen waren also das Ticket in eine andere, aufregendere, sinnerfülltere Welt, und dann konnte man mit ihnen auch noch wunderbar die Eltern ärgern.

Diese Kombination machte Drogen zum idealen Accessoire für eine kleine, aber wachsende Gruppe junger Leute, die in den Wohnheimen der Universitäten saßen und die Enge der elterlichen Wohnzimmer mit ihren Fernsehschrankwänden und ihren prüden, strengen Verhaltensregeln satthatten. Mitte der Sechzigerjahre begannen die Ersten von ihnen ihren Protest. Anstatt mit Plakaten auf die Straße zu gehen, erprobten sie neue Lebensformen: Die Hierarchien der Mainstream-Gesellschaft lehnten diese jungen Menschen ab, regelmäßige Arbeit vermieden viele von ihnen, so gut es ging, die traditionelle Kernfamilie ersetzten sie durch wild zusammengewürfelte Wohngemeinschaften, die sie Kommunen nannten, und statt den zu Hause praktizierten christlichen Konfessionen zu folgen, beschäftigten sie sich mit Yoga, Meditation, Tantra und einer vielfältigen Mischung von Glaubenslehren, die sie für fernöstliche Mystik und Religion hielten. In Anlehnung an die Hipster der *Beat Generation* nannten Journalisten diese neue Jugendbewegung abwertend und etwas belächelnd »Hippies«, bis diese die Beleidigung umdrehten und trotzig als Selbstbezeichnung übernahmen.

In den frühen Hippie-Communitys, wie sie sich zum Beispiel im Haight-Ashbury-Viertel in San Francisco bildeten, waren Marihuana und psychedelische Drogen ein wichtiges, wenn auch ernstes Thema. Die Anhänger*innen der psychedelischen Revolution, die sich hier versammelten, wollten sich nicht einfach gegen bestimmte Aspekte der bestehenden Gesellschaftsordnung wenden. Sie hatten auch ein attraktives Erlösungsversprechen im Angebot. Mithilfe von LSD wollten sie sich zuerst selbst befreien, um dann die Gesellschaft aus ihrer Konformitätsstarre zu rütteln. Sie diskutierten die kollektive Erweiterung des amerikanischen Bewusstseins und hofften, mithilfe von LSD und Co.

könne die Gesellschaft sich selbst von den beengenden Zwängen befreien, vor denen die Hippies gerade zu fliehen versuchten. Ähnlich wie Leary und Huxley ging es auch den frühen Hippies um eine gesellschaftliche Reformbewegung, und die Drogen waren nicht etwa ein Rauschmittel zur Ablenkung von Langeweile und Gleichförmigkeit, sondern sie waren der Weg in eine sinnerfülltere Zukunft.

In den Fünfzigerjahren hatten die jungen Erwachsenen all ihre Kraft in Stabilität investiert und durch ihre Anpassung eine gleichförmige Konformitätsgesellschaft gebildet, die sich gegen wirtschaftliche und politische Turbulenzen absicherte, wie sie in den Dreißiger- und Vierzigerjahren das Land erschüttert hatten. Die zahlreichen Kinder, die in diese Stabilität und Sicherheit hineingeboren wurden, wussten sie jedoch nun nicht so sehr zu schätzen wie ihre Eltern, denn sie lebten zwar in permanenter Bedrohung durch den Kalten Krieg, hatten aber früh gelernt, diese Bedrohung zu verdrängen und den Wohlstand des wirtschaftlichen Nachkriegsbooms für normal zu halten.

Diese Babyboom-Generation war in den späten Sechzigerjahren nun langsam alt genug, um auf sich selbst aufzupassen, und strömte an die expandierenden Universitäten. Plötzlich waren sehr viele junge Leute gleichzeitig in einer Lebensphase, in der sie die Werte der eigenen Eltern hinterfragten und gleichzeitig ungebunden und unbeaufsichtigt genug waren, um neue Lebensentwürfe auszuprobieren. Weil außerdem die Massenmedien Ideen immer schneller von einer Gegend in die andere beförderten und der Boom der Popkultur neue kulturelle Räume öffnete, blieben die Hippies (anders als die Romantiker) keine kleine, andersdenkende Avantgarde, die ihre Experimente machte und dann wieder verschwand. Stattdessen entwickelte sich der Lebensstil in vielfachen Variationen zu einer Bewegung, die in allen Teilen der USA spürbar wurde.

Am 14. Januar 1967 feierten ungefähr 30 000 Hippies im

Golden Gate Park in San Francisco ein Fest: *A Gathering of the Tribes for a Human Be-In*. Lose orientiert an den *Sit-in*-Protesten der Bürgerrechtsbewegung hatten sie sich getroffen, nicht um zu sitzen oder zu besetzen, sondern um einfach nur da zu sein und um dabei offen zu zeigen, wie sie sich ein anderes Leben vorstellten. Einer der Redner bei dieser Veranstaltung, die irgendwo zwischen Demonstration, Festival und Massenpicknick eingeordnet werden könnte, war Timothy Leary. Nach dem Ende seiner Karriere in Harvard hatte er mit ein paar seiner Anhänger*innen ein riesiges Anwesen in Millbrook, New York, bezogen, in dem er gemeinsam mit einer kommunenartigen Gemeinschaft seine psychedelischen Experimente fortführte und nun hauptberuflich als Guru und Prophet der New-Age-Bewegung wirkte.

In dieser Funktion trat er 1967 in San Francisco ans Mikrofon und riet den kalifornischen Hippies, sich was einzuwerfen und ansonsten alles hinzuschmeißen: »Turn on, tune in, drop out.« Diesem Rat folgten seine Zuhörer*innen gern. Gerade weil sich ihr Protest vor allem in ihrem Lebensstil äußerte und nur selten auf Plakaten formuliert wurde, entwickelten die Hippies ein differenziertes Symbolsystem, mit dem sie sich gegen die einzelnen Aspekte der geltenden Normen wandten. Neben langen Haaren, bunten Gewändern und freier Liebe eignete sich Drogenkonsum hervorragend als Protestsymbol. Während die Psychedelika eher zu den Vollzeit-Hippies passten, die ihr bürgerliches Leben komplett hinter sich gelassen hatten, waren die meisten Hippies jedoch Teilzeit-Aussteiger*innen, die einen anderen Teil ihres Lebens weiterhin damit verbrachten, eine Ausbildung voranzubringen, um irgendwann doch ein seriöses Leben führen zu können. Während ihrer Ausflüge in den Hippie-Lifestyle an den Wochenenden oder in den Semesterferien probierten sie zwar auch hin und wieder LSD, doch die meisten von ihnen begnügten sich mit Marihuana.

Cannabis eignete sich zu diesem Zweck hervorragend. Seine im Vergleich zu anderen Drogen eher milde und beruhigende Wirkung passte zu der unter den Hippies verbreiteten Sehnsucht nach Frieden und Liebe. Marihuana war außerdem auch für diejenigen jungen Leute bezahlbar, denen die Eltern schon das Taschengeld gestrichen hatten: Eine Zigarette mit einem halben Gramm Marihuana kostete 1969 in Los Angeles zwischen 16 und 20 Cent, also ungefähr so viel wie ein Glas Coca-Cola und deutlich weniger als etwa Heroin. Für den provokativen Konsum von Marihuana sprach jedoch vor allem, dass hier ein besonders großer Widerspruch zwischen den Warnungen der Eltern und Behörden und den eigenen Konsumerfahrungen zu beobachten war. Seit Anslingers Angstkampagne gegen Cannabis in den 1930ern hielt sich im drogenpolitischen Establishment die Vorstellung, Cannabis mache aggressiv, psychotisch und gewalttätig, und diese Vorstellung wurde auch von Anslingers Nachfolgern weiterhin kundgetan.

Dass die Cannabiserfahrungen der Hippies kaum etwas mit den Interpretationen der Drogenbehörden zu tun hatten, hatte mehrere Gründe. Erstens hatte Anslinger die Gefahren von Cannabis in den 1930er-Jahren gezielt stark übertrieben dargestellt, und das FBN hatte seither nicht versucht, diese Verzerrungen zu korrigieren. Zweitens kann man davon ausgehen, dass die von den Hippies in den späten Sechzigerjahren konsumierten Joints Gras enthielten, das einen relativ geringen THC-Gehalt hatte und deshalb stärkere Wirkungen mit Angstreaktionen nur selten auftraten. Drittens hingen die Unterschiede in der Bewertung von Cannabis vermutlich mit einem Phänomen zusammen, das Timothy Leary erstmals beschrieben hatte, das Anslinger aber noch unbekannt gewesen war: Bei psychedelischen Drogen wie auch bei Cannabis hängt die subjektiv empfundene Wirkung stark von *Set* und *Setting* ab, also von den inneren Einstellungen und Erwartungen der Konsument*innen sowie von den äußeren

Begleitumständen des Konsums. Aufgrund dieser Eigenschaft von Cannabis wurde die kollektive Erwartung, Gras sei ungefährlich, zu einer selbsterfüllenden Prophezeiung, und die kuschelig-gutgelaunten Begleitumstände taten häufig ihr Übriges, um positive Rauscherfahrungen zu ermöglichen.

Zwar kamen auch im Hippiemilieu immer wieder auch negative Drogenerfahrungen vor, doch diese wurden von den Hippies nicht als Anzeichen gedeutet, dass Drogen eben doch gefährlich seien, sondern eher auf *Set* und *Setting* der spezifischen Erfahrung zurückgeführt. So jubelten die jungen Leute im Golden Gate Park, als Leary ihnen ganz konkret zum Ausstieg riet. »Drop out!«, rief er ihnen zu, verlasst die Highschool, das College, schmeißt eure Jobs hin, auch wenn ihr Führungskräfte seid, »Turn on, tune in, drop out.«[28]

Während Leary diesen Rat eher in der Theorie erteilte und nur wenige in den Genuss kamen, auf seinem Anwesen einen von ihm geführten Trip in die »andere Welt« zu unternehmen, setzten sich andere deutlich aktiver für die Verbreitung der psychedelischen Erleuchtung ein. Besonders auffällig war ein bunt bemalter Schulbus namens *Furthur*, der auf den Spuren des *Beat*-Literaten Jack Kerouac quer durchs Land fuhr und gefüllt war mit jungen Leuten, die sich die *Merry Band of Pranksters* nannten. Die beiden prominentesten unter diesen Strolchen waren der junge Schriftsteller Ken Kesey, der gerade seinen Roman *Einer flog über das Kuckucksnest* veröffentlicht hatte, und Neal Cassady, der selbst zu den *Beats* gehörte und in Kerouacs Roadtrip-Roman *On the Road* vorkam. Auf ihrer Fahrt durch Amerika erregten sie Aufsehen und machten dabei nebenbei Werbung für ihr Lebenskonzept, in dem LSD eine zentrale Rolle spielte. Vor allem aber veranstalteten die *Pranksters* Partys, bei denen sie massenweise LSD verteilten.

Durch psychedelische Missionare wie Leary und Kesey, aber vor allem auch durch die Popularisierung der Hippiebewegung wurden nun LSD, Psilocybin und Co. immer häufiger außerhalb der sorgfältig regulierten *Settings* konsumiert, in denen Leary und seine Kollegen ihre frühen Trips unternommen hatten. Dabei eignen sich psychedelische Drogen nicht als Partydrogen: Je wilder die Party und je unkontrollierter die Dosis, desto öfter lösten die bunten Pillen und Löschpapierstreifen auch negative Erfahrungen und Angstzustände aus, die unter diesen Umständen ohne nüchterne, erfahrene Begleitung kaum aufgefangen werden konnten. In die utopischen Träume der psychedelischen Revolutionäre mischten sich so erste Albträume, während die Party, die sie begonnen hatten, aus dem Ruder lief.

Armut, Ausgrenzung, Abhängigkeit: Die Heroinkrise in den afroamerikanischen »Ghettos«

Drei Jahre nach Learys Ansprache im Golden Gate Park verstand Harry Anslinger die Welt nicht mehr. 1962 hatte er nach mehr als 30 Jahren sein Amt als *Commissioner* des FBN niedergelegt, seit 1968 hielt er sich auch aus der internationalen Drogenpolitik heraus und lebte nun als Pensionär in Hollidaysburg in Pennsylvania. Er war inzwischen 78 Jahre alt, aber noch fit genug, um dem ersten Historiker ein Interview zu gewähren, der sich mit der amerikanischen Drogengeschichte beschäftigte. Dieser hieß David Musto und stellte seine Fragen an die drogenpolitische Vergangenheit aus einer Gegenwart heraus, in der Drogen plötzlich überall zu sein schienen: Heroin in den Innenstädten der Metropolen, LSD, Cannabis, Psilocybin und Meskalin in den Laboren, Psychotherapiepraxen und in den Wohnheimen der Universitäten, Aufputschmittel und Schlaftabletten in den Badezimmerschränken der Vorstädte, Marihuana und Haschisch in den Hippiekommunen und Schulranzen – Drogenkonsum war im Lauf der Sechzigerjahre zu einem fast alltäglichen, populären

Massenphänomen geworden. So etwas hatte Anslinger noch nicht erlebt, und auf Mustos Fragen hin gab er zu: Das hatte er nicht kommen sehen. Noch 1961 hatte er gegen Ende seiner Karriere hoffnungsvoll verkündet, der US-amerikanische Drogenkonsum sei seit den Vierzigerjahren insgesamt rückläufig, und die drogenpolitische Zukunft sei rosig.

Der pensionierte Anslinger stand 1970 kopfschüttelnd vor einer Gesellschaft, deren Drogenkonsum in einer Weise aus dem Ruder zu laufen schien, wie er es während seiner ganzen Karriere nicht für möglich gehalten hatte. Zwei Entwicklungsstränge, die wenig miteinander zu tun hatten, verbanden sich hier plötzlich zu einer Drogenkrise, die nicht mehr nur irgendwo an den Rändern der Gesellschaft stattfand, sondern in ihrer Mitte, und die deshalb immer mehr Menschen beunruhigte.

Der eine dieser beiden Entwicklungsstränge führte von den afroamerikanischen Jazzmusiker*innen über die *Beat Generation* und die psychedelischen Experimente zu Huxley, Leary und den Hippies. Diese Entwicklung hatte zur Folge, dass der Konsum bestimmter Drogen von immer mehr Menschen positiv beurteilt wurde und Teil der utopischen Erzählungen wurde, die bestimmte Gruppen entwarfen, um die USA in eine neue, bessere Zukunft zu führen.

Der andere Entwicklungsstrang, der in der Situation von 1970 mündete, hatte einen völlig anderen Hintergrund. Er begann in der ersten Hälfte des 20. Jahrhunderts, als sich die Siedlungsstruktur der USA ganz grundlegend veränderte. Um 1900 hatten noch mehr als 90 Prozent der afroamerikanischen Bevölkerung in den Südstaaten auf dem Land gewohnt, denn dort war es gewesen, wo ihre Großeltern oder Eltern bis zum Bürgerkrieg in den 1860er-Jahren von weißen Plantagenbesitzern als Sklaven gehalten, zur Arbeit gezwungen und auf grausamste Weise misshandelt und entwürdigt worden waren. Doch in den Jahrzehnten nach der Jahrhundertwende gab es in der Landwirtschaft immer weniger Arbeit, und so zogen viele Afroamerikaner*innen in die Ballungsräume, wo die Industrialisierung für sie ungelernte, schlecht bezahlte Arbeit im Überfluss zur Verfügung stellte. Die Abschaffung der Sklaverei hatte jedoch keineswegs eine rechtliche Gleichstellung der afroamerikanischen Bevölkerung bedeutet: Die sogenannten Jim-Crow-Gesetze sorgten dafür, dass von vielen Bürgerrechten ausgeschlossen blieb, wer aus einer afroamerikanischen Sklavenfamilie stammte oder so aussah.

So kam es, dass in den großen Städten der USA segregierte Wohnviertel entstanden, in denen sich die afroamerikanischen Arbeiterfamilien sammelten, während der weiße Mittelstand in die Vorstädte zog. Die Afroamerikaner*innen waren dort nicht nur nicht erwünscht, und kein Weißer wäre auf die Idee gekommen, ihnen ein Haus zu vermieten oder gar zu verkaufen. Vielmehr war in vielen städtischen Verordnungen festgelegt, dass Afroamerikaner in den Vorstädten keinen Wohnraum erwerben durften – und Afroamerikanerinnen schon gar nicht, da auch weiße Frauen allein keine Häuser kaufen durften.

So entstanden in den Innenstädten der Metropolen notgedrungen afroamerikanische Communitys, die aufgrund der strukturellen Diskriminierung dieser Bevölkerungsgruppe meist arm und heruntergekommen waren. In den Sechzigerjahren verschärfte sich dann die soziale Situation in diesen Stadtvierteln noch einmal dramatisch. Die Zeit der industriellen Massenfertigung ging langsam zu Ende, stattdessen wurden in der amerikanischen Wirtschaft immer mehr gelernte Arbeiter und ausgebildete Angestellte gebraucht, die im wachsenden Dienstleistungssektor arbeiten konnten. Weil aber die Afroamerikaner*innen aufgrund der Segregation deutlich schlechter ausgebildet waren als die Weißen, verloren in den Innenstädten immer mehr afroamerikanische Familienväter ihre Jobs in den Fabriken, ohne neue Stellen in anderen Bereichen zu finden, und viele schwarze

Jugendliche der Babyboom-Generation fanden nach der Schule gar nicht erst eine Arbeitsstelle.

Hinzu kam paradoxerweise ein ungewollter Effekt der Bürgerrechtsreformen, der die Situation vieler armer afroamerikanischer Familien noch verschlechterte. Im Lauf der 1950er- und 1960er-Jahre führten die Proteste von Rosa Parks, Martin Luther King Jr. und vielen anderen mutigen Aktivist*innen zu politischen Reformen, die die Afroamerikaner*innen Stück für Stück rechtlich gleichstellten. Unter anderem untersagte der *Civil Rights Act* von 1968, Afroamerikaner*innen auf dem Wohnungsmarkt zu diskriminieren. Das Ende des segregierten Wohnens führte jedoch zunächst vor allem dazu, dass nun die wenigen wohlhabenderen afroamerikanischen Familien die Innenstädte verließen und sich fortan auch nicht mehr um sie kümmerten. Wer zurückblieb, weil er oder sie sich einen Umzug nicht leisten konnte, fand sich bald in einem vernachlässigten Elendsviertel wieder, in dem Arbeitslosigkeit, Armut und soziale Not den Alltag bestimmten.

Schon in den frühen Sechzigerjahren zeigten sozialwissenschaftliche Studien, dass es diese sozialen Umstände waren, in denen Heroinkonsum besonders häufig zu Heroinabhängigkeit führte. Menschen, die unter einem problematischen Heroinkonsum litten, hatten überdurchschnittlich häufig afroamerikanische oder puerto-ricanische Wurzeln, wenig Geld, schlecht bezahlte und schlecht angesehene Jobs, wenig Wohnraum, wenig Bildung und kamen nicht aus »intakten« Kernfamilien, sondern aus Verhältnissen, die die Wissenschaftler gern als »zerbrochen« (»broken homes«) charakterisierten.

Jede problematische Drogengeschichte ist anders, zutiefst individuell, und letztlich bleibt meist auch den Betroffenen selbst verborgen, warum genau sie ihre Abhängigkeit entwickelt haben. Deshalb lässt sich nie wasserdicht beweisen, dass Armut in die Abhängigkeit führt – schon weil Millionen von Gegenbeispielen eine solche Aussage sofort widerlegen. Doch dass die miserablen Lebensverhältnisse in den afroamerikanischen »Ghettos« die Wahrscheinlichkeit der dort lebenden Bevölkerung erhöhten, Schwierigkeiten mit Drogen zu bekommen, ist mehr als plausibel.

Hinzu kam, dass die staatlichen Behörden sich von Anfang an für den Heroinkonsum der afroamerikanischen Minderheit deutlich stärker interessierten als für den Heroinkonsum der weißen Mittelschichten. Den gab es auch, und der amerikanische Psychopharmakologe Carl Hart argumentiert, die weißen Amerikaner*innen hätten in den Sechziger- und Siebzigerjahren genauso viele Drogen genommen wie die afroamerikanischen. Nur seien Letztere dabei häufiger erwischt worden, weil sie schon immer unter verstärktem Drogenverdacht standen. Wieder ist hier das alte Muster zu erkennen: Eine ohnehin aus rassistischen Gründen marginalisierte Gruppe wird *aufgrund* ihres Drogenkonsums und *mithilfe* ihres Drogenkonsums diskriminiert, ausgegrenzt und stigmatisiert, und dann wird mit dem Drogenkonsum diese Marginalisierung begründet – ein Kreislauf der Ausgrenzung, der seit dem 19. Jahrhundert erst die chinesischen Migranten, dann die afroamerikanischen jungen Männer, dann die mexikanischen Eingewanderten und nun wieder die afroamerikanischen Innenstadtbewohner*innen getroffen hatte.

Die rassistische Vernachlässigung und Verelendung der Innenstädte in den Sechzigerjahren und der behördliche und mediale Fokus auf den dort stattfindenden Heroinkonsum trugen dazu bei, die Situation zu schaffen, die als »Heroinkrise« der späten Sechzigerjahre wahrgenommen wurde. Besonders akut schien die Lage in New York City, wo die Behörden ungefähr die Hälfte der amerikanischen Heroinkonsument*innen vermuteten: 1958 hatte die Polizei von New York ihre Zahl auf knapp 23 000 geschätzt, 1971 gingen Schätzungen von 157 000 Heroinabhängigen im Bundesstaat New York aus – und nicht wenige von ihnen starben. 1969 war Heroin in New York in der Altersgruppe der

15- bis 35-Jährigen die häufigste Todesursache, 1970 und 1971 starben in der Stadt jeweils über 1200 Menschen an den Folgen ihres Heroinkonsums.

Neben der aus der Diskriminierung geborenen Armut gibt es noch eine zweite Erklärung für diesen Anstieg der Heroinkonsumzahlen, der weniger mit Rassismus zu tun hat als mit psychischer Krankheit. 1963 brachte die Kennedy-Regierung ein Gesetz auf den Weg, das *Community Mental Health Act* hieß und die entrechtende und entwürdigende Praxis beendete, psychisch Kranke gegen ihren Willen langfristig stationär zu behandeln und institutionell zu verwahren. Anstatt die Betroffenen wegzusperren, sollten sie wieder in ihre Communitys integriert und dort dezentral versorgt werden, solange sie keine Gefahr für sich und andere darstellten. Während die großen Psychiatrien sich leerten, stand jedoch nur wenig Geld zur Verfügung, um dezentrale Strukturen aufzubauen, die für eine angemessene Versorgung der Kranken gesorgt hätten.

Die Folge: Die entlassenen Patient*innen fanden sich häufig mit wenig Unterstützung in sehr prekären Lebensverhältnissen wieder, die sie maßlos überforderten, und das in einem Land, in dem die sozialen Sicherungssysteme kaum dafür gerüstet sind, in solchen Situationen einzuspringen. Prompt landeten viele Betroffene ohne psychiatrische Versorgung auf der Straße. Seit den 1980er-Jahren kursiert nun in der psychiatrischen Forschung die Vermutung, dass Menschen in dieser Situation dazu neigen, sich selbst medikamentöse Hilfe zu suchen – und dass sie, wenn die nötigen Medikamente nicht zur Verfügung stehen, zu diesem Zweck häufig zu Drogen greifen. Opiate scheinen dazu auf den ersten Blick hervorragend geeignet, denn sie erzeugen intensive Glücksgefühle, wirken gleichzeitig stark schmerzstillend und beruhigend und scheinen den Betroffenen deswegen tatsächlich in der akuten psychischen Krisensituation kurzfristig hilfreich und tröstlich. Langfristig können sie jedoch unter bestimmten Bedingungen Abhängigkeiten erzeugen. Außerdem bergen sie Gefahren, weil sie auf dem Schwarzmarkt nur in stark verunreinigter Form angeboten werden, nicht zuverlässig dosiert werden können, weil über verunreinigte Spritzbestecke Infektionskrankheiten übertragen werden und nicht zuletzt, weil sie kriminalisiert sind und ihre Konsument*innen mit hoher Wahrscheinlichkeit im Gefängnis landen. Was also als Selbstmedikation angefangen haben mag, führte möglicherweise viele Betroffene in den Sechzigerjahren in eine illegale Drogenkarriere, damit noch weiter in die Stigmatisierung und letztlich wieder hinter neue Gitter – mit allen gesundheitlichen, sozialen und legalen Folgen.

Mit Erklärungen wie diesen hielten sich jedoch die politischen Entscheidungsträger (und seltener: Entscheidungsträgerinnen) der Sechziger- und frühen Siebzigerjahre nicht weiter auf. Sie waren davon überzeugt, dass Drogenkonsum selbst verschuldet sei, und hatten deshalb weniger Angst *um* die Betroffenen als *vor* ihnen. Denn parallel zu den anschwellenden Konsumzahlen rollte noch eine andere Welle durchs Land, die (anders als der Drogenkonsum) im Leben der meisten Stadtbewohner*innen spürbar wurde: die *Crime Wave*. Die Zahl der Eigentumsdelikte wuchs in dieser Zeit in den großen Städten in beängstigender Weise. Zwischen 1960 und 1975 stieg die Zahl der Diebstähle in New York um 348 Prozent, die Zahl der Einbrüche um 491 Prozent und die Zahl der Raubdelikte um eindrucksvolle 1265 Prozent an.

Nun könnte man diese Entwicklung problemlos mit den sich zuspitzenden sozialen Problemen erklären, doch vor allem den konservativen Zeitgenoss*innen war es lieber, die Junkies dafür verantwortlich zu machen, dass sich die braven Bürger*innen auf den Straßen der Innenstädte nicht mehr sicher fühlten. Unter dem Stichwort »Beschaffungskriminalität« wurde so das Kriminalitätsproblem mit dem Drogenproblem erklärt, das vor allem im Fall von Heroin weiter als moralische Verfehlung der Betroffenen galt. Auf diese Weise ersparte man sich die Frage danach, wie die US-amerikanische Gesellschaft selbst die Umstände geschaffen hatte, in denen die afroamerikanische Bevölkerung dermaßen ausgegrenzt und entrechtet worden war, dass sie in den »Ghettos« der Innenstädte landete.

Wer genauer hinsieht, wird erkennen, dass die Heroinprobleme (und seit den späten Siebzigerjahren dann auch die Kokainprobleme) in den afroamerikanischen und puerto-ricanischen Communitys mit dem Marihuanakonsum der Hippies und dem LSD-Konsum der New Age Boheme in Kalifornien nichts zu tun hatte. Weil sich beide Phänomene jedoch zeitlich parallel entwickelten, beide in den Medien unter dem Schlagwort »Drogen« verhandelt wurden und hin und wieder einzelne Menschen zwischen beiden Sphären hin- und hergeisterten, gerieten sie in den öffentlichen Debatten wild durcheinander. Um zu zeigen, wie unglaublich dramatisch die Lage sei, bot es sich an, die Zahlen der Cannabiskonsumenten und die Zahlen der Herointoten in einem Atemzug zu nennen. Verbunden wurden dabei beide Welten nur durch die dünne Argumentation von der »Einstiegsdroge«: Cannabis führe demnach auf die schiefe Bahn, die Konsument*innen würden Blut lecken, sich auf die Suche nach dem immer härteren Kick begeben und als Heroinjunkies enden.

Diese Argumentation leuchtete vielen ein, stimmte sie doch überein mit der überkommenen Erzählung von der narkotischen Ursünde, die es zu vermeiden galt. Dabei zeigten schon die Zahlen selbst, dass ein paar Joints nicht zwangsläufig in die Heroin karriere führten: 1969 schätzte das Gesundheitsministerium, dass inzwischen acht bis zwölf Millionen Amerikaner*innen irgendwann in ihrem Leben Cannabis probiert hätten. 65 Prozent von ihnen hatten den Konsum nach weniger als zehn Versuchen wieder eingestellt, 25 Prozent kifften gelegentlich mit ihren

Freund*innen, und ungefähr 10 Prozent, also immerhin zwischen 800 000 und 1,2 Millionen Menschen, konsumierten regelmäßig Marihuana oder Haschisch. Die Zahlen der US-Regierung selbst legten also nahe, dass die allermeisten Cannabis-Konsument*innen ihren Konsum selbstständig einstellten oder auf moderatem Niveau hielten – anstatt, wie es die These von der Einstiegsdroge suggerierte, automatisch in eine Drogenkarriere abzurutschen.

Für Differenzierungen dieser Art war jedoch in den zeitgenössischen Deutungen des Drogenproblems wenig Platz. Stattdessen entstand der bedrohliche Eindruck, Drogen seien plötzlich überall, sodass Berichte über kiffende Hippies, trippende Gurus, Drogenkonsum an den Schulen und Herointote in New York tendenziell in einem großen Topf landeten. Zufällig waren außerdem die beiden Gruppen, deren Drogenkonsum in den Sechzigerjahren besonders intensiv beobachtet und diskutiert wurde, für die konservativen, weißen Mittelschichten nicht gerade bequem: Die einen waren Hippies, die es sich zur Aufgabe gemacht hatten, zu provozieren und alles über den Haufen zu werfen, was in den Fünfzigerjahren für gut und richtig gehalten worden war. Die anderen waren Afroamerikaner*innen, an deren rassistische Ausgrenzung man sich über Jahrhunderte gewöhnt hatte, deren Proteste die bestehende Ordnung massiv angriffen und denen viele Weiße noch immer nur ungern die gleichen Bürgerrechte zugestanden, die auch sie selbst genossen.

Backlash: Das Ende der psychedelischen Hoffnungen

In der zweiten Hälfte der Sechzigerjahre hatten die amerikanischen Entscheidungsträger*innen allmählich genug von den aufmüpfigen jungen Leuten. Besonders Learys Eskapaden, aber auch die Acid-Partys der *Merry Pranksters* waren dem Establishment zunehmend ein Dorn im Auge. Einen unrühmlichen Beitrag zum politischen Stimmungsbild leisteten die Medien, die nach einer Phase der Euphorie in den späten Fünfzigerjahren nun seit Mitte der Sechziger kaum eine Woche vergehen ließen, ohne eine Drogenschlagzeile zu drucken. Plötzlich waren LSD und Zauberpilze keine Wunderdrogen mehr, die die Zukunft der mentalen Gesundheit erhellten. Stattdessen war die Rede von einer »LSD-Epidemie«.

Es folgte ein Medienhype, der die Risiken und Nebenwirkungen von psychedelischen Drogen lustvoll dramatisierte. Seit die Hippiebewegung zu einer großen Jugendbewegung und LSD zu einer massenhaft konsumierten Partydroge geworden war, traten tatsächlich immer häufiger auch negative Konsumerfahrungen auf. Das lag in erster Linie daran, dass LSD sich als Partydroge nicht gut eignet und für einen sicheren Konsum eine kontrollierte Umgebung sowie erfahrene Begleitung von großer Bedeutung sind. So führten LSD und Co. in den späten Sechzigerjahren einige junge Psychonauten nicht in Zustände von grenzenloser Liebe und Erleuchtung, sondern in die psychiatrische Ambulanz. Die diensthabenden Ärzt*innen kannten sich jedoch mit der Begleitung von sogenannten »Horrortrips« noch nicht aus und diagnostizierten häufig Angstzustände oder psychotische Episoden.

Tatsächlich können psychedelische Drogen psychotische Zustände auslösen, vor allem bei Menschen, die ohnehin zu einer solchen Erkrankung neigen. Das kommt jedoch selten vor. In den späten 1960er-Jahren ging die Wissenschaft davon aus, dass ungefähr zwei Prozent der LSD-Trips von negativen Gefühlen dominiert werden. Von diesen wiederum waren ungefähr ein Drittel als psychotische Episoden einzustufen, bei der Mehrheit blieb es hingegen bei behandelbaren und vorübergehenden Angstzuständen. Ungefähr 7 von 1000 Konsumerfahrungen triggerten also ernsthafte psychiatrische Erkrankungen.

Diese Beobachtung darf keineswegs vernachlässigt werden, und zu einer umfassenden Drogenaufklärung gehört unbedingt dazu, dass der Konsum von psychedelischen Drogen auch Risiken birgt. Doch die Zahlen rechtfertigen nicht die Reaktion der Medien in den Sechzigern: Was sie noch zehn Jahre zuvor als Wunderdroge in den Himmel gefeiert hatten, verschrien sie nun als das neue Teufelszeug. In kürzester Zeit verbreitete sich die Vorstellung, LSD mache verrückt. Besonders einzelne Berichte verfestigten sich schnell zu handfesten Mythen. Beliebt war beispielsweise die Erzählung von ein paar Jugendlichen, die auf LSD plötzlich geglaubt haben sollten, fliegen zu können, und sich deshalb aus dem Fenster in den Tod stürzten. Während tatsächlich einzelne Konsument*innen zu körperlichem Schaden kamen, weil sie auf LSD Gefahren falsch einschätzten und in der Folge Stürze erlitten oder in den Straßenverkehr gerieten, stellten sich andere Horrorgeschichten später als freie Erfindungen heraus. So kursierte unter anderem die Geschichte von ein paar jungen Leuten, die unter Einfluss von LSD angeblich so lange in die Sonne geschaut hatten, bis sie blind geworden seien – ein Schauermärchen, das erst wahr wurde, als es durch die Medien ging und so »Nachahmer« dazu inspirierte, sich tatsächlich die Netzhaut zu verbrennen. Dieses Beispiel illustriert, wie auch die mediale Stimmung selbst Einfluss auf die Drogenerfahrungen nahm und so eine selbstverstärkende Dynamik anheizte: Psychedelische Drogen machen ihre Konsument*innen besonders empfänglich für Suggestionen. Wer also in der Zeitung gelesen hat, LSD mache verrückt, ist danach in deutlich größerer Gefahr, eine negative Drogenerfahrung mit LSD zu machen, als nach der Lektüre eines Interviews mit Cary Grant, in dem berichtet wird, LSD mache einen zum Frauenschwarm.

Der Stimmungsumschwung in der Bewertung der psychedelischen Drogen war so radikal, dass er sie innerhalb kürzester Zeit in die Kategorie der »bösen« Drogen beförderte. Der amerikanische Publizist Michael Pollan, der in seinem Bestseller mit dem Titel *How to Change Your Mind (Verändere dein Bewusstsein)* die Geschichte der psychedelischen Drogen detailliert aufarbeitet, hat bei seinen Recherchen mit vielen Zeitzeugen aus Kultur und Wissenschaft gesprochen, die die psychedelische Revolution und den folgenden Backlash erlebt haben. Fast alle geben im Rückblick Timothy Leary die Schuld an dem, was nun geschah: 1966 erließen Kalifornien, New York und ein paar andere Bundesstaaten die ersten LSD-Verbote. Zeitgleich verständigten sich auch verschiedene Gremien im Kongress darauf, die Spielereien mit dem Bewusstsein nicht länger mit anzusehen. Einigermaßen überstürzt wurden von heute auf morgen die Genehmigungen gecancelt, die bisher die Erforschung von Psilocybin, LSD, Meskalin und ähnlichen Substanzen erlaubt hatten. Dutzende laufende Forschungsprojekte mussten abgebrochen und eingestampft werden, ganz unabhängig davon, wie vielversprechend ihre Ergebnisse waren. Im gleichen Jahr kündigte Sandoz alle bestehenden Verträge, stoppte die Produktion von LSD und lieferte den verbleibenden Vorrat von 21 Gramm – mit einem Schwarzmarktwert von ungefähr drei Millionen Dollar – in einem gepanzerten Auto beim *National Institute of Mental Health* ab.

Die Gerüchte um gesundheitliche Gefahren durch LSD waren schlimm genug, doch dass Leary und Co. die Jugend und damit die Zukunft der amerikanischen Nation dazu aufforderten, alles abzubrechen und ihre gesellschaftlichen Pflichten als Bürger*innen und Arbeitskräfte nicht mehr zu erfüllen, das ging zu weit. 1968 änderte der Kongress noch unter der Regierung des Demokraten Lyndon B. Johnson das Drogengesetz und stellte den Besitz und den Verkauf von LSD unter Strafe. Das neue Verbot galt für fast alle – außer für die CIA, die noch mindestens bis in die Siebzigerjahre hinein mit psychedelischen Drogen experimentierte. Der Geheimdienst hoffte, LSD als Wahrheitsdroge verwenden zu können, damit das Bewusstsein feindlicher Zielpersonen zu kontrollieren oder Menschen gezielt in den Wahnsinn zu treiben.

Tatsächlich waren es mehrere unterschiedliche Drogenkrisen, die der 78-jährige Harry Anslinger 1970 von Pennsylvania aus verfolgte, ohne sie so recht zu verstehen: Die erste war eine politische Krise, ausgelöst durch eine junge, rebellische Generation von Andersdenkenden, die sich vom Konformitätsdruck befreien wollte, die den Konsum von Marihuana und LSD nutzte, um zu provozieren, zu protestieren und sich neue Realitäten zu erschließen, und von der sich Teile der konservativen Bevölkerung tatsächlich massiv bedroht und provoziert fühlten. Es war diese Krise, die die schnellsten Reaktionen hervorrief: Um die aufmüpfige Gegenkultur unter Kontrolle zu bringen und um Kapriolen wie die von Timothy Leary nicht einfach so durchgehen zu lassen, war die US-Regierung bereit, ein ganzes Forschungsfeld zu verbieten, obwohl dessen Zwischenergebnisse in eine vielversprechende Richtung wiesen.

Die zweite Krise war die Heroinkrise. Sie war im Kern eine soziale Krise, die aus Diskriminierung, Ausgrenzung und Rassismus entstanden war und die nun perfiderweise genutzt wurde, um die Opfer dieser Krise noch weiter zu marginalisieren und für ihr eigenes Elend zu beschuldigen. So waren viele afroamerikanische Heroinkonsument*innen von New York City in den frühen Siebzigerjahren in erster Linie aufgrund ihres sozialen Elends in Substanzabhängigkeiten geraten. Als »Junkies« wurden sie dann aber nicht nur für ihr eigenes Leid verantwortlich gemacht, sondern noch dazu für die massiven Kriminalitätsprobleme in den Innenstädten zur Rechenschaft gezogen, die tatsächlich aus dem gleichen sozialen Elend resultierten wie ihre

Drogenprobleme. So wurde ihnen nicht nur nicht geholfen, sondern sie wurden für ihr Leiden weiter bestraft. Denn auf die Drogenkrise folgte schon bald der Drogenkrieg, dessen erste Opfer sie werden sollten.

Eine dritte zeitgenössische Drogenkrise wurde 1970 noch nicht im gleichen Maß als solche beurteilt, wurde aber ebenfalls in dieser Zeit erstmals wahrgenommen und trug in nicht unbedeutendem Ausmaß zu den dramatisch ansteigenden Konsumzahlen in der Gesamtbevölkerung bei: Große Teile der Bürgerschaft hatten sich seit dem Zweiten Weltkrieg angewöhnt, regelmäßig neben Koffein, Alkohol und Nikotin auch Barbiturate und Amphetamine zu sich zu nehmen, um die Sorgen des Alltags besser zu ertragen und um Stimmung und Leistungsfähigkeit je nach Tageszeit mit *Uppern* oder *Downern* den äußeren Anforderungen anzupassen. Die beängstigende Erfahrung, das Leben nicht mehr ohne die richtigen Pillen bewältigen zu können, verstärkte möglicherweise noch den Abwehrreflex gegen den Drogenkonsum der anderen – denn solange es irgendwelche verabscheuungswürdigen „anderen“ waren, die die *wirklich* schlimmen Drogen nahmen, konnten sich die bürgerlichen Gewohnheitskonsument*innen von Aufputschpillen und Schlaftabletten weiterhin auf der richtigen Seite der moralischen Linie fühlen, die die »guten« von den »bösen« Drogen trennte.

Harry Anslinger hatte kaum noch Gelegenheit, den nun beginnenden Krieg gegen die Drogen zu verfolgen, auch wenn der ihm möglicherweise viel Freude gemacht hätte. Nachdem er 1970 bei einer Podiumsdiskussion des *Playboy*-Magazins zum Thema »Drogenrevolution« noch einmal gegenüber Leuten wie dem Beatnik William S. Burroughs und Learys Kollegen Richard Alpert mit Leidenschaft seine Betonpositionen von sich gegeben hatte, zog er sich bald aus der Drogenpolitik zurück. Diverse gesundheitliche Leiden schränkten seine Handlungsfähigkeit in den folgenden Jahren immer weiter ein, bis er 1975 im Alter von

83 Jahren starb. Seit Jahren war er zu diesem Zeitpunkt abhängig von Morphium, das ihm seine Ärzte zur Schmerzlinderung verschrieben. Spät kam er so selbst noch in den Genuss der Substanz, die er sein Leben lang bekämpft und schon als Kind gefürchtet hatte.

9

VON DER KRISE IN DEN DROGENKRIEG

Richard Nixon: Drogen als politischer Joker

Die Drogenkrisen der späten Sechziger- und frühen Siebzigerjahre waren echte Krisen: Sie betrafen eine wachsende Bevölkerungsgruppe und bedeuteten – vor allem im Fall der Heroinkrise – großes Leid für viele Menschen. Obwohl sich die amerikanische Gesellschaft jedoch inzwischen seit Jahrzehnten darüber einig war, dass Drogenmissbrauch böse sei, stand in den späten Sechzigerjahren keineswegs fest, wie politisch auf diese Situation reagiert werden würde. Dass die Antwort auf diese Krisen ein Jahrzehnte andauernder Drogenkrieg sein würde, war keine Zwangsläufigkeit. Um nachvollziehen zu können, wie dieser Drogenkrieg entstand, ist es hilfreich, die politische Situation und Strategie von Richard Nixon zu verstehen – nach Charles Brent und Harry Anslinger der nächste mittelalte weiße Mann, der maßgeblich dazu beitrug, die amerikanische Drogenpolitik in ihre Sackgasse hineinzumanövrieren, und der dabei die halbe Welt ins Schlepptau nahm.

Richard Nixon wurde 1913 auf einer kalifornischen Zitronenranch geboren. Seine Eltern waren religiöse Quäker und verteidigten als solche einen strengen Verhaltenskodex, in dem Alkohol und andere Ausschweifungen keinen Platz hatten. Die Familie war arm, doch als Nachkommen früher britischer Siedler und als ehrgeizige, fromme Protestanten hatten die Eltern möglicherweise früh große Ambitionen für ihre fünf Söhne, die sie jedenfalls allesamt nach britischen Königen benannten. Richard, benannt nach Richard Löwenherz, bemühte sich um die Erfüllung dieser elterlichen Träume und war ein guter Schüler, studierte Geschichte und Jura und wollte eigentlich zum FBI, das ihn jedoch aufgrund von Budgetkürzungen während der Wirtschaftskrise nicht einstellte. Also wurde er Anwalt, meldete sich kurz darauf freiwillig zum Dienst in der Navy und organisierte während des Zweiten Weltkrieges Nachschubtransporte im Pazifik. Nach Kriegsende begann seine steile politische Karriere. Schon im ersten Anlauf wurde er als Abgeordneter für die Republikaner in den Kongress gewählt, wo er sich in McCarthys *House Un-American Activities Committee* mit der Verfolgung kommunistischer Spione einen Namen machte. Eine Amtszeit später bewarb er sich bereits als Senator und gewann auch diese Wahl. Inzwischen nannten seine Gegner ihn »Tricky Dick«, weil ihm schon damals ungefähr jedes Mittel recht war, um eine Wahl zu gewinnen. Bereits drei Jahre später wurde er Eisenhowers Vizepräsident.

Erst 1960 kam sein Aufstieg vorläufig ins Stocken: Nixons Gegner in seinem ersten Präsidentschaftswahlkampf hieß John F. Kennedy, und zum ersten Mal fand dieser Wahlkampf auch im Fernsehen statt, wo Nixon mit seinem etwas hölzernen Auftreten gegen den jugendlichen JFK nicht ankam. Aus diesem und anderen Gründen ging die Wahl für Nixon haarscharf verloren, genau wie die Gouverneurswahl in Kalifornien, bei der er zwei Jahre später kandidierte.

Als Nixon sich 1968 ein zweites Mal um die Präsidentschaft bemühte, tat er das in einem Amerika, das sich seit Beginn seiner Karriere sehr stark verändert hatte. Nach seinen beiden Niederlagen hatte er sich bewusst unter der Welle von Veränderungswillen und Machbarkeitsoptimismus weggeduckt, die in den Sechzigerjahren mit den Präsidentschaften von Kennedy und Johnson durch das Land gerollt war. Doch nun, gegen Ende der Dekade, erschien ihm diese Welle langsam auszulaufen. Die Demokraten hatten mit einer Reform des Sozialstaates und vor allem mit den neuen Bürgerrechtsgesetzen und dem Ende der Segregation große Veränderungen angestoßen, doch nun schien diese Reformphase in eine Phase der Krise überzugehen und immer mehr Widerwillen zu erzeugen. Es war das verbreitete Krisengefühl der späten Sechziger, das Nixon den Weg ins Weiße Haus frei machen würde.

Im August 1968 trat er mit gepunkteter Krawatte und seinem etwas linkischen, gräulichen Charme vor seine Partei, reckte mit sichtlich einstudiertem Schwung die Siegerfaust in die Höhe und nahm die Nominierung zum Präsidentschaftskandidaten an. In seiner Rede beschrieb er ein Amerika, das im Chaos versinke: Städte seien in Rauch und Flammen gehüllt, Nächte seien durchdrungen von Sirenenlärm, Amerikaner stürben auf weit entfernten Schlachtfeldern, aber auch auf den heimischen Straßen, wo sie sich gegenseitig hassten, bekämpften und töteten.

Bewusst mischte Nixon in dieser und vielen anderen Reden ganz unterschiedliche Phänomene und Ereignisse zu einem düsteren Bild von Chaos und Gewalt. Dabei hatten die verschiedenen Geschichten, die er hier zu einer großen Bedrohungslage aufeinanderschichtete, nur wenig und teilweise gar nichts miteinander zu tun. Bei genauerem Hinsehen zerfallen sie in eine ganze Reihe von unterschiedlichen Krisen, Umwälzungen und Bewegungen: Da waren die Unruhen und Proteste im Zusammenhang mit der, aber vor allem in Reaktion auf die Bürgerrechtsbewegung, die immer wieder in Gewaltexzesse eskalierten und vor allem afroamerikanische Aktivist*innen das Leben kosteten. Da war die soziale Krise in den segregierten Wohnvierteln der Innenstädte, die in Form steigender Kriminalitätsraten auch die besser gestellten Bürger*innen in den Städten immer direkter betraf. Da waren die Bewegungen der Hippies, der Studierenden und der Neuen Linken, die traditionelle Verhaltensnormen und Lebensmodelle hinterfragten oder gleich über Bord warfen. Da waren Feministinnen, die die Entrechtung und systematische Ausbeutung von Frauen kritisierten und damit eine Rollenverteilung infrage stellten, auf der nicht nur das Gesellschaftssystem, sondern auch das Wirtschaftssystem aufbaute. Und nicht zuletzt war da der Krieg in Vietnam. Seit Jahren trugen die USA dort am anderen Ende der Welt einen Konflikt aus, der mit Dekolonisierung und Kaltem Krieg zu tun hatte, der immer mehr Leben und Ressourcen kostete und von dem die amerikanischen Bürger*innen und vor allem die jungen Männer kaum noch einsahen, warum sie ihn eigentlich kämpfen sollten – zumal es ohnehin kaum noch Hoffnung darauf gab, ihn zu gewinnen.

Auf das Jahrzehnt von Konsens und Stabilität war also in den Sechzigerjahren ein Jahrzehnt der Krisen und Umwälzungen gefolgt. Nun setzte Nixon darauf, dass die Wähler*innen diese Umwälzungen leid seien. So appellierte er an eine »schweigende Mehrheit«, also an all diejenigen, die nicht mit Plakaten auf die Straßen gingen, sondern brav ihre Arbeit taten, die Kinder versorgten, sparten und Steuern zahlten. Dieser »schweigenden Mehrheit« versprach Nixon nun im Wahlkampf von 1968, er würde Ruhe und Ordnung wiederherstellen. Schon früh konzentrierte er sich dabei auf ein Thema, das ihm das strategische Zauberkunststück erlaubte, jedem und jeder genau das zu versprechen, was er oder sie sich am meisten wünschte. Dieses Thema war die Drogenpolitik.

1968 löste das Stichwort »Drogen« bei vielen Amerikaner*innen eine negative Assoziationskette aus – jedenfalls bei denen, die über 30 Jahre alt waren und nicht gerade zu den Bewegungen der Neuen Linken gehörten. Für die allermeisten also waren Drogen Rauschgifte, sie führten ins Verderben, standen in Verbindung mit Irrationalität und Wahnsinn, zersetzten die Gesellschaft und spülten Geld in die Taschen bedrohlicher Mächte wie der Mafia. Sie führten zu körperlicher und geistiger Degeneration, sexueller Ausschweifung, weiblichem Unschuldsverlust und verdarben die Jugend. Für viele Konservative und brave Christ*innen, wie auch die Eltern von Nixon es gewesen waren, gehörte die Ablehnung von Rausch und Drogen zum moralischen Grundrepertoire.

Als konservativer Politiker rannte Nixon also ohnehin offene Türen ein, indem er Drogen lautstark verurteilte. Als er jedoch Ende der 1960er-Jahre versprach, gegen Drogen vorzugehen, hatten diese Versprechungen eine Reihe von Untertönen, die – wie eine Hundepfeife – nur für diejenigen hörbar wurden, an die sie sich richteten.

Nixons Präsidentschaftswahlkämpfe waren ein Balanceakt. Um in einem Zweiparteiensystem eine Mehrheit zu erringen, reichte es nicht aus, das konservative Lager zu mobilisieren. Nixon musste sich darüber hinaus darum bemühen, Wechselwähler*innen zu überzeugen und moderate Konservative nicht zu vergraulen. In einer Phase, in der noch wenige Jahre zuvor Reform- und Aufbruchsstimmung geherrscht hatte, war es deshalb nicht sinnvoll, offen gegen die Aufbrechenden zu wettern. Gleichzeitig fand gerade in den amerikanischen Südstaaten eine große Wählerwanderung statt: Dort hatte die weiße Bevölkerung traditionell die Demokraten gewählt. Seit jedoch die Demokraten die Bürgerrechtsreformen vorantrieben, wandten sich viele Wähler*innen im Süden aus rassistischen Gründen von ihnen ab. Um für diese zweifelnden »Dixiecrats« attraktiv zu werden, war es für Nixon sinnvoll, dort rassistische Anspielungen zu machen – die jedoch wiederum nicht zu offensichtlich sein durften, wenn sich die progressivere Wählerschaft im Norden des Landes nicht von ihm abwenden sollte.

Um diese Balance zu halten, benutzte Nixon ein raffiniertes System rhetorischer Chiffren. Wenn er versprach, gegen »urbane Probleme« vorzugehen oder die »urbane Krise« zu lösen, wussten seine Wähler*innen im Süden, dass er damit nur die afroamerikanischen »Ghettos« meinen konnte, während die Wähler*innen im Norden hoffen konnten, er würde sich um das Kriminalitätsproblem kümmern. In diesem System der politischen Chiffren fungierte die Drogenpolitik wie ein Joker, der in fast jeder politischen Lebenslage passte. Die Rassist*innen im Süden konnten hoffen, Nixon würde hart gegen die afroamerikanischen Heroinabhängigen durchgreifen. Wer in einer Großstadt neuerdings regelmäßig über die eigene Schulter schaute und aus Angst vor Raubüberfällen Handtasche oder Aktenkoffer an sich presste, konnte hoffen, Nixon würde mehr Cops auf die Straße schicken, die gegen die Beschaffungskriminalität kämpfen würden. Die aufrechten Bürger*innen und besorgten Eltern von Jugendlichen und jungen Erwachsenen wiederum konnten aus Nixons Versprechungen herauslesen, dass endlich jemand etwas gegen diese renitenten jungen Leute unternehmen würde, die neuerdings machten, was sie wollten – und zwar am liebsten mit einem Joint im Mundwinkel.

Nur den Vietnamkrieg würde Nixon auch mithilfe seiner drogenpolitischen Versprechungen nicht gewinnen können – sollte man meinen. Doch tatsächlich gelang es ihm auch in diesem Bereich, sich die Drogenpolitik zunutze zu machen. Dies geschah jedoch erst während seiner ersten Amtszeit, nachdem die »schweigende Mehrheit« ihn im November 1968 tatsächlich ins Weiße Haus gewählt hatte.

Böse, böser, Schedule I: Wie Nixon die Drogen neu sortierte

Schon bald nach Nixons Amtsantritt im Januar 1969 begann die neue Regierung, ihre drogenpolitischen Versprechungen in die Tat umzusetzen. Anders als seine *Law-and-Order*-Rhetorik und sein heutiger Ruf als großer Drogenkrieger es erwarten lassen würden, ging es bei diesen ersten drogenpolitischen Entwürfen so liberal zu, wie sich das vielleicht nur ein Hardliner wie Nixon leisten konnte. Im Juli 1969 stellte der frischgebackene Präsident vor dem Kongress einen Zehn-Punkte-Plan vor, der einen bunten Strauß an drogenpolitischen Maßnahmen umfasste und offen war für verschiedenste Lösungen eines komplexen Problems. Er beinhaltete die klassischen Instrumente der Angebotskontrolle: Strafrechtsreformen, Grenzschutz, Schmuggelbekämpfung, Polizeikooperation und internationale Drogenpolitik. Aber darin war eben auch die Rede von Projekten, die aus dem notorisch vernachlässigten Bereich der Nachfragekontrolle stammten, nämlich von Aufklärung, Rehabilitation und Forschung.

Den Anlass für dieses grundsätzliche Nachdenken über die drogenpolitische Zukunft hatte kein anderer geliefert als LSD Guru Timothy Leary. Seit er 1963 aus Harvard hinausgeflogen war, hatte er sich innerlich und äußerlich auf eine Reihe wilder Trips begeben, von denen einer ihn im Dezember 1965 mit seinen beiden Kindern und seiner damaligen Lebensgefährtin an die mexikanische Grenze geführt hatte. In einer seiner Autobiografien schildert er, wie die Familie die Grenze nach Mexiko bereits mit dem Auto überquert hatte, als klar wurde, dass Visumsformalitäten sie über Nacht aufhalten würden. Bei dem Versuch, aus dem mexikanischen Nuevo Laredo aus über die Brücke zurück ins texanische Laredo zu fahren, bemerkte Learys Freundin zu spät, dass sie Marihuana bei sich hatte. Schnell steckte Learys Tochter Susan sich den Drogenvorrat in die Unterhose – und wurde prompt erwischt. Während man sonst nicht behaupten kann, Leary hätte sich aufopfernd um seine beiden Kinder gekümmert, nachdem diese schon im Grundschulalter ihre Mutter an deren Suizid verloren hatten, war er nun zur Stelle und übernahm die Verantwortung für den Drogenbesitz. LSD, Psilocybin und die anderen psychedelischen Substanzen, mit denen Leary in aller Offenheit experimentierte, waren zu diesem Zeitpunkt noch legal, Marihuana aber war seit 1937 verboten. So wurde nun der gleichermaßen gefeierte wie gefürchtete LSD-Guru wegen Drogenbesitzes verurteilt: Zu dreißig Jahren Haft und 30 000 Dollar Geldstrafe – und das alles wegen ein paar Gramm Gras.

Anstatt sich jedoch zu den vielen anderen Marihuanakonsument*innen zu begeben, die langsam begannen, die amerikanischen Gefängnisse zu füllen, weil die Nixon-Regierung mithilfe gezielter Drogenfahndung die Hippie-Communitys aufscheuchte, ging Leary in Revision. Er hielt den *Marihuana Tax Act* für verfassungswidrig: Das Gesetz war ein Steuergesetz, das regelte, welche Steuer diejenigen auf Marihuanaprodukte zu zahlen hatten, die zum Handel damit berechtigt waren. Wer nun aber ohne Erlaubnis ein Marihuanaprodukt besaß, wurde verurteilt, weil er oder sie seine Steuer auf dieses Produkt nicht bezahlt hatte. Leary argumentierte nun, dass er als Marihuanabesitzer doch gar keine Chance gehabt habe, diese Steuer zu zahlen, ohne sich dabei selbst zu belasten. Gemäß dem fünften Verfassungszusatz der amerikanischen Verfassung hat aber jede*r US-Bürger*in das Recht, Aussagen zu verweigern, die ihn oder sie belasten würden.

Typisch Leary: Was beim ersten Lesen klingen mag wie ein Taschenspielertrick, gelang. Im Mai 1969 entschied das Verfassungsgericht über den Fall *Leary vs. United States* und gab Leary recht. Anslingers Marihuanaverbot von 1937 war verfassungswidrig. Auch typisch Leary: Das Gericht hob zwar sein Urteil von 1965 auf, doch der Guru hatte sich fünf Monate zuvor bereits wieder mit Marihuana erwischen lassen. Seine juristischen Schwierigkeiten hatten also mit dem Freispruch von 1969 kein Ende, vielmehr waren sie nur der Auftakt für neue Abenteuergeschichten. Zunächst landete er im Gefängnis, doch noch im selben Jahr, in dem Nixon die Gesetzeslücke schloss, durch die Leary geschlüpft war, floh Letzterer aus dem Gefängnis und begab sich auf eine internationale Irrfahrt, die erst 1972 in Kabul endete, wo ein amerikanischer Drogenagent ihn verhaftete.

Doch zurück zu Nixon: Dass der *Marihuana Tax Act* verfassungswidrig war, gab dem frisch gewählten Präsidenten Gelegenheit, die amerikanische Drogengesetzgebung zu reformieren. Umgehend machte sich die Nixon-Regierung im Sommer 1970 an die Arbeit und entwarf ein Gesetz, das die Rechte und Spielräume der Polizei bei Drogendelikten massiv ausweitete. Es war ihr nun erlaubt, auf Verdacht, ohne richterlichen Beschluss und ohne Ankündigung Wohnräume nach Hinweisen auf Drogendelikte zu durchsuchen und Drogen, Geld und Gegenstände, die mit Drogenkriminalität in Zusammenhang standen, zu beschlagnahmen. Durch diese Veränderungen wurde Drogenpolitik zu einer scharfen Waffe im Ringen um die soziale Kontrolle ungeliebter Minderheiten. Überproportional oft waren es Afroamerikaner*innen, Hippies und Hispanics, bei denen plötzlich morgens um fünf die Polizei im Schlafzimmer stand, ohne geklingelt zu haben.

Der *Comprehensive Drug Abuse and Prevention Act* rutschte im Herbst 1970 ohne größere Debatten durch den Kongress. Das neue Drogengesetz war keine neutrale, pharmakologisch argumentierende Angelegenheit, sondern hatte eine klare politische Stoßrichtung. Das zeigt sich vor allem in der rechtlichen Beurteilung der unterschiedlichen illegalen Drogen. Zum ersten Mal wurde mit dem neuen Gesetz eine Staffelung eingeführt, die die Substanzen sortierte. Die Kategorien begannen mit Schedule I für Substanzen mit großem Missbrauchs- und Abhängigkeitspotenzial und ohne medizinischen Nutzen. Sie endeten mit Schedule V für Substanzen mit großem medizinischem Nutzen und geringem Missbrauchs- und Abhängigkeitspotenzial.

Dieses System klingt zunächst nach einem sinnvollen Raster, in dem man psychoaktive Substanzen nach ihren pharmakologischen Eigenschaften und Gefahrenpotenzialen einordnen könnte.

Doch Nixons neues Drogengesetz beließ es nicht bei der allgemeinen Definition von Kategorien, sondern ordnete die unterschiedlichen Drogen und Medikamente auch gleich zu. Unter Schedule V landeten Medikamente wie Aspirin: Sehr nützlich, sehr ungefährlich. Unter Schedule II fassten die Gesetzgeber Substanzen, die ein hohes Missbrauchspotenzial hatten, aber auch unter Umständen einen medizinischen Nutzen. Hier landeten Morphium und Kokain, die also weiter zu medizinischen Zwecken verschrieben und verwendet werden durften. Unter Schedule I jedoch fanden sich nicht nur Heroin, das dort pharmakologisch halbwegs hinpasst (obwohl es inzwischen mit großem Erfolg sowohl in schweren Fällen von Heroinabhängigkeit als auch versuchsweise in der Palliativmedizin als Medikament eingesetzt wird), sondern auch LSD und Peyote. Beide waren noch bis vor Kurzem mit vielversprechenden Erfolgen als Psychopharmaka eingesetzt worden, und es gab keine belastbaren Hinweise darauf, dass sie abhängig machten oder in irgendeiner Weise giftig waren. Auf der Liste der »bösesten« Drogen landeten sie in erster Linie, weil sie die Drogen der Gegenkulturen waren – ihr Verbot war nicht pharmakologisch motiviert, sondern politisch.

Noch eine Droge schaffte es in Schedule I, obwohl sie dort laut der klar definierten Kriterien nichts zu suchen gehabt hätte, und das war Marihuana. Nixon plädierte von Anfang an dafür, das Kraut dort zu platzieren, obwohl inzwischen Millionen Amerikaner*innen dessen vergleichsweise milde Wirkung am eigenen Leib erfahren hatten, obwohl substanzielle Zweifel daran bestanden, dass es leicht abhängig machte, und obwohl seit Jahrhunderten bekannt war, dass es sich durchaus für medizinische Zwecke einsetzen ließ. Auch nach dem Kenntnisstand von 1970 hätte es also mindestens in Schedule II gehört. Gerade weil Marihuanakonsum inzwischen zu einem populären Massenphänomen geworden war, war dann auch der Kongress bei dieser Einstufung zunächst skeptisch. Zu viele Wähler*innen waren direkt oder indirekt mit dieser Droge in Kontakt, um sie leichtfertig als dermaßen gefährlich einzustufen. Weil sich der Konflikt nicht ohne Weiteres politisch lösen ließ, wurde eine Expertenkommission einberufen, die klären sollte, wie gefährlich Marihuana denn nun wirklich sei.

Nur wenigen politischen Entscheidungsträgern können wir mit historischen Methoden so tief in den Kopf schauen wie Richard Nixon. Im Februar 1971 ließ er in seinem Schreibtisch im *Oval Office* ein Tonbandgerät installieren, mit dem er bis zum Ende seiner Präsidentschaft großzügig Konferenzen, Gespräche und Telefonate aufzeichnete. Die Tonbänder, auf denen er eigentlich nur seine Entscheidungsprozesse möglichst zutreffend archivieren wollte, wurden während des Watergate-Skandals plötzlich äußerst relevant: Mit ihrer Hilfe wollte ein Untersuchungsausschuss des Kongresses klären, wie genau Nixon in den Einbruchsversuch bei der politischen Konkurrenz verstrickt war, bei dem Mitglieder seines Wahlkampfkomitees im Sommer 1972 im Washingtoner Watergate-Komplex erwischt worden waren. Mit allen Mitteln wehrte sich »Tricky Dick«, die Tonbänder herauszugeben, obwohl er musste. Als er sie am Ende doch herausrücken wollte, war es zu spät: Der Justizausschuss hatte bereits für Nixons Amtsenthebung gestimmt.

Seit 2013 stehen die Nixon-Tapes der Öffentlichkeit zur Verfügung. Historiker*innen wissen deshalb ungewöhnlich viel über die Entstehung seiner Politik, über seine persönliche Haltung zu den im *Oval Office* besprochenen Themen und über seine Taktiken – auch im Bereich der Drogenpolitik. So traf er sich beispielsweise am 9. September 1971 mit dem früheren Gouverneur von Pennsylvania, Raymond Shafer, der die Marihuana-Kommission leitete. Offensichtlich ging es Nixon darum, Shafer in Sachen Marihuanapolitik auf Linie zu bringen. Unverblümt drohte er dem gemäßigten Republikaner, die Kommission möge gefälligst zu den richtigen Schlüssen kommen und bei der Einstufung von

Marihuana seinen Plänen folgen. Shafer sei doch Profi genug, um zu verstehen, dass alles andere seine Kommission sehr schlecht aussehen lassen würde (»would make your Commission just look bad as hell«).[29]

Dieses Gespräch zeigt, dass Nixon keineswegs vorhatte, die Ergebnisse der Shafer-Kommission als Gelegenheit wahrzunehmen, um auf stabiler Faktengrundlage eine möglichst sinnvolle und verhältnismäßige Drogengesetzgebung verabschieden zu können. Vielmehr sollte der Shafer-Bericht der Öffentlichkeit Angst einjagen, auch das wissen wir, weil er es ein paar Monate später im *Oval Office* seinem Berater Bob Haldeman so erklärte. Sein Ziel war es, eine Stimmung zu schaffen, in der die Drogenkrise als Bedrohungsszenario möglichst gefährlich wirkte, damit er sich dann als Retter in der Not inszenieren konnte.

Doch Raymond Shafer und seine Kollegen ließen sich nicht erpressen. In ihrem Abschlussbericht vom März 1972 nannten sie den bisherigen Umgang mit Marihuana ein Missverständnis und lieferten eine Einschätzung von dessen Gefährlichkeit, die bis heute im Großen und Ganzen Bestand hat und nur um ein paar Warnungen an junge User ergänzt werden muss: Marihuanakonsument*innen zeigten demnach keinerlei physische, biochemische oder mentale Abnormalitäten, die auf ihren Konsum zurückzuführen gewesen wären. Einen Zusammenhang zwischen Marihuana- und Heroinkonsum konnte die Kommission nicht feststellen, ebenso wenig wie einen Zusammenhang zwischen Marihuanakonsum und Kriminalität. Nicht einmal das Autofahren unter Marihuanaeinfluss sei besonders gefährlich. Marihuana sei somit keine Gefahr für die öffentliche Sicherheit und solle für den privaten Hausgebrauch entkriminalisiert werden.

Jetzt war Nixon sauer. Diese Haltung passte so gar nicht in sein Wahlkampfkonzept, das erklärtermaßen darin bestand, so oft wie nur möglich öffentlich von Drogen zu reden und dabei nie differenziert über unterschiedliche mögliche Vorgehensweisen nachzudenken, sondern immer zu versprechen, er würde mit aller Kraft draufhauen: »Just kick the hell out of it.«[30] (Auch dieses Zitat stammt von einem seiner Tonbänder.) Also ignorierte er den Shafer-Report und sorgte dafür, dass Marihuana unter Schedule I eingestuft wurde. Mitten im Wahlkampf, den er auch sonst mit so harten Bandagen führte, dass es ihn später die Präsidentschaft kosten sollte, wollte er sich nicht von irgendwelchen Fakten beirren lassen, die ihm nicht in den Kram passten.

Seit der Wahlkampf für die Wiederwahl im November 1972 lief, war es mit Nixons anfangs so liberalen Ideen für die Drogenpolitik endgültig vorbei. Er hatte erkannt, wie günstig er drogenpolitische Versprechungen auf den unterschiedlichsten Themenfeldern einsetzen konnte und wie populär es bei seiner Wählerschaft war, wenn er sich als drogenpolitischer Hardliner profilierte. Warum genau Nixon sich für diese Strategie entschied, bleibt trotz seiner Tapes offen. Sicher ist, dass er tatsächlich eine tiefe Abneigung gegen illegale Drogen und deren Konsument*innen empfand, doch sicher ist auch, dass er das Thema bewusst und gezielt nutzte, weil er das für politisch opportun hielt, und nicht, weil es ihm in der Sache tatsächlich in diesem Ausmaß wichtig gewesen wäre. Dass Drogenpolitik für Nixon zu einem so vielversprechenden Thema wurde, hatte also viele Gründe. Doch dass er entschied, seine Drogen*politik* zu einem Drogen*krieg* zu machen, lässt sich nicht verstehen ohne einen Blick nach Vietnam.

High im Dschungel: Der Drogenkonsum der Vietnamsoldaten

Als Richard Nixon Präsident wurde, war sein Land bereits seit Jahren tief verstrickt in den Konflikt in Vietnam, und langsam schwand auch bei den hartnäckigeren Optimist*innen die Hoffnung auf einen amerikanischen Triumph. Die Region in Südostasien, die heute Vietnam heißt, hatte bis zum Zweiten Weltkrieg unter dem Namen »Indochina« zum französischen Kolonialreich gehört. Als jedoch Frankreich 1940 von Hitlers Wehrmacht überrannt wurde, verlor es immer mehr die Kontrolle über seine Kolonien. Seit 1946 versuchte es letztlich ohne Erfolg, diese Kontrolle wiederherzustellen und die kommunistische Unabhängigkeitsbewegung in Indochina niederzuschlagen. 1954 wurde die zerfallende Kolonie in Nord- und Südvietnam geteilt, doch auch so ließ sich kein Frieden herstellen, und es brach ein Bürgerkrieg aus, in den sich im Lauf der Sechzigerjahre auch die Supermächte USA und UdSSR hineinziehen ließen. Die außenpolitischen Strategen in Washington wollten verhindern, dass in Vietnam ein kommunistisches Regime an die Macht gelangte und so im weltweiten Kräftemessen der Systeme ein weiterer »Dominostein« fallen und ein weiteres Land in den Einflussbereich Moskaus geraten würde. Deshalb unterstützten sie die Regierung Südvietnams im damaligen Saigon (heute Ho-Chi-Minh-Stadt), die sich der kommunistischen Regierung Nordvietnams und ihren Guerillas entgegenstellte.

Der Vietnamkrieg war dabei kein klassischer Bewegungs- oder Stellungskrieg mit klaren Frontverläufen, bei dem beide Seiten versuchen, möglichst viel Land unter ihre Kontrolle zu bringen. Vielmehr wollten die USA Südvietnam vor einer Übernahme durch den kommunistischen Vietkong schützen, der in Südvietnam einen unübersichtlichen Flickenteppich von Gebieten infiltriert hatte. Für die amerikanischen Bodentruppen bedeutete das einen zermürbenden Kriegsalltag: Wochenlang waren sie auf Patrouillen durch den tropischen Urwald unterwegs, geplagt von Tropenkrankheiten, Insekten, dem heiß-feuchten Klima und der permanenten Angst, irgendwo in der fremdartigen Vegetation könnte ein Guerillakämpfer lauern. Lange Märsche durchs Unterholz wechselten sich ab mit blutigen Scharmützeln um Hügel oder abgelegene Ortschaften, von denen fast irrelevant blieb, wer am Ende das Stück Land unter Kontrolle brachte, weil letztlich der Kriegsfortschritt vor allem an der Zahl der getöteten Gegner gemessen wurde. Tag für Tag mussten junge Amerikaner hier ihr Leben aufs Spiel setzen im Namen eines Konfliktes, gegen den ihre Freunde und Kommilitonen zu Hause immer heftiger demonstrierten, von dem inzwischen kaum noch jemand glaubte, dass er zu gewinnen war, und von dem ohnehin vielen unklar blieb, warum er eigentlich geführt werden musste.

Wenn die Soldaten nach einem solchen wochenlangen Kriegseinsatz zurückkamen, hatten sie üblicherweise ein paar Tage frei. Während dieser Erholungszeit fanden sie sich plötzlich im Paradies wieder. Weil sie nicht wussten, wie lange sie noch leben würden, genossen sie in vollen Zügen das schöne Wetter, die fremde Landschaft, das gute Essen, die Strände – und die billigen Drogen. Besonders Marihuana und Heroin waren in Südvietnam zu Preisen und (im Fall von Heroin) in Reinheitsgraden zu haben, von denen Konsument*innen in den USA nur träumen konnten. Diese Gelegenheit nutzten nicht wenige der Soldaten.

Um den Drogenkonsum der Vietnamsoldaten richtig einschätzen zu können, lohnt sich ein differenzierender Blick auf die Umstände und Motivationen, die diesen Konsum begleiteten. Die allermeisten Soldaten, die in Vietnam Drogen zu sich nahmen, konsumierten eine oder mehrere der folgenden Substanzen: Heroin, Alkohol, Marihuana und Amphetamine. Am wenigsten gefährlich sowohl für die Kampfkraft der Truppe als auch für die einzelnen Soldaten dürfte dabei der Konsum von Marihuana gewesen sein. Wie ihre Kumpels zu Hause konsumierten manche Vietnamsoldaten während ihrer Ruhephasen Marihuana, und spätere Untersuchungen ergaben, dass sie dies zur Entspannung taten und dass viele von ihnen sich von diesem Konsum versprachen, den immensen Stress des Kriegsalltags besser aushalten zu können. Weil Marihuana mild und eher kurzfristig wirkt, ist nicht davon auszugehen, dass die Soldaten dadurch bei ihren Kampfeinsätzen beeinträchtigt wurden.

Medizinisch ungesünder und mit einem größeren Abhängigkeitspotenzial verbunden war hingegen der Konsum von Amphetaminpillen. Dieser war jedoch, anders als der Konsum von Marihuana und Heroin, militärisch gewollt und von Vorteil. Wie in anderen Kriegen zuvor wurden Amphetamine auch im Vietnamkrieg gezielt eingesetzt, um Soldaten im Dienst länger wach zu halten und ihre Leistungsfähigkeit kurzfristig zu steigern. Amphetamine, die unter dem Spitznamen »Speed« zu Hause in den USA inzwischen in die Kategorie der Problemdrogen gerutscht waren, dienten in Vietnam dem militärischen Zweck.

Vielleicht etwas gefährlicher als der Amphetaminkonsum war in der Summe wohl der Konsum von Heroin. Allerdings hielt sich auch hier der Schaden für Truppe und Individuum in Grenzen. Der hohe Reinheitsgrad schützte vor den Nebenwirkungen, die bei amerikanischem Straßenheroin die Schwarzmarkt-Verunreinigungen mit sich brachten. Weil die Soldaten ihr Heroin überwiegend rauchten und nicht spritzten, bestand keine Gefahr durch Infektionskrankheiten, die über die Spritzen weitergegeben werden konnten. Und weil Heroin im Körper schnell abgebaut wird, konnten die Soldaten dafür sorgen, dass sie beim nächsten Einsatz wieder nüchtern waren – was die meisten auch taten. Nur wenige entwickelten eine so starke Abhängigkeit, dass sie auch während der Einsätze konsumierten. Alle anderen nutzten Heroin als klassisches Beruhigungsmittel. Schon die Militärpsychiater, die sich vor Ort mit dem Substanzkonsum der Soldaten beschäftigten, kamen zu dem Schluss, dass diese sich mithilfe des Opiats eine Art »psychologische Anästhesie« verschafften. Es ist nicht belegbar, aber doch eine Überlegung wert, ob nicht manche von ihnen ihren Kriegseinsatz *besser* überstanden, weil sie diese Möglichkeit hatten.

Am schädlichsten für die einzelnen Soldaten wie auch für die

Truppe war der massenhafte Konsum von Alkohol: 88 Prozent der Soldaten tranken während ihrer Zeit in Vietnam. Anders als der Konsum von Marihuana und Heroin wurde die kollektive Trunkenheit von den Vorgesetzten teils gezielt gefördert. Die Besäufnisse während der Ruhephasen waren nicht nur gesundheitlich sehr schädlich für die Betroffenen, sie beeinträchtigten auch gleich in mehrfacher Hinsicht die Kampfkraft: Die einen wurden durch ihren Kater außer Gefecht gesetzt, die anderen erlitten unter Alkoholeinfluss psychische Zusammenbrüche, was übrigens bei den anderen Drogen kaum vorkam, und wieder andere trugen bei Raufereien Verletzungen davon, die ohne die enthemmende Wirkung von Alkohol nicht aufgetreten wären.

Auch mittel- und langfristig waren die Folgen des Konsums von Heroin und Marihuana unter Vietnamsoldaten deutlich weniger gefährlich, als es die Zeitgenossen ahnten. Noch in den frühen Siebzigern zeigten Untersuchungen, dass nur ein sehr kleiner Teil der Soldaten ihren Substanzkonsum auch nach der Entlassung aus dem Militär fortsetzte. Hier zeigte sich besonders deutlich, was später auch die Forschung bestätigen sollte: Für pathologischen Drogenkonsum braucht es nicht nur die Droge, sondern auch einen handfesten Grund in der Lebenswirklichkeit der Konsument*innen, Drogen zu konsumieren. Bei den meisten Vietnamsoldaten war ein solcher Grund während des Kriegseinsatzes gegeben, danach aber nicht mehr.

Ein solch differenzierender Blick auf den Drogenkonsum der Vietnamsoldaten stand jedoch den zeitgenössischen Beobachter*innen Anfang der Siebzigerjahre nicht zur Verfügung. Als die amerikanische Öffentlichkeit von diesem Konsum erfuhr, war sie seit ein paar Jahren an alarmierende Berichterstattung über Drogen gewöhnt: Neben dem Hype um die »LSD-Epidemie« erschienen in der Presse und im Fernsehen seit einiger Zeit regelmäßig düstere Reportagen über die Heroinjunkies in den Innenstädten. Überhaupt ging es in Film, Fernsehen und Zeitung immer häufiger um Drogen. 1964 waren in den USA 109 Artikel mit dem Wort »drugs« in der Schlagzeile veröffentlicht worden, 1969 waren es schon 558, also ein bis zwei pro Tag.

Mit entsprechend fast schon routiniertem Entsetzen reagierten deshalb Medien und Öffentlichkeit, als im Sommer 1971 zwei Kongressabgeordnete berichteten, ein großer Teil der amerikanischen Soldaten in Vietnam sei auf Drogen im Dschungel unterwegs. Im vorangegangenen April waren Morgan Murphy und Robert Steele auf Weltreise gegangen, um das »Welt-Heroinproblem« zu studieren. Ihre Reise hatte sie auch nach Südvietnam geführt, wo ein GI ihnen erklärte, inzwischen würden dort mehr Soldaten dem Heroin zum Opfer fallen als dem Krieg.

Der Verdacht war nicht ganz neu, bekam aber durch die Reise der Abgeordneten neue Plausibilität und einen Aufmerksamkeitsboost. Wild schwirrten in den Medien nun die Konsumzahlen durcheinander: Murphy und Steele schätzten, 10 bis 15 Prozent der Soldaten seien heroinabhängig, in manchen Einheiten seien es 25. Bald berichteten andere Medien über Raten von bis zu 60 Prozent, wobei selten präzise zwischen Gelegenheitskonsum und Abhängigkeit unterschieden wurde. Diese Zahlen sind überwiegend Fantasie. Spätere Untersuchungen zeigten, dass ungefähr ein Drittel der amerikanischen Soldaten in Vietnam Marihuana konsumierte. Das waren ungefähr so viele wie zu Hause. Wie dort probierte auch hier in etwa die Hälfte der Konsumenten die Droge seltener als zehn Mal. Zu einer Abhängigkeit kam es bei ihnen nicht. Heroinkonsum war hingegen in Vietnam deutlich verbreiteter als zu Hause: 34 Prozent der Soldaten probierten die Droge mindestens einmal, und ungefähr 20 Prozent konsumierten sie so regelmäßig, dass sich bei Abbruch des Konsums Entzugserscheinungen einstellten. Die Beobachter*innen konnten noch nicht wissen, dass nur weniger als ein Prozent der Heimkehrer dieses Konsumverhalten fortsetzen würden. Zu behaupten, Heroin fordere mehr Opfer als der Krieg, war jedoch schon zeitgenössisch erkennbar ungerechtfertigt: Zwischen 1969 und 1972 starben 20 695 US-Soldaten im Vietnamkrieg, die belegten Todesfälle in Zusammenhang mit Heroin belaufen sich hingegen auf 40. Tatsächlich war es jedoch für einen jungen GI 1971 wahrscheinlicher, dass er während seiner Zeit in Vietnam Heroin probieren als dass er sterben würde. In einem überhitzten Diskurs, in dem die Vorstellung kursierte, der erste Schuss führe zwangsläufig auf die schiefe Bahn und dann in ein Leben als Junkie, wurde jedoch zwischen »probieren« und »für immer süchtig sein« kaum ein Unterschied gemacht.

Plötzlich rechnete man also mit einer Welle von drogenabhängigen Soldaten, die nach ihrem Kriegseinsatz in die Heimat zurückkehren würden. Noch problematischer als diese Vorstellung allein war jedoch die daran geknüpfte Idee, Drogenkonsum sei ansteckend. Tatsächlich hatten sich die viel besprochenen Drogenprobleme mit Heroin, Marihuana und LSD ja in den vergangenen Jahren in ganz bestimmten Milieus ausgebreitet. Außerdem war die Presse bereits seit einer Weile dazu übergegangen, von Drogenepidemien zu sprechen. Seit 1970 kehrten nun immer mehr Soldaten aus Vietnam zurück, weil die US-Regierung dazu übergegangen war, den Konflikt zu »vietnamisieren«, ihn also der südvietnamesischen Armee zu überlassen und die eigenen Soldaten zu demobilisieren. Die Vorstellung, die heimkehrenden Soldaten würden nun ihre Abhängigkeit mitbringen und überall im Land die Drogenseuche ausbreiten, die bislang auf bestimmte Bereiche der Innenstädte und bestimmte Hippiekommunen begrenzt gewesen war, löste bei vielen Angst aus.

Diese Angst machte den Drogenkonsum der Vietnamsoldaten zu einem Aufreger. Doch es war ein anderer Aspekt dieses Konsums, der ihn für die Nixon-Regierung zu einem besonders hilfreichen Thema werden ließ. Seit seinem Amtsantritt war Vietnam Nixons größte und schwierigste Aufgabe. Der Konflikt war festgefahren, die Kriegsziele zunehmend schwerer zu kommunizieren, und niemand rechnete noch mit einem amerikanischen Sieg. Nixons Vorgänger Johnson hatte 1968 auf eine erneute Kandidatur ums Präsidentenamt verzichtet und sich stattdessen um die Beendigung des Konfliktes bemüht. Im Wahlkampf hatte Nixon nun behauptet, er habe einen geheimen Plan, wie er den Krieg endlich beenden könnte. Nachdem er die Wahl gewonnen hatte, bestand die Herausforderung nun darin, die USA tatsächlich aus dem Konflikt herauszuziehen, ohne dabei allzu offen einzugestehen, dass der Krieg verloren war.

Doch verloren war er unrettbar. Die Bilanz des Vietnamkonfliktes war desaströs. Zehntausende Menschen waren ums Leben gekommen, horrende Summen waren investiert worden, und doch blieb den US-Truppen am Ende nur ein Rückzug, ohne dass die Kriegsanstrengung die amerikanische Position in der Region oder im Kalten Krieg insgesamt irgendwie verbessert hätte. Im Gegenteil: Massaker, Napalmbomben und andere Menschenrechtsverletzungen hatten das Bild vom wohlmeinenden Westen international stark beschädigt. An dieser Situation war ausnahmsweise nicht Nixon persönlich schuld, doch ihm kam es gelegen, dass die GI-Heroinkrise eine Erzählung anbot, die die Schuld der US-Regierung insgesamt relativierte. Wie eine kleine narkotische Dolchstoßlegende konnte Heroin hier entlastend wirken: Vielleicht hatten demnach die Soldaten diesen Krieg verloren, weil sie high waren.

War on Drugs: Warum Nixon Drogen den Krieg erklärte

Vor diesem Hintergrund wird nachvollziehbar, warum Nixon sich 1971 dazu entschloss, seine Drogenpolitik auf ein neues Level zu heben. Inzwischen war die Öffentlichkeit davon überzeugt, sich in einer akuten Drogenkrise zu befinden. Im März 1971 ergab eine Gallup-Umfrage, dass das Drogenproblem unter den Problemen der Nation von den Befragten inzwischen als das drittwichtigste Problem überhaupt eingeordnet und damit für schwerwiegender gehalten wurde als der Vietnamkrieg. Gleichzeitig wuchs der Druck, den Krieg zu beenden. Im Mai lähmten massive Anti-Kriegs-Demonstrationen die Hauptstadt, bis Nixon die Demonstrant*innen zu Tausenden (übrigens häufig mithilfe der Drogengesetzgebung) verhaften ließ. Und dann begann im Juni auch noch die *New York Times* mit der Veröffentlichung der sogenannten *Pentagon Papers*. Aus dieser Studie des Pentagons ging hervor, in welchem Ausmaß die Regierung und ihre drei Vorgängerinnen den Krieg in Vietnam hatten eskalieren lassen, ohne die Öffentlichkeit darüber ausreichend zu informieren.

Diesen Moment wählte Nixon, um seine drogenpolitische Leuchtrakete abzufeuern und sich so aus der politischen Defensive zu befreien. Am 17. Juni 1971 trat er vor die Presse und lieh sich eine Anslinger-mäßige Formulierung aus dem Marihuanafilm *Reefer Madness*, als er verkündete: Drogenmissbrauch sei der Staatsfeind Nummer eins (»Public Enemy Number One«), und er plane eine kompromisslose Offensive gegen dieses Übel. Aus der amerikanischen Drogenpolitik wurde so der *War on Drugs*.

Nixon lenkte damit die Aufmerksamkeit auf ein Feld, auf dem er sich neue Gestaltungsmacht erhoffte. Als Ablenkungsmanöver eignete sich diese Strategie hervorragend: Anders als beim Vietnamkrieg war beim Krieg gegen die Drogen noch nicht das letzte Mittel ausgereizt. Außerdem war in diesem Bereich unklar, gegen wen genau der Krieg geführt wurde und unter welchen Bedingungen er gewonnen wäre, sodass Warnungen und Erfolgsmeldungen nach Belieben hoch- und heruntergespielt werden konnten – zumal die Drogenmärkte Schwarzmärkte waren und deshalb über die Fortschritte des nun folgenden Drogenkrieges kaum verlässliche oder gar überprüfbare Informationen erhältlich waren. Nicht zuletzt war der *War on Drugs* auch eine direkte Antwort auf die Heroinkrise in Vietnam: Wenn Heroin die Soldaten lahmgelegt hatte, musste Uncle Sam nun gegen Heroin vorgehen, um sie wieder fit zu machen und die alte amerikanische Stärke wiederherzustellen. Indem Nixon seine Drogenpolitik so auch als Teil seiner Vietnampolitik einordnete, gelang es ihm, den Drogenjoker sogar in diesem festgefahrenen Zusammenhang auszuspielen.

In diesem Sinne begann Nixon seinen *War on Drugs* dann auch nicht mit einer amerikaweiten Drogenrazzia oder mit der Bombardierung von Drogenfeldern am anderen Ende der Welt – das kam später. Vielmehr war die erste Maßnahme der neuen Drogenoffensive ein großer Pipitest. In der Rede, mit der er den Drogen den Krieg erklärte, verkündete Nixon die Gründung eines neuen Drogenbüros im Weißen Haus, das sich als Allererstes um die Vietnamsoldaten kümmerte. Wer nach seinem Kriegseinsatz nach Hause wollte, musste fortan erst in einen Becher pinkeln. Nur wer clean war, durfte ins Flugzeug, alle anderen mussten zuerst einen Entzug machen.

Tatsächlich ging schon bald nach Beginn der systematischen Urinanalysen die Zahl der positiv Getesteten zurück. Das lag vermutlich vor allem daran, dass Heroin sich nur vier Tage nach dem letzten Konsum im Urin nachweisen lässt und der Test somit heimkehrwillige Gelegenheitskonsumenten nicht erfasste, sondern nur solche, die ihren Konsum nicht mehr ohne Weiteres einstellen konnten. Nicht unerheblich mag auch gewesen sein, dass schon bald ein reger Handel mit sauberem Urin unter den Soldaten entstand. Insgesamt galt die von Spaßvögeln so genannte *Operation Golden Flow* jedoch schon bald als Erfolg, auch weil den süchtigen Veteranen nun jede Hilfe angeboten wurde, die die amerikanische Drogenmedizin zu bieten hatte: Ungewöhnlich liberal setzte die neue Drogenbehörde auch Methoden ein, die bisher vor allem von Konservativen eher kritisch beäugt worden waren, wie zum Beispiel die Substitutionstherapie mit Methadon. Wieder einmal ließ sich hier beobachten, wie sehr die Methoden der Drogenpolitik davon abhingen, *wer* betroffen war: Therapien, die den Afroamerikaner*innen in den Großstädten weitgehend verwehrt blieben, standen für die heimkehrenden jungen Männer, die gerade ihr Leben für die Nation aufs Spiel gesetzt hatten, plötzlich zur Verfügung. Wieder war hier die alte Logik des doppelten Suchtkonzeptes am Werk: Während die einen selber schuld waren an ihrem Konsum, wurden die anderen als krank und unschuldig betrachtet. Letztere brauchten Hilfe, Erstere mussten bestraft werden.

Schon bald ging die Nixon-Regierung dann genau dazu über. Während es mit großen Schritten auf die Präsidentschaftswahl von 1972 zuging, startete die erste große Offensive des *War on Drugs*. Im Inland wurde sie geführt von einer neuen Drogenbehörde namens ODALE (*Office of Drug Abuse Law Enforcement)*, die die lokalen Polizeibehörden bei der Drogenfahndung unterstützte. Systematisch eskalierte und militarisierte diese Behörde den Drogenkrieg in den ärmeren Vierteln der Großstädte. Dazu nutzte sie regelmäßig die neuen Freiheiten, die das Drogengesetz von 1970 ihr einräumte, und schlug reihenweise ohne richterlichen Beschluss die Türen von Leuten ein, von denen sich erst später herausstellte, ob und inwiefern sie an Drogengeschäften beteiligt waren. Die eigentliche Drogenbehörde, die inzwischen nicht mehr FBN sondern *Bureau of Narcotics and Dangerous Drugs* (BNDD) hieß, machte nur selten von ihren neuen Freiheiten Gebrauch: Zwischen 1971 und 1973 sind nur vier solche so genannte »no-knock raids« dokumentiert. ODALE dagegen stand allein zwischen April 1972 und Mai 1973 1439 Mal in den Wohnräumen von Verdächtigen.

So nahm seinen Lauf, was die Juristin und Bürgerrechtlerin Michelle Alexander als den Aufbau eines neuen Jim-Crow-

Systems der gezielten faktischen Benachteiligung von Afroamerikaner*innen bezeichnet. Kaum war die Tinte getrocknet, mit der Präsident Johnson das letzte Bürgerrechtsgesetz zur rechtlichen Gleichstellung der Afroamerikaner*innen unterzeichnet hatte, begann die Entrechtung ebendieser mit den Mitteln der Drogenpolitik. Obwohl Drogenkonsum in der gesamten amerikanischen Gesellschaft verbreitet war und auf dem Papier für alle die gleichen Gesetze galten, wurden in den folgenden Jahren und Jahrzehnten vor allem Afroamerikaner*innen, Hispanics und andere marginalisierte Minderheiten aufgrund von Drogendelikten verfolgt, verurteilt, eingesperrt und entrechtet.

Der Mechanismus, der diese bis heute andauernde Ungerechtigkeit hervorbrachte und den USA seit Jahren die weltweit höchste Inhaftierungsrate beschert, ist denkbar einfach und auch in anderen Ländern zu beobachten: Weil so viele Menschen in den USA Drogen konsumieren, ist es für die Polizeibehörden unmöglich, sie alle zu verfolgen. Also konzentrieren sie sich auf bestimmte Stadtteile und Bevölkerungsgruppen. Rassistische Vorurteile führen dazu, dass die Beamt*innen besonders häufig Afroamerikaner*innen und andere ethnische Minderheiten auf Drogen kontrollieren. Wo besonders oft gesucht wird, wird dann auch besonders viel Stoff gefunden – und schon bestätigen die Drogenstatistiken, was die Beamt*innen ja schon vorher zu wissen glaubten, und der Rassismus des *racial profiling* verschafft sich so selbst die verzerrten Zahlen, die dann als Evidenz benutzt werden, um diese Strategie zu rechtfertigen.

Nixon trägt bei Weitem nicht allein die Verantwortung für den Aufbau dieses Systems, an dem in den folgenden Jahrzehnten andere Regierungen munter weiterbauten. Einen besonderen Schub gab Ronald Reagan der systematischen Diskriminierung, als er in den 1980ern auf die »Crackepidemie« mit einer weiteren Verschärfung der Gesetze reagierte und afroamerikanische Crackkonsument*innen besonders hart zu bestrafen begann, obwohl sowohl Crack als auch sein sehr naher Verwandter, das Puderkokain, in allen Bevölkerungsgruppen konsumiert wurden. Massenweise landeten junge, arme Afroamerikaner*innen in der Folge in den Gefängnissen. Ihre Strafen fielen 100 Mal so hart aus, wenn sie mit Crack erwischt worden waren, als wenn sie die entsprechende Menge in Form von Puderkokain bei sich gehabt hätten.

Auch Bill Clinton trug seinen Teil zu der Ausdifferenzierung dieses Systems bei, denn rassistische Drogenpolitik war keineswegs nur eine Gewohnheit der Republikaner. Doch Nixon war es, der zeigte, wie politisch opportun es sein konnte, sich in Bezug auf Drogen ein robustes *Law-and-Order*-Profil zuzulegen. Bis heute gehört es in US-amerikanischen Wahlkämpfen zum guten Ton, sich in Bezug auf Drogen als »tough« zu geben, und der Vorwurf, jemand sei in drogenpolitischen Dingen ein Weichling (»soft on drugs«), bleibt ein beliebter Schachzug, um politische Gegner*innen zu schwächen.

Doch Nixons *War on Drugs* machte an den amerikanischen Grenzen nicht halt. Seit der Ära Anslinger war US-Drogenpolitik immer auch Außenpolitik gewesen: Weil den Drogen selbst und ihren Händler*innen die größte Verantwortung für das Drogenproblem zugemessen wurde, versuchte das FBN seit den Fünfzigerjahren, das Drogenangebot zu kontrollieren. Dafür verfolgten amerikanische Drogenagenten die Lieferketten über den ganzen Globus zurück und versuchten, den Export in die USA zu stoppen. Über all die kreativen Strategien, die sie zu diesem Zweck entwickelten, lässt sich ein eigenes dickes Buch schreiben.[31] Mit Nixons Kriegserklärung an die Drogen von 1971 bekamen diese Bemühungen ganz neuen Schwung. Innerhalb von kürzester Zeit wurden die drogenpolitischen Projekte in Anbau- und Transitländern massiv ausgebaut und beschäftigten nun nicht mehr nur die Drogenbehörde, sondern auch das Weiße Haus und vor allem das Außenministerium. Wo in den Fünfziger- und

Sechzigerjahren einzelne Agenten versucht hatten, Drogenhändler im Ausland zu überführen, wurden nun ganze drogenpolitische Programme aufgestellt: Die USA bauten in Dutzenden Ländern Drogenbüros auf, bildeten Polizisten aus, schickten Ausrüstung und Hilfsgelder und mischten sich nun zunehmend auch in die Methoden der Drogenbekämpfung ein.

Der Vietnamkrieg ging zwar trotzdem verloren, doch innenpolitisch war Nixons Strategie der drogenpolitischen Flucht nach vorne ein voller Erfolg. Welchen Stellenwert der *War on Drugs* für sein Wahlergebnis von 1972 letztlich hatte, ist zwar schwer zu bestimmen, vor allem weil auch sein überraschender Besuch in China im Februar 1972 viele Wähler*innen beeindruckt hatte. Doch geschadet hatte die drogenpolitische Offensive ihm wohl nicht: Im November 1972 stimmten 60,7 Prozent der Wähler*innen für den republikanischen Kandidaten, und er gewann in 49 von 50 Bundesstaaten die Wahl – ein Erdrutschsieg und der Höhepunkt seiner Beliebtheit, bevor kurz darauf der Sturzflug begann, der mit seiner Amtsenthebung endete.

Schon vor Nixons Amtsantritt waren Drogen in den USA ein Thema der öffentlichen Debatte gewesen, und auch ohne ihn hätte sich im Lauf der Siebzigerjahre die Drogenpolitik zu einem wichtigen Politikfeld entwickeln können. Die massive drogenpolitische Offensive namens *War on Drugs* hätte jedoch in diesem Format wahrscheinlich nicht stattgefunden, wäre sie nicht auf so vielen Ebenen für Nixons persönliches politisches Fortkommen opportun gewesen. Die wichtigsten Zusammenhänge, in denen Drogenpolitik (oder auch nur drogenpolitische Versprechungen) Nixon helfen konnten, waren erstens die Proteste der Hippies, Studenten und Neuen Linken, zweitens die Bürgerrechtsbewegung in Kombination mit der sozialen

Krise in den innerstädtischen Armenvierteln und drittens der Vietnamkrieg.

In allen drei Zusammenhängen konnte Drogenpolitik doppelt hilfreich sein: Das Versprechen, gegen die Drogen der Hippies, die Drogen der Afroamerikaner*innen und die Drogen der Vietnamsoldaten vorzugehen, konnte von der Wählerschaft gelesen werden als Versprechen, dass dadurch Recht und Ordnung in allen drei Bereichen wiederhergestellt werden würden. Gleichzeitig konnte Nixon hoffen, mithilfe der Drogengesetze tatsächlich die staatliche Kontrolle über die betroffenen gesellschaftlichen Gruppen zu vergrößern.

Gezielt nutzten er und sein enger Vertrauter und Justizminister John Mitchell die eigenhändig verschärfte Drogengesetzgebung, um reihenweise Demonstrierende aus dem Dunstkreis der Gegenkultur aufgrund von Drogendelikten festzunehmen und um systematisch Einheiten der Drogenpolizei in die Innenstädte zu schicken, wo diese die afroamerikanische Bevölkerung zu malträtieren begann. Und auch die Vietnamsoldaten gerieten mittels Drogengesetzgebung unter den strengen Blick der Behörden: Die massenhafte Anwendung von Urintests zur Kontrolle des individuellen Konsumverhaltens ließ den Staat auf ganz neue Weise in die Körper seiner Bürger hineinschauen. In der Folge endete diese Praxis keineswegs mit dem Abzug aus Vietnam. Vielmehr sind bis heute systematische Drogenscreenings in vielen US-amerikanischen Unternehmen Standard.

1994 brachte Nixons Berater und Watergate-Komplize John Ehrlichman vereinfachend auf den Punkt, welche Funktion Nixons Drogenpolitik gehabt hatte. Bei einem Interview erklärte er:

> *»Das Weiße Haus unter Nixon hatte zwei Feinde: die linken Kriegsgegner und die Schwarzen. […] Wir wussten, wir konnten weder verbieten, gegen den Krieg zu sein, noch schwarz zu sein, aber indem wir die Öffentlichkeit dazu brachten, die Hippies mit*

Marihuana zu assoziieren und die Schwarzen mit Heroin, und indem wir dann beides kriminalisierten, konnten wir diese Communitys unter Druck setzen. Wir konnten ihre Anführer verhaften, in ihre Häuser einfallen, ihre Treffen auflösen und sie Abend für Abend in den Nachrichten verleumden. Ob wir wussten, dass wir über die Drogen logen? Selbstverständlich.«[32]

Hier spricht ein zynischer alter Mann, der nichts mehr zu verlieren hat, weil man sich an ihn sowieso vor allem im Zusammenhang mit Watergate erinnert. Genüsslich lässt er die Dinge im Rückblick etwas einfacher erscheinen, als sie waren. Nixon hatte das Drogenproblem nicht selbst herbeigezaubert, um es dann gegen seine politischen Gegner einzusetzen. Ohne den bereits sehr stabilen Prohibitionskonsens, die öffentliche Aufregung über Drogen und die breite politische Unterstützung für harte drogenpolitische Maßnahmen hätte er mit seinem *War on Drugs* keinerlei Blumentöpfe gewinnen können. Anders gesagt: Es war nicht Nixon allein, der den *War on Drugs* anzettelte, es war auch seine »schweigende Mehrheit«, die ihn dafür beklatschte und wiederwählte. In einem trifft Ehrlichmans pointierte Deutung von Nixons drogenpolitischem Kalkül jedoch sicher zu: Es ging Nixon nicht in erster Linie darum, möglichst schnell und möglichst effizient das Drogenproblem zu lösen, und es ging ihm erst recht nicht darum, mit seiner Drogenpolitik möglichst vielen Betroffenen tatsächlich zu helfen.

Was für Nixon und seine Berater gilt, gilt dagegen noch lange nicht für all die Beamten (und viel seltener: Beamtinnen) in den Drogenbehörden und im *State Department*, die den *War on Drugs* in den folgenden Jahrzehnten tatsächlich führten. Aus vielen der Dokumente, die sie während dieser Arbeit archivmeterweise produzierten, geht hervor, dass die meisten von ihnen ehrlich um eine Lösung des Problems bemüht waren. Sie waren lange überzeugt davon, dass der Krieg gegen die Drogen mit den

Methoden, die Brent, Anslinger und Nixon entwickelt hatten und die sie nun kreativ und pragmatisch weiterentwickelten, das Problem lösen könnte. Für sie diente die Drogenpolitik nicht allein einer möglichst erfolgreichen Wiederwahl oder ähnlich zynischen Zielen, wie Ehrlichman es nahelegt.

So folgte auf die Drogenkrisen der Sechziger also der Drogenkrieg der Siebziger. Plötzlich standen nun für drogenpolitische Maßnahmen im In- und im Ausland deutlich mehr Geld und personelle Ressourcen zur Verfügung. Die Drogenpolitik bekam national und auch international nun schubhaft mehr Aufmerksamkeit – und sie gewann in den diplomatischen Beziehungen der USA deutlich an Gewicht. Seit Nixons Kriegserklärung an die Drogen von 1971 ging die amerikanische Drogenpolitik nun nicht mehr nur die Amerikaner*innen an, denn der *War on Drugs* fand nicht nur als Bürgerkrieg gegen den Drogen konsumierenden Teil der eigenen Bevölkerung statt. Geführt wurde er vielmehr gleichzeitig auch als diplomatischer Dauerkonflikt mit einer ganzen Reihe von verbündeten Staaten sowie als globaler Guerillakrieg an den Grenzen der staatlich beherrschten Räume – teilweise am anderen Ende der Welt.

10

VON AMERIKA NACH DEUTSCHLAND (UND IN FAST ALLE WELT)

Opiumgesetz ohne Drogenproblem: Der Import der Prohibition nach Deutschland

Schon seit Bischof Brent zu Beginn des 20. Jahrhunderts zu dem Schluss kam, dass die Umsetzung der Drogenprohibition auf den Philippinen ein internationales Projekt sein müsste, weil er all die kleinen Inseln einfach nicht vor Schmuggel würde schützen können, war Drogenpolitik immer auch eine internationale Angelegenheit gewesen. Während die USA ihre eigene Drogenprohibition in Gesetze gossen und Institutionen aufbauten, die diese in die Tat umsetzten, bemühten sie sich stets gleichzeitig darum, dass andere Länder das Gleiche taten, und zwar möglichst in ähnlicher Weise. Schon seit auf Brents Initiative hin die Kommission von Schanghai einberufen wurde, deren Vorsitz er gleich selbst übernahm, erhoben US-amerikanische Diplomaten den Anspruch auf eine Führungsrolle auf diesem Gebiet. Nicht zuletzt ließ auch Anslinger selbst es sich nicht nehmen, bei internationalen Verhandlungen persönlich die amerikanischen Interessen zu vertreten und die internationalen Prohibitionsbemühungen mitzugestalten.

Auf einer Reihe von Konferenzen schufen die Drogendiplomaten im Lauf der ersten Hälfte des 20. Jahrhunderts ein internationales Prohibitionssystem. Es sollte dazu dienen, dass die nationalen Prohibitionsbemühungen des einen Staates nicht durch Drogenexporte eines anderen torpediert werden konnten, wie es nach den Opiumkriegen zwischen Großbritannien und China geschehen war. Abgesehen von Außenhandelsbestimmungen, die den Export von Drogen an Länder verboten, in denen diese Drogen nicht legal waren, kümmerten sich die internationalen Drogenkonferenzen außerdem schon früh auch um die Schwarzmärkte. Sie richteten im Rahmen des Völkerbundes Behörden ein, die die Produktion von Drogen weltweit überwachen sollten. Langfristig wollten sie dafür sorgen, dass von den als gefährlich empfundenen Drogen nur so viel produziert würde, wie die Weltgemeinschaft zu medizinischen Zwecken brauchte.

Vor allem aber wurde die internationale Drogenpolitik seit den 1920er-Jahren zu einer Echokammer, in der sich eine selbstverstärkende Dynamik des Verbietens entwickelte. Erst hatte man sich darauf geeinigt, dass Strafgesetze und Strafverfolgung die sinnvollsten Strategien der Drogenbekämpfung seien. Jeder Staat, der die internationalen Verträge unterzeichnete, sollte von nun an eigene Prohibitionsgesetze verabschieden und umsetzen. Zunächst regten sich gegen dieses Vorgehen aus unterschiedlichen Gründen Widerstände, doch diese wurden nach und nach abgebaut oder gebrochen, bis nur noch wenige Länder übrig waren, die sich der Prohibitionspolitik entzogen.

Außerdem wurde mit der Genfer Opiumkonvention von 1925 ein Mechanismus geschaffen, der das System der Drogenverbote zum Wachsen verurteilte. Es gab nun eine konkrete Liste von »Drogen«, die die Nationalstaaten gesetzlich zu kontrollieren hatten, und Regeln, wie Substanzen zu dieser Liste hinzugefügt werden konnten. Dass Substanzen von dieser Liste auch wieder gestrichen werden könnten, war zwar theoretisch möglich, aber erst einmal nicht vorgesehen. Wie Fliegenpapier zog dieser Mechanismus in den folgenden Jahrzehnten immer mehr Stoffe an. Klebten sie einmal fest, starben sie in ihrer Funktion als Heilmittel oft einen qualvollen Tod – und weil die Genfer Drogenkonvention und ihre Nachfolgeabkommen für alle Staaten galten, die sie unterzeichneten, folgten auf nationale Probleme mit einzelnen Stoffen nun internationale Verbotswellen, ohne dass dafür auch in den anderen Ländern Probleme mit diesen Stoffen bestehen mussten.

So geschah es nach 1925 zum Beispiel mit Cannabis: Weil Haschisch in Ägypten als Problem wahrgenommen wurde, gelangte *Cannabis indica* auf die Verbotsliste und wurde deshalb in vielen Ländern verboten – ob es dort nun Hanfprobleme gab oder nicht. Auf diesem Wege rutschte Cannabis auch in das deutsche Opiumgesetz hinein. Das Opiumgesetz war das erste umfassende deutsche Drogengesetz. Zwar hatte seit 1901 eine kaiserliche Verordnung für Opiate, Kokain und eine ganze Reihe anderer Medikamente eine Apothekenpflicht eingeführt. Ärztliche Verschreibungspflichten gab es jedoch noch keine. Das änderte sich weder 1909 mit den unverbindlichen Ergebnissen der Opiumkommission von Schanghai noch mit der Haager Opiumkonvention von 1913, die das Deutsche Reich nicht ratifizierte und die aufgrund einer Reihe von fehlenden Unterschriften nicht in Kraft treten konnte. Erst 1920 befasste sich Berlin wieder mit der Regulierung des Arzneimittelhandels, denn 1919 hatten die Siegermächte des Ersten Weltkrieges eine Zustimmung zur Haager Konvention zur Bedingung für die Pariser Friedensordnung gemacht. So verabschiedete die erste deutsche Demokratie gleich 1920 das »Gesetz zur Ausführung des Internationalen Opiumabkommens vom 23. Januar 1912«, das Opiate und Kokainprodukte verschreibungspflichtig machte und Zuwiderhandlungen mit milden Strafen belegte.

1929 ersetzte dann der Reichstag dieses hastige Provisorium durch das deutsche Opiumgesetz. Wie in der Genfer Konvention von 1925 vorgeschrieben, tauchte hier nun plötzlich auch der indische Hanf auf, der ebenfalls nur noch gegen Rezept zu haben sein sollte. Die Liste der verschreibungspflichtigen und so kontrollierten Stoffe wurde außerdem durch dieses Gesetz für den deutschen Gesetzgeber geöffnet: Es war nun möglich, ihr neue Stoffe hinzuzufügen. Aus dem Opiumregime wurde so im Handumdrehen ein Drogenregime.

Umstritten war die Verabschiedung des Opiumgesetzes im Reichstag nicht: Dort gab es während allen erforderlichen Beratungsrunden keine Wortmeldungen, und der erste Gesetzesvorschlag wurde ohne Debatte innerhalb von wenigen Minuten unverändert angenommen. Auch in den Unterlagen des Reichsgesundheitsamts deutet nichts darauf hin, dass Drogenabhängigkeit im Deutschland der späten Zwanzigerjahre zu einem der drängenden politischen Themen gezählt wurde. In einer »Denkschrift über die gesundheitlichen Verhältnisse des deutschen Volkes im Jahre 1927« gibt es zwar ein Kapitel zu »Alkoholismus, Nikotinismus, Morphinismus«[33]. Die Statistiken, die dort genannt werden, zeigen jedoch, dass es sich bei problematischem Drogenkonsum zahlenmäßig um ein Randphänomen handelte, das auch noch nicht unter der allgemeinen Kategorie »Drogen« verhandelt wurde.

Zwar hatte die Zahl der »Morphinisten«, die in »Nervenheilanstalten« in dieser Zeit mehr verwahrt als geheilt wurden, nach dem Ersten Weltkrieg etwas zugenommen – aber eben von insgesamt ungefähr 500 Patient*innen vor dem Krieg auf etwa 1700 Patient*innen im Jahr 1927. Dieser Anstieg war kein Zeichen dafür, dass Drogenkonsum sich als allgemeines Phänomen in der deutschen Gesellschaft verbreitete. Vielmehr handelte es sich bei den Konsumenten in erster Linie um Kriegsveteranen, die im und nach dem Krieg mit Morphium behandelt worden waren und dabei eine Abhängigkeit entwickelt hatten, die sie nun erst verzögert oder auch gar nicht wieder ablegten – so wie viele Veteranen des Amerikanischen Bürgerkrieges in den 1860er-Jahren. Bei einer Gesamtbevölkerung von über 62 Millionen Menschen bedeutete das, dass vor dem Krieg 0,0008 Prozent von einer Morphiumabhängigkeit betroffen waren, und nach dem Krieg dann 0,003 Prozent.

Es handelte sich also um das Problem einer kleinen Randgruppe, nicht aber um ein gesamtgesellschaftliches Phänomen. Noch einmal deutlich geringer waren die Todeszahlen: 1927 starben in Deutschland (jedenfalls nach Kenntnis des Gesundheitsamts) 100 Menschen an ihrem Konsum von Morphium oder anderen Opiaten. An den Folgen ihres Kokainkonsums starben vier. So tragisch jeder einzelne dieser Tode war, im Vergleich mit den Opferzahlen von Alkoholismus waren diese Zahlen klein: 1926 waren über 17 000 Menschen wegen Alkoholabhängigkeit in Krankenhäusern oder Heilanstalten untergebracht, und 335 von ihnen starben. Wie viele Menschen außerhalb der Kliniken an alkoholbedingten Erkrankungen starben, ist nicht ermittelbar, doch vermutlich waren es sehr viel mehr.

Der nicht medizinische Konsum von Morphium und Kokain war demnach kein verbreitetes Problem der späten Weimarer Republik. Cannabis aber tauchte in der oben zitierten Denkschrift des Gesundheitsamtes gar nicht erst auf. Als Gesundheitsproblem wurde es amtlicherseits nämlich nicht wahrgenommen, als 1929 das Opiumgesetz verabschiedet wurde. So stand auch in der Begründung zur zweiten Fassung des Opiumgesetzes von 1930 ganz unverblümt, eine »suchtmäßige Verwendung« des indischen Hanfs sei in Deutschland nicht bekannt. Trotzdem müsse es in das Gesetz aufgenommen werden, damit die Bestimmungen des Genfer Opiumabkommens erfüllt wären.[34]

Dass es in Deutschland seit den 1920er-Jahren ein Drogengesetz gab, das den Konsum bestimmter psychoaktiver Substanzen nur zu medizinischen Zwecken erlaubte und die Kontrolle dieser Norm der Ärzteschaft übertrug, war also keineswegs das Ergebnis eines politischen (und schon gar nicht eines demokratischen) Prozesses, der irgendetwas mit einem deutschen Drogenproblem zu tun gehabt hätte. Das Opiumgesetz war ein Gesetz zur Arzneimittelkontrolle, das den Umgang mit bestimmten Stoffen regelte und bei Verstößen milde Strafen androhte. Damit passte das Opiumgesetz gut zur deutschen Situation in der Zwischenkriegszeit, denn der Missbrauch von Morphium und Kokain war zu dieser Zeit ein Medikamentenmissbrauch. Der Historiker Detlef Briesen zeigt, dass die wichtigsten Konsumgruppen mittleren Alters waren und vor allem aus medizinischem Personal, Kriegsveteranen und Schwerkranken bestanden, die jeweils Zugang zu diesen Stoffen hatten und dann die Grenzen des medizinischen Gebrauchs so lange dehnten, bis ihr Gebrauch als Missbrauch galt. Drogenkonsum, der in einem ganz anderen Kontext als dem medizinischen stattgefunden hätte, war hingegen in Deutschland unbekannt.

Eine Drogenkrise, wie sie in den USA gegen Ende des 19. Jahrhunderts erstmals aufgetreten war, sucht man in Deutschland also um diese Zeit vergebens. Deswegen war das Opiumgesetz kein klassisches Prohibitionsgesetz, das problematisches Konsumverhalten in der Bevölkerung durch Strafandrohung hätte verhindern sollen.

Neue, erste deutsche Welle: Westdeutscher Drogenkonsum seit den Sechzigerjahren

Das änderte sich auch in den Jahrzehnten nach der Verabschiedung des Opiumgesetzes zunächst nicht. Während der Zeit der nationalsozialistischen Herrschaft waren Drogenprobleme kein prägendes Thema. Allerdings wurden Substanzabhängige von den Nationalsozialisten stigmatisiert und brutal verfolgt: Aus Sicht der Nazis und auch aus Sicht ihrer sozialdarwinistischen Vordenker entstanden Süchte nicht aufgrund von moralischen Verfehlungen, vielmehr wurden sie als Erbkrankheiten verstanden. Innerhalb des nationalsozialistischen Systems der »Rassenhygiene« war diese Interpretation sehr gefährlich für die Betroffenen. Die Träger*innen von Erbkrankheiten bedrohten mit ihrer Existenz die Gesundheit des »Volkskörpers«. Weil aber ihre Krankheiten nicht als heilbar galten, gingen die Nazis brutal nicht etwa gegen die Krankheit vor, sondern vor allem gegen die Patient*innen selbst. Wer von Alkohol, Morphium oder anderen Drogen abhängig war, wurde von den Nazis in der Hierarchie der Verfolgten als »Asozialer« gebrandmarkt, galt als »Schädling« und konnte zu Entzugsmaßnahmen gezwungen, entmündigt oder sterilisiert werden. Im späteren Verlauf der eugenischen Gewaltverbrechen wurden Abhängige auch in Konzentrationslager deportiert und ermordet. Auch wenn ihre Verfolgung und Ermordung für die Nationalsozialisten keine Priorität hatten, wurde die Stigmatisierung von Drogenabhängigen in Deutschland auf diese Weise enorm verstärkt. Die noch heute verbreitete (und nicht zutreffende) Vorstellung, wer einmal abhängig sei, könne nie wieder von seiner oder ihrer Droge loskommen, geht unter anderem auch auf die Suchtkonzepte der Nazis und ihrer eugenischen Vordenker zurück. Der Politikwissenschaftler Tilmann Holzer hat nachgewiesen, dass diese Ideen nach dem Krieg von ehemaligen nazitreuen Beamten und Ärzten in die Institutionen von Justiz und Politik, Gerichtsmedizin und Psychiatrie, Kriminalpolizei und Bundesopiumstelle hineingetragen wurden und dort bis lange in die Bundesrepublik hinein überlebten.

Verfolgt wurden von den Nazis dabei in erster Linie Alkoholabhängige, denn der Missbrauch von illegalen Drogen wie Kokain, Morphium und Heroin war wie schon in der Weimarer Republik auch während der Nazizeit wenig verbreitet. Dass nicht nur in der Wehrmacht, sondern auch in der Zivilbevölkerung massenhaft Amphetamine geschluckt wurden, ändert daran nichts, denn das Methamphetamin »Pervitin«, das die Soldaten und Arbeiter*innen als »Panzerschokolade« wach und leistungsfähig machte, wurde nicht in diesem Sinne als Droge wahrgenommen.

Wie groß der Einfluss der nationalsozialistischen Stigmatisierung von Abhängigkeit auf die Einstellung der Deutschen zu Drogen in Nachkriegsdeutschland war, ist schwer zu bestimmen. Möglicherweise war das Thema während der Dreißiger- und Vierzigerjahre zu unwichtig, um eine breite Wirkung zu entfalten. Denkbar ist aber auch, dass die Stigmatisierung der Abhängigen durchaus wahrgenommen wurde, in der (ohnehin schleppenden) Aufarbeitung der NS-Geschichte nach dem Krieg dann aber fast gar nicht vorkam und gerade deshalb in den Köpfen hängen blieb – weil dieses menschenverachtende Urteil der Nazis nie korrigiert wurde. Erst 2020 wurden die sogenannten »Asozialen« vom Deutschen Bundestag überhaupt als Opfergruppe anerkannt. Die Untergruppe der Substanzabhängigen kam jedoch auch in dieser verspäteten (und pandemiebedingt kaum wahrgenommenen) Auseinandersetzung so gut wie nicht vor.

Wenn sich nach dem Krieg die Deutschen noch an die Stigmatisierung von Süchtigen unter den Nazis erinnerten, hatten sie jedenfalls wenig Gelegenheit, diese Ressentiments zu pflegen, denn auch nach 1945 blieb gewohnheitsmäßiger Drogenkonsum in den Besatzungszonen und dann in der jungen Bundesrepublik ein Randphänomen. Es war eine kleine Gruppe meist einigermaßen gut integrierter und somit unauffälliger Konsument*innen, die in dieser Phase gewohnheitsmäßig Drogen nahmen. Manche von ihnen waren erneut Kriegsveteranen, die meisten aber arbeiteten in Berufen, durch die sie Zugang zu missbrauchbaren Medikamenten hatten.

In der DDR war der gewohnheitsmäßige Gebrauch der klassischen illegalen Drogen noch weniger verbreitet: Heroin, Kokain oder Marihuana waren hier so gut wie nicht erhältlich. In dieser Hinsicht scheint hier auf den ersten Blick spätestens seit dem Mauerbau von 1961 annähernd der Zustand geherrscht zu haben, nach dem sich Harry Anslinger in den USA so lange vergeblich sehnte – wenn auch die Methoden, die zu diesem Zustand führten, vielleicht doch nicht seinem Geschmack entsprochen hätten. Von den westlichen Märkten war das Land durch den Eisernen Vorhang weitgehend abgeschnitten, und ein strenges, autoritäres System sozialer Kontrolle sorgte intern dafür, dass im Ostblock wenig Drogenkonsum stattfand.

Das jedenfalls gilt für die klassischen Drogen des Westens, also für Morphium, Kokain, Marihuana und Heroin. Nimmt man es etwas genauer, entpuppt sich jedoch das Bild von der drogenfreien DDR als Zerrbild, das der SED-Propaganda auf den Leim geht. Die behauptete stur, Drogenprobleme seien eben ein Symptom der kapitalistischen Dekadenz, die im Sozialismus natürlicherweise nicht aufträten – eine sehr ressourcenschonende und ideologisch stromlinienförmige Strategie der Drogenpolitik, bei der das Problem gar nicht erst diskutiert werden muss, weil seine Existenz aus ideologischen Gründen von vornherein ausgeschlossen ist. Dass auch in der DDR massenhaft Substanzmissbrauch stattfand, wurde im Dienste dieser Erzählung geflissentlich unter den Teppich gekehrt. Viele DDR-Bürger*innen tranken – wie ihre sozialistischen Brüder und Schwestern in der Sowjetunion – sehr viel Alkohol oder missbrauchten Medikamente, doch diese Phänomene wurden systematisch tabuisiert oder bei Bedarf als Einzelfälle abgetan und mit persönlichen Charakterdefiziten erklärt.

In beiden Teilen Deutschlands gab es also in der Nachkriegszeit aus unterschiedlichen Gründen kein nennenswertes Drogenproblem. Doch das Opiumgesetz aus der Weimarer Republik überstand den Krieg und fand seinen Weg in die Gesetzbücher der Bundesrepublik. Bis in die Sechzigerjahre hinein blieb es jedoch ein Stück Papier ohne große Wirkung. Anders als in den USA wurde es nicht die Grundlage für ein ausdifferenziertes Prohibitionssystem, das auf der anderen Seite des Atlantiks zu dieser Zeit bereits mehrere Drogenbehörden umfasste. Weder in den öffentlichen Debatten noch im Arbeitsalltag der westdeutschen Polizei wurden Drogen während der Vierziger-, Fünfziger- und frühen Sechzigerjahre als Problem wahrgenommen oder diskutiert.

Ein eigenes deutsches Drogenproblem entwickelte sich erst danach, und zwar in rasender Geschwindigkeit. Der Historiker Detlef Briesen zitiert in seinem Buch über die deutsche Drogengeschichte einen Oberschüler aus Olpe, der 1966 eine Postkarte an das Bundesgesundheitsministerium schrieb: Ob er wohl Informationsmaterial über LSD und andere Rauschgifte bekommen könne, er wolle nämlich ein Referat darüber halten. Leider musste das Ministerium ihn enttäuschen. In der BRD sei »z.Zt. kein nennenswerter Missbrauch von LSD oder anderen Rauschgiften festzustellen«, schrieb man dem eifrigen Schüler zurück.[35]

Bald stellte sich heraus, dass der Oberschüler sich deutlich näher am Puls der Zeit befunden hatte als der zuständige Ministerialbeamte. Denn gerade zu dieser Zeit begannen in der BRD immer mehr junge Erwachsene, aus dezidiert nicht medizinischen Gründen mit Rauschmitteln zu experimentieren. Wie in den USA und einigen anderen westlichen Industrieländern waren es auch hier junge Rebell*innen, die mit ihrem Drogenkonsum seit den späten Sechzigerjahren provozieren wollten und ihren Protest gegen die bestehende Gesellschaftsordnung ausdrückten. Auch hier machten sie die Erfahrung, dass Drogenkonsum die älteren Generationen reizte, auch hier galt die Bewusstseinserweiterung durch psychedelische Drogen als vielversprechende Möglichkeit, um die Gesellschaft vom Nazimief und der konservativen

Enge der Fünfziger zu befreien, und auch hier wurde Marihuana zum gemeinsamen Ritual, Abgrenzungsmerkmal und Erkennungszeichen der vielfältigen Gegenkulturen: Die 68er-Kommunarden experimentierten ebenso mit Cannabis und Psychedelika wie die westdeutsche Studentenbewegung und die Hippies, die es nun auch in der BRD gab.

So gerieten Drogen in den späten Sechziger- und frühen Siebzigerjahren plötzlich in die bundesrepublikanischen Debatten hinein. Die westdeutsche Drogenkultur entwickelte sich dabei zwar unter den spezifischen gesellschaftlichen Bedingungen der jungen Bundesrepublik, nahm aber deutlich erkennbar Impulse aus den USA auf. Zwar ist das im Konsum der einzelnen deutschen Hippies nicht leicht nachweisbar, doch an anderer Stelle zeigt sich die bewusste Nachahmung ganz deutlich. Beispielsweise entwickelte sich in Westdeutschland seit den Sechzigerjahren ein literarischer Underground, der mit den bekannten Herren der Gruppe 47 nichts zu tun haben wollte und sich stattdessen an der amerikanischen *Beat Generation* orientierte und abarbeitete. Drogen spielten hier eine wichtige Rolle, vor allem für Jörg Fauser, der sich in seinem autofiktionalen Roman *Rohstoff*, aber auch im echten Leben als Heroinjunkie bewusst als deutsches Spiegelbild von William S. Burroughs inszenierte.

So stieg die Zahl der Drogenkonsument*innen in der Bundesrepublik seit den späten 1960er-Jahren zum ersten Mal spürbar an. Laut Detlef Briesen ergaben zeitgenössische Umfragen, dass bis 1973 zwischen 30 und 50 Prozent der 14- bis 25-Jährigen Drogenerfahrungen gemacht hatten, wobei es die meisten bei einzelnen Kostproben beließen. Dieser Anstieg der Konsumzahlen spiegelte sich bald auch in den Kriminalitätsstatistiken der Justiz: Waren 1963 noch 820 Verstöße gegen das Opiumgesetz verfolgt worden, waren es 1969 schon 4761. Während 1963 nur 19 junge Leute unter den Delinquenten gewesen waren, waren 1969 nun 2101 der Verurteilten Jugendliche. Im Vergleich mit den amerikanischen Statistiken waren diese Zahlen immer noch niedlich, doch die Dynamik, die sie offenbarten, begann, die deutsche Öffentlichkeit und Politik zu beunruhigen. Die CDU/CSU-Fraktion, die sie im März 1971 während der Debatte zum neuen Betäubungsmittelgesetz im Bonner Bundestag zitierte, tat dies jedenfalls mit alarmierendem Tonfall.

Betäubungsmittelgesetz: Die Bundestagsdebatte um ein deutsches Drogengesetz nach amerikanischem Vorbild

Anlass der ersten richtigen Drogendebatte im Bundestag war, dass die Gesetzgeber*innen sich gezwungen sahen, das alte Opiumgesetz durch ein modernes Drogengesetz nach amerikanischem Vorbild zu ersetzen. Das lag einerseits daran, dass eine erste Drogenwelle durchs Land (und vor allem durch die deutsche Presse) schwappte. Die Parlamentarier*innen gingen davon aus, dass zwischen 5000 und 12 500 Jugendliche in der Bundesrepublik »rauschgiftsüchtig« seien und ihr Schutz nur durch härtere Drogengesetze gewährleistet werden könne.

Andererseits hatten sich aber auch die internationalen Standards der Drogenpolitik weiterentwickelt, und die Bundesrepublik bereitete sich mit der Verabschiedung des Betäubungsmittelgesetzes darauf vor, diese Standards in Zukunft zu erfüllen: 1961 war im Rahmen der UN die sogenannte *Single Convention on Narcotic Drugs* erarbeitet worden. Dieses »Einheitsabkommen über die Betäubungsmittel« fasste den inzwischen ziemlich unübersichtlichen und wenig praktischen Wust an internationalen Übereinkommen und Protokollen zur Drogenkontrolle zusammen und war seit seinem Inkrafttreten im Jahr 1964 die Grundlage des internationalen Prohibitionssystems. 1967 hatten auch die USA das Abkommen ratifiziert, nachdem es den amerikanischen Drogenpolitikern zunächst nicht streng genug gewesen war. Weil es sich nun aber doch durchzusetzen schien, bereitete sich auch die Bundesrepublik darauf vor, es zu unterzeichnen. Trotz Willy Brandts neuer Ostpolitik, die wenig später die einseitige Orientierung an den westlichen Bündnispartnern etwas aufweichen würde, waren die Westbindung und die Kooperation innerhalb der großen internationalen Organisationen Anfang der 1970er-Jahre weiter ein zentraler Grundsatz der bundesrepublikanischen Außenpolitik. Die USA und auch die anderen Bündnispartner erwarteten selbstverständlich, dass die BRD auch in der Drogenpolitik mit der Supermacht an einem Strang ziehen würde. Wieder waren es also zumindest teilweise Handlungszwänge aus der internationalen Politik, die die Bundesrepublik in den frühen 1970er-Jahren dazu brachten, eine drogenpolitische Reform anzugehen.

Ein Blick in die Protokolle der Bundestagsdebatte um das Betäubungsmittelgesetz offenbart ein eigentümliches Gemisch aus Sorge um die verlotternde Jugend einerseits und Nachahmung amerikanischer Anti-Drogen-Rhetorik andererseits. Als Einstieg in das Thema zitierte dabei »Frau Bundesminister« für Jugend, Familie und Gesundheit Käte Strobel von der SPD zunächst eine Studie zum Thema »Jugendliche und Rauschmittel«, die die Bundesregierung unter Willy Brandt in Auftrag gegeben hatte. Eine Befragung unter Jugendlichen hatte gezeigt, dass sie besonders dann Rauschmittel konsumierten, wenn sie eine negative Einstellung zu den Eltern hatten, wenn sie über ein geselliges Naturell verfügten und wenn sie die »Generationsproblematik« für besonders wichtig hielten.[36]

Schon in der Fragestellung der Untersuchung war das Drogenproblem 1971 also von der Politik als Jugendproblem und damit als soziales und politisches Problem definiert worden: Man fragte nicht etwa Pharmakolog*innen nach der Wirkung von Marihuana oder Mediziner*innen nach Therapiemöglichkeiten und Langzeitfolgen von Heroinabhängigkeit. Vielmehr wollte die

Bundesregierung von *Sozialwissenschaftler*innen* wissen, warum um alles in der Welt die jungen Leute plötzlich so viele Drogen nahmen. So betraf die Antwort dann auch nicht die Drogen selbst, sondern den politischen Kontext, in dem Drogenkonsum seine soziale Funktion übernahm. Die Antwort war also eine politische: Es ging auch in der Bundesrepublik um ein Aufbegehren der Jugendlichen gegen ihre Eltern.

Während Minister[in] Strobel diese politische Dimension betonte und das Thema zu einem Thema des Jugendschutzes machte, war in den Warnungen des CDU-Abgeordneten Botho Eberhard Ernst August Chlodwig Prinz zu Sayn-Wittgenstein-Hohenstein (sic) das Echo der amerikanischen Warnungen vor der Drogengefahr implizit und auch explizit deutlich zu hören: Er warnte vor dem »lawinenartigen Anwachsen« der »Beschlagnahmeziffer« bei Haschisch und vor »international organisierten Banden«. Er forderte härtere Strafen für Drogenhändler und die Ausweisung von Ausländern, die in Drogendelikte verwickelt wären. Und er wies vor allem auf die Erfahrung »der anderen Länder« hin, nach der man sich unbedingt richten müsse. Von dort wisse man, »dass die Tendenz von der harmloseren Droge zur härteren Droge geht. Der Händler mischt häufig stärkere Drogen wie Opiumprodukte unter das verkaufte Haschisch, um Kunden süchtig zu machen. Die drogenabhängigen Kleinverkäufer – häufig Jugendliche und Kinder – bilden dann die Basis des Verteilernetzes. Sollten die Zustände, wie sie in New York und anderen amerikanischen Großstädten heute leider zum gewohnten Bild gehören, auch in den Großstädten der Bundesrepublik einreißen, dann droht unserer Jugend eine sehr ernste Gefahr. Was sich hinter den genannten Zahlen an familiären Tragödien verbirgt, kann ich nur andeuten.«[37]

Mit »den anderen Ländern« meinte Prinz Botho genau ein Land, nämlich die USA. Sein Statement geriet zu einem Schnelldurchlauf durch die amerikanische Haltung zum Drogenproblem:

Milde Drogen seien nur Einstiegsdrogen. Eine ominöse Drogenmafia wolle gezielt süchtig machen. Das Problem liege also vor allem im Angebot, nicht in der Nachfrage. Und Recht und Ordnung in den deutschen Städten stünden ebenso auf dem Spiel wie die Sicherheit der deutschen Kinder. Die einzig denkbare Antwort auf dieses amerikanische Problem, das sich nun in Westdeutschland entwickle, war für ihn logischerweise ein strenges Prohibitionssystem nach amerikanischem Vorbild. Seine Forderungen waren dementsprechend erwartbar: höhere Strafen, längere Haftzeiten, härteres Durchgreifen.

Zwar gehörte die zuständige Ministerin einer SPD-Regierung an und ließ während der Debatte Zwischentöne hören, die deutlich weniger repressiv klangen: Man sei sich zum Beispiel völlig darüber einig, dass dem Drogenproblem »nicht in erster Linie mit dem Strafgesetz« beizukommen sei. Außerdem wünsche sie sich, dass »passive Täter«, die ihre Drogen nur zum Eigengebrauch kauften, milder bestraft würden. An anderer Stelle zeigte sich die Ministerin allerdings auch von ihrer harten Seite: Sie folge »nicht den falschen Propheten, die uns glauben machen wollen, dass Haschisch und Marihuana nahezu ungefährlich seien«.[38] Dann meldete sich wieder ihr Parteifreund Rolf Meinecke mit dem Wunsch nach einer »Entkriminalisierung der Ersttäter« und einem ungewöhnlich empathischen Schlusswort, in dem er den Verdacht äußerte, dass »irgend etwas in unserer Gesellschaft nicht stimmt«. Dass »wir uns fragen müssen, ob wir nicht manchmal selbst ein wenig zu leichtfertig süchteln«. Und dass er nicht wolle, dass das Drogenproblem »in diesem Lande immer ausschließlich vom kriminalpolitischen Standpunkt aus diskutiert wird«.[39]

Trotz dieser liberaleren Töne waren es die verschärften Strafmaßvorschriften für Drogendelikte, die in Öffentlichkeit und Parlament dann besonders heftig debattiert wurden. Um härtere Strafen durchzusetzen, überboten die Diskutierenden sich gegenseitig mit immer drastischeren Geschichten und beschrieben immer neue Horrorszenarien, ohne dabei die ausgetauschten Argumente kritisch zu hinterfragen. Belegte Fakten, Verdachtsmomente und wilde Spekulationen schwirrten so munter durch den Bundestag: Möglicherweise gebe es in der Bundesrepublik 60 000 »Frühinvalide«, die sich wegen ihres Drogenkonsums nicht mehr selbst versorgen könnten. Jeder zweite Dealer sei bewaffnet. Skrupellose Dealer würden junge Leute gewaltsam anfixen, ihnen also gegen ihren Willen eine Spritze setzen, um sie süchtig zu machen. All diese Behauptungen waren stark übertrieben und verzerrten die Realität.

Am Ende verabschiedete der Bundestag einstimmig ein Betäubungsmittelgesetz, das ein klassisches Prohibitionsgesetz nach amerikanischem Vorbild war. In Einklang mit den internationalen Richtlinien kriminalisierte es Drogenkonsum und Drogenbesitz und bestrafte beides deutlich härter als zuvor. Anders als neuerdings in den USA unterschied das neue Gesetz dabei bewusst *nicht* zwischen unterschiedlichen Rauschgiften. Es galt der Grundsatz: Solange nicht nachgewiesen war, dass ein Stoff unschädlich sei, blieb er verboten. Erst seit 1981 wurden dann die kontrollierten Substanzen in verschiedene Gruppen eingeteilt, was allerdings für die klassischen Drogendelikte noch zu einer Verschärfung der Strafen führte und weiterhin keinen Unterschied zwischen Cannabis, LSD und Heroin machte. Eine spürbare rechtliche Differenzierung folgte erst 1992, als das Strafmaß für die harten Drogen noch einmal verschärft wurde, der Gesetzgeber es aber gleichzeitig bei geringfügigen Cannabisdelikten erleichterte, die Strafverfahren einzustellen.

Dass die deutschen Gesetzgeber*innen sich 1971 am amerikanischen Prohibitionsmodell orientierten, war weder überraschend, noch geschah es völlig gedankenlos. Tritt ein anderswo bereits bekanntes Problem an einem Ort zum ersten Mal in Erscheinung, ist es durchaus sinnvoll und berechtigt, sich international umzusehen und zu ermitteln, wie andere Staaten mit diesem Problem umgehen. Weil die USA ihre Prohibitionsgrundsätze offensiv verbreiteten und in internationales Recht gekleidet hatten und weil für die westdeutschen Politiker*innen keine alternativen Modelle sichtbar waren, wurde die Debatte im Bundestag nicht darüber geführt, ob Prohibition das richtige Mittel der Drogenpolitik sei, sondern nur darüber, ob die Mindeststrafe für Drogenhandel ein oder drei Jahre betragen sollte. Ministerin Strobel legte dabei offen, dass ihre Strategie aus den Vorgaben des internationalen Rechts abgeleitet war und sie sich nicht gerade zu einem kreativen Gesetzgebungsprozess aufgerufen fühlte: »[D]ie Bundesregierung [kann] auch auf Grund internationaler Verträge gar nicht anders handeln«, erklärte sie.[40]

Kritische Stimmen, die bereits seit den Sechzigerjahren darauf hinwiesen, dass die Prohibitionspolitik nach amerikanischem Vorbild auch ihre Macken habe, gab es dabei auch in der Bundesrepublik durchaus. Doch wurden sie von den Parlamentarier*innen nicht ernst genommen, sondern vielmehr wütend beschuldigt, Drogen zu verharmlosen. So hatte zum Beispiel der Feuilletonchef der Wochenzeitung *Die Zeit*, Rudolf Walter Leonhardt, 1969 in mehreren Artikeln teils polemisch, teils ernsthaft darauf aufmerksam gemacht, dass Haschisch nicht abhängig mache und unverständlich sei, warum es im Opiumgesetz den Opiaten und Kokaderivaten gleichgesetzt werde. Seine Aussagen stützte er auf die Ergebnisse der durchaus vorhandenen Forschung, die sich bereits zu diesem Zeitpunkt kritisch mit dem Thema auseinandersetzte. Doch so wie Nixon den Shafer-Report ignorierte, ist auch in der Debatte um das Betäubungsmittelgesetz nicht zu erkennen, dass jemand bereit gewesen wäre, solchen Einwänden auch nur nachzugehen. Stattdessen erwähnte zwar ein SPD-Abgeordneter, dass in Industrienationen mit sehr strengen Drogengesetzen kein »Abschreckungseffekt« und keine »Eindämmung« des Konsums zu beobachten sei, ging aber gleich über diesen alarmierenden Hinweis hinweg, ohne dass in der weiteren Debatte auch nur ein Wort darüber verloren wurde, ob strenge Haftstrafen überhaupt Einfluss auf das Drogenproblem haben würden.

Was da 1971 im Bundestag geschah, beschrieb der Jurist und Drogenexperte Stephan Quensel schon in den Achtzigerjahren als Teufelskreis: Weil sich Wissenschaft, Massenmedien, Sanktionsapparat und Politik in ihrem Urteil über Drogen einig waren, lieferten sie sich ständig gegenseitig Belege für ihre Drogen verurteilende Einstellung und stabilisierten so immer weiter den Status quo. Die Debatte bekam so etwas Hermetisches, und Gegenstimmen wurden nur zitiert, um sie harsch abzuschmettern. Die Chance, einen frischen Blick auf das Drogenproblem zu werfen und über neue politische Lösungsansätze nachzudenken, wurde so 1971 verpasst, obwohl in Deutschland keine konservative Hardliner-Regierung an der Macht war wie in den USA, sondern eine sozialliberale. Dass Nixon auf der anderen Seite des Atlantiks parallel seine große Drogenoffensive startete, trug zusätzlich dazu bei, dass die Befürworter von harten Drogenverboten sich auf der richtigen Seite der Geschichte wähnten.

Mythen, Märchen und Gerüchte: Die verdrehten Grundannahmen der westdeutschen Drogenpolitik

Seit 1972 das Betäubungsmittelgesetz in Kraft trat, entwickelten sich die westdeutschen Drogenszenen unter Prohibitionsbedingungen weiter. Das bedeutete keineswegs, dass sie verschwanden. In den folgenden zehn Jahren stiegen die Konsumzahlen vor allem für Cannabis und Heroin weiter an. Versorgt wurden die deutschen Drogenmärkte mindestens teilweise durch türkische »Gastarbeiter*innen«, die in der Bundesrepublik nicht so bald auf Integration hoffen konnten und ihre Situation als ausgegrenzte »Ausländer« zu verbessern versuchten, indem sie mehr oder weniger systematisch Haschisch von ihren Heimatbesuchen mitbrachten. Gleichzeitig brachten auch viele Hippies oder »Gammler«, wie sie in Deutschland abfällig genannt wurden, regelmäßig Cannabisprodukte mit von ausgedehnten Abenteuerreisen gen Osten, um diese nachträglich zu finanzieren.

Ende der 1970er-Jahre schätzte man in der Bundesrepublik die Zahl der Cannabis-User auf eine bis drei Millionen. Die meisten dieser Konsument*innen waren verhältnismäßig jung, aber sie waren keine Kinder mehr, sondern junge Erwachsene. Überwiegend konsumierten sie gelegentlich Cannabis, nur wenige machten ihren Konsum zu einer täglichen Gewohnheit. Gründe und Anlässe für diesen Cannabiskonsum gab es laut zeitgenössischen sozialwissenschaftlichen Untersuchungen unterschiedliche: Die einen nutzten den geselligen Konsum in der Kleingruppe als Integrationsinstrument, als gemeinschaftsstiftendes Ritual, als soziales Schmier- und Bindemittel und damit ganz ähnlich, wie ihre Eltern schon immer Alkohol und Zigaretten genutzt hatten. Der gemeinsame Joint funktionierte damit gleichzeitig als Übergangsritual in ein erwachseneres Leben und als Abgrenzungsmerkmal vom Leben der Erwachsenen, denn er war ja einerseits wie Alkohol ein Rauschmittel und eben andererseits nicht *das gleiche* Rauschmittel, mit dem auch Mama und Papa sich Mut machten oder die Entspannung am Feierabend erleichterten.

Viele junge User folgten ihrer alterstypischen Neugierde, kifften ein paarmal und hörten dann wieder auf, ohne dass der Konsum irgendwelche nennenswerten Konsequenzen für ihr Leben gehabt hätte. Andere verbanden mit ihrem Konsum eine kritische politische Haltung oder empfanden und inszenierten ihn als Protest. Spätere Untersuchungen widersprachen dabei aber der Studie, die Frau Strobel im Bundestag zitiert hatte: Die Auswertung einer Rekrutenbefragung bei der Bundeswehr ergab zum Beispiel im Jahr 1978, dass unter den befragten jungen Männern mit Drogenerfahrung nur sieben Prozent ein schlechtes Verhältnis zu ihren Eltern hatten. Eine echte, abgegrenzte Subkultur, die in erster Linie durch den Cannabiskonsum geprägt gewesen wäre, gab es dabei nicht – dafür waren die Kontexte, in denen Cannabis geraucht wurde, zu vielfältig. Das Gefühl, es mit einer Subkultur zu tun zu haben, entstand vielmehr vor allem durch die Kriminalisierung, die User dazu zwang, sich zu vernetzen und per Flüsterpost einen Schwarzmarkt zu organisieren, weil ein legaler Markt nicht zur Verfügung stand.

Gemessen an den geschätzten Konsumzahlen wurden nur wenige Kiffer*innen erwischt. Doch diejenigen, deren Konsum aufflog, hatten nun mit ernsten Konsequenzen zu rechnen. Denn anders als in der beschaulicheren Zeit des Opiumgesetzes entfaltete sich nun doch ein bundesdeutsches Prohibitionssystem mit Verfolgungsrealität. Reihenweise flogen erwischte Schüler*innen von der Schule, obwohl ihr Cannabiskonsum meist Ausdruck einer familiären oder schulbezogenen Problematik war, die durch diese Maßnahme nicht gelöst, sondern eher noch verstärkt wurde. Wer Glück hatte, wurde als »passive Täterin« eingestuft, die ihren Stoff nur für den Eigenbedarf besaß. Anders als in den USA konnten in der Bundesrepublik Strafprozesse gegen Konsument*innen wegen Geringfügigkeit eingestellt werden, wenn kein Verdacht auf Drogenhandel bestand. Allerdings geschah das nur, wenn es um eine »geringe Menge« Cannabis ging. Was das hieß, lag im Ermessen der Gerichte und wurde zunächst eher eng gesehen. In den späten 1970er-Jahren wurde von jährlich knapp 40 000 auffällig gewordenen Cannabisverdächtigen immerhin ungefähr ein Viertel am Ende verurteilt. Auch diese Zahlen wirken im Vergleich mit den amerikanischen Statistiken harmlos. Doch das Drogenproblem war nun in der Wirklichkeit vieler bundesrepublikanischer Bürger*innen angekommen – bei manchen, weil tatsächlich ein Eintrag wegen

»BtM« (Betäubungsmittel) in ihrer Polizeiakte landete und sie erleben mussten, dass ein solcher auch in der Bundesrepublik nun eine stigmatisierende Wirkung entfaltete.

Bei sehr vielen anderen aber wurde das Drogenproblem eine greifbare Wirklichkeit, weil sie sich nun konkrete Sorgen um ihre heranwachsenden Kinder machten: In der ohnehin schon herausfordernden Phase von Pubertät und Erwachsenwerden der Kinder mussten Eltern nun fürchten, dass die lieben Nicht-mehr-Kleinen auf die schiefe Bahn gerieten. Jugendliche Experimente mit Marihuana wurden in der ängstlichen Wahrnehmung vieler Eltern gleichgesetzt mit einer Fahrkarte in die Drogenhölle, Express, ohne Rückfahrt.

Das lag daran, dass inzwischen auch in Deutschland eine Reihe von Cannabismythen die Debatte bestimmten. Die drei wichtigsten unter ihnen tauchten bereits in der Bundestagsdebatte um das Betäubungsmittelgesetz auf und geistern bis heute durch die öffentlichen Aussagen zum Thema Drogen. Die erste war die Erzählung von Cannabis als Einstiegsdroge. Sie war schon in den 1970er-Jahren sozialwissenschaftlich widerlegt, hielt sich aber trotzdem hartnäckig. Wie in den USA wurde auch in der BRD immer und immer wieder wiederholt, dass User von Cannabis fast automatisch auf härtere Drogen umsteigen würden. Als Beleg wurde angeführt, dass Junkiekarrieren häufig mit Cannabis begonnen hätten. Selbst wenn man dieses Argument gelten lässt und darüber hinwegsieht, dass auch Alkohol und Nikotin in den Biografien der Junkies häufig dem Heroinkonsum vorausgegangen waren, bedeutet dies keineswegs, dass der Umkehrschluss auch stimmt: Nur weil viele Heroinkonsument*innen früher einmal Cannabis geraucht haben, fangen deshalb noch lange nicht alle Cannabisraucher*innen später an, Heroin zu spritzen. Um ein Argument der amerikanischen Gegenkultur auszuleihen: Cannabiskonsum führt genauso logisch zu Heroinkonsum wie der Konsum von Milch. Leicht lässt sich zeigen, dass so gut wie alle Heroinjunkies ihre Konsumkarrieren schon in sehr jungem Alter mit Milch begonnen haben – viele von ihnen waren sogar monatelang von dieser Substanz abhängig.

Weil der Mythos von der Einstiegsdroge logisch nicht tragfähig ist, wurde er bereits in den Siebzigerjahren durch zwei verwandte Verschwörungstheorien ergänzt: Die eine besagt, Dealer*innen würden ihrem Cannabis gezielt Opiate beimischen, um ihre Kund*innen abhängig zu machen und sie so in zuverlässige Stammkunden verwandeln. Wie Stephan Quensel schon 1982 geduldig erklärte, hinkt diese Geschichte an mehreren Stellen. Erstens kostete das Gras für einen Joint in den 1970er-Jahren ungefähr 3 DM. Heroin aber war um ein Vielfaches teurer. Weil man außerdem mehrfach Heroin rauchen muss, um eine körperliche Gewöhnung zu erzeugen, müsste der Dealer sein Gras langfristig mit Heroin aufpeppen, um die gewünschte Abhängigkeit zu erzeugen. Und selbst wenn er diese Investition sinnvoll finden würde, ist die Geschichte nicht gut zu Ende gedacht: Sobald er nämlich damit aufhören würde, sein Produkt auf diese Weise zu strecken, würde seine Kundschaft schlagartig sehr unzufrieden werden. Das aber ist auf dem Schwarzmarkt nicht ratsam, denn dort ersetzt Vertrauen in den Dealer die Qualitätskontrollen, die aufgrund der Prohibition ja nicht stattfinden. Ein heroingespicktes Supergras zu verkaufen, würde sich also nur lohnen, wenn man bereit wäre, das langfristig zu tun. Das wäre teuer und würde den Dealer zwingen, die Mehrkosten für die Heroineinlage an seine Kund*innen weiterzugeben – die dann möglicherweise lieber zur Konkurrenz gehen würden.

Im Übrigen geht der ganze Mythos vom gestreckten Gras implizit davon aus, Marihuanadealer*innen hätten Schwierigkeiten, Kundschaft zu finden, und mussten sich mit kreativen Methoden Käufer*innen besorgen. Dabei ist die Nachfrage groß und das Angebot aufgrund der Prohibition begrenzt und unübersichtlich, sodass die meisten Marihuanaverkäufer*innen wohl keine Marketingtricks brauchen, um ihren Stoff loszuwerden. Die Geschichte vom heroingespickten Gras ist also ein Märchen. Und so wusste weder das Bundeskriminalamt noch irgendein deutsches Landeskriminalamt von Marihuana mit Heroinzusatz zu berichten, als im Oktober 2021 der damalige Gesundheitsexperte Lauterbach seine Legalisierungspläne damit begründete, auf den Schwarzmärkten stecke Heroin im Cannabis.

Mit dem Mythos vom Heroingras eng verwandt ist die Erzählung vom »Anfixen«, die es bis in den redensartlichen Sprachgebrauch geschafft hat. Von etwas »angefixt« zu sein, bedeutet umgangssprachlich, dass man etwas einmal probiert hat, nun intensiv davon angezogen ist und kaum noch damit aufhören kann. Der zugehörige Mythos besagt, Dealer*innen würden beeinflussbare junge Leute gezielt überreden, Heroin zu probieren, um es ihnen dann später verkaufen zu können. Eine zugespitzte Variante dieser Geschichte, die ebenfalls in der Bundestagsdebatte von 1971 anschwingt, fabuliert von Dealer*innen, die gewaltsam Heroinspritzen in die Körper Unschuldiger rammen, um sie gezielt abhängig zu machen. In der Realität kommt diese Marketingstrategie praktisch nicht vor. Viel zu teuer ist das Heroin und viel zu genau wissen die häufig selbst abhängigen Dealer*innen um die Risiken und Nebenwirkungen des Konsums. Würde es aber doch jemand mit dieser Strategie versuchen, wäre er oder sie schnell enttäuscht: Um eine Abhängigkeit zu erzeugen, braucht es deutlich mehr als einen Schuss. Ohne die passende persönliche Disposition und belastende Lebensumstände der Angefixten, die sich nur sehr schwer von außen diagnostizieren lassen, wäre eine solche Verkaufsstrategie sehr schnell ein Minusgeschäft. Es gibt keine Droge, die nach einmaligem Konsum abhängig macht. Die Idee von der narkotischen Ursünde, die mit dem Verlust der psychoaktiven Jungfräulichkeit zwangsläufig ins sichere Verderben führt, ist ein Märchen mit puritanischen Wurzeln.

Trotzdem hielt sich der Mythos vom Anfixen in den Drogendebatten der Bundesrepublik, denn dort entstand im Lauf der 1970er-Jahre eine abstruse Situation. Während Cannabiskonsum sich tatsächlich zahlenmäßig unter jungen Leuten auszubreiten begann und nun auch in erheblichem Ausmaß die Polizei beschäftigte, entstand die erste ausgewachsene deutsche Drogenpanik nicht um Cannabis, sondern um Heroin. Seit Mitte der 1970er-Jahre stiegen auch hier die Konsumzahlen. 1977 schätzte das Nachrichtenmagazin *Der Spiegel* die Zahl der Heroinabhängigen in der Bundesrepublik auf 25 000 – eine Zahl, die nur dann besonders groß erscheint, wenn es 1972 gerade einmal 2000 Abhängige gegeben haben soll. Bis in die zweite Hälfte der Achtzigerjahre stieg die Zahl der Heroinabhängigen weiter an, bis die Schätzungen zwischen 50 000 und 100 000 Westdeutsche für heroinabhängig hielten. Es handelte sich bei problematischem Heroinkonsum also weiter um ein Randphänomen, wenn auch um ein wachsendes. Zum Vergleich: 1982 gab es in der BRD ungefähr 600 000 (bekannte) behandlungsbedürftige Alkoholabhängige. Man machte sich also nun verstärkt Sorgen um Heroin, das weiterhin nur wenige betraf, und verfolgte *deswegen* umso heftiger den Cannabiskonsum, der an sich kaum gefährlich war. Weil beides nun irgendwie grob als das Gleiche wahrgenommen wurde, entstand der schräge Eindruck, man würde ein Kind vor dem Drogentod im Fixerelend retten, indem man es wegen eines Joints von der Schule warf.

Die »Heroinwelle«: Wie das Zerrbild des deutschen Junkies entstand

Die Statistiken mögen – besonders mit Seitenblick auf die USA – nicht besonders beeindruckend sein, doch tatsächlich wuchs im Lauf der 1970er-Jahre in Deutschland die Zahl der Heroinkonsument*innen. Dass dieser steigenden Nachfrage auf den Schwarzmärkten ein entsprechendes Heroinangebot gegenüberstand, war dabei vermutlich unter anderem indirekt der amerikanischen Drogenpolitik zu verdanken.

Gegen Ende der 1960er-Jahre hatten die USA damit begonnen, intensiv die sogenannte *French Connection* zu bekämpfen. Diese Lieferkette beförderte türkisches Opium oder die daraus gewonnene Morphinbase über Syrien, den Libanon und das Mittelmeer nach Südfrankreich, wo es zu Heroin weiterverarbeitet und dann in die USA verschifft wurde. Weil nun die USA damit begannen, diese Lieferkette mit ihren Prohibitionsbemühungen zu stören, änderte sie ihre Route: Von der Türkei aus gelangte der Rohstoff, aus dem Heroin gemacht wird, nun nordwärts über den Balkan und Österreich nach München. Dort wurde er von Zwischenhändler*innen aufgekauft und zwischengelagert. Häufig waren diese Zwischenhändler*innen türkische »Gastarbeiter*innen«. Gut vernetzt in ihrem Herkunftsland und weitgehend ausgeschlossen aus der westdeutschen Gesellschaft, nutzten sie das bescheidene soziale Kapital, das sie hatten, um eine schnelle Mark zu verdienen. Bei Gelegenheit gaben sie die Ware an Schmuggler*innen weiter, die sie dann meist per Lastwagen westwärts weiter nach Frankreich transportierten.

Als die Lieferkette ihre Route änderte und plötzlich durch Süddeutschland führte, war die BRD noch kein lukrativer Markt für Heroin – jedenfalls keiner, der systematische Schmuggelbemühungen lohnend gemacht hätte. Wenn dann aber die Morphinbase schon einmal da war, konnte man einen Teil davon auch gleich vor Ort in München weiterverkaufen oder an die großen Städte weiter im Norden liefern. In welchem Umfang genau das geschah, ist schwer herauszufinden, weil Drogenhändler*innen ihre Geschäftsbemühungen selten schriftlich festhalten und auch keine Archive anlegen. Dass die Umleitung der *French Connection* mit dazu beitrug, die Voraussetzungen für die erste deutsche »Heroinwelle« zu schaffen, ist zumindest wahrscheinlich. Sicher ist, dass die türkischen »Gastarbeiter*innen« durch die Drogengeschäfte bei den westdeutschen Polizeibehörden fortan pauschal mit »Bandenkriminalität« in Verbindung gebracht wurden. Das sollten zum Beispiel die Angehörigen der Opfer des NSU-Terrors auf schmerzhafte Weise erleben, als die Polizei zunächst gegen *sie selbst* ermittelte, nachdem selbst ernannte Nazis ihre Väter, Onkel oder Brüder brutal ermordet hatten.

Wie auch immer die erste deutsche »Heroinwelle« im Detail zu erklären ist – es war eine vergleichsweise kleine Welle. Das aber fiel angesichts der oft geifernden Berichterstattung in den deutschen Medien kaum auf. Das Zerrbild des Junkies, wie es in den USA schon seit Jahrzehnten durch die Debatten spukte, fand nun auch hier seinen Weg in die Magazine und Zeitungen, und auch viele andere Klischees der amerikanischen Drogenverteufelung wurden von den deutschen Medienmacher*innen gerne kopiert. In trauriger Weise typisch war hier ein *Spiegel*-Artikel über die »Heroinwelle« von 1977. Untertitel: »Eine Mafia mit Sitz in der Chinatown von Amsterdam steuert den Markt: Seit zwei Jahren ist Heroin in Westdeutschland zum Drogenproblem Nummer eins geworden.« Dann folgt der Einstieg in den Text:

> *»Unbekleidet, neben sich ein leeres Schlafmittel-Röhrchen, wurde Anfang dieses Jahres in einer Berliner Fixer-Wohnung die Leiche der 22jährigen Ariane Bremer [Name geändert] aufgefunden. Kurz vor ihrem Tod, stellte der Polizeiarzt fest, sei sie noch vergewaltigt worden. Dennoch wurde es kein Fall für die Polizei – Ariane war Fixerin. Arme und Beine waren von neun großen Abszeß-Narben gezeichnet. Das Madchen war polizeiregistriert, stand unter Bewährungshilfe. Die Frage Mord oder Selbstmord stellte sich nicht mehr -- ihr Fall, beispielhaft für viele Fixerschicksale, gehörte in die Statistik der Rauschgift-Toten.«*[41]

In wenigen Zeilen kommt hier alles zusammen, was die voyeuristische Leserschaft von einem Artikel über die »Heroinwelle« erwarten durfte: Eine geschändete junge Frau, natürlich unbekleidet, liegt tot in ihrer »Fixer-Wohnung«. Natürlich war sie kriminell (»polizeiregistriert«, »Bewährungshilfe«), natürlich war ihr Körper bereits vor ihrem Tod zerfallen (»Abszeß-Narben«). Und natürlich war ihr Schicksal deshalb »beispielhaft« – genau so sollten sich die Leser*innen den Endpunkt einer Drogenkarriere vorstellen, die ja bekanntermaßen mit Cannabiskonsum anfing.

Doch nicht nur das Zerrbild des Junkies ist hier typisch repräsentiert, sondern auch die Haltung der bundesdeutschen Gesellschaft gegenüber diesem Junkie. Obwohl hier eine tote junge Frau gefunden wird, ist es kein Fall für die Polizei: Ariane ist nicht mehr Subjekt, sie ist nicht mehr Teil der Rechtsordnung und kommt als Opfer (eines Mordes? einer Vergewaltigung? eines Suizids?) nicht infrage. Stattdessen wandert sie in die BtM-Statistik – selber schuld, und zwar an allem, was ihr passiert ist, und dann nicht weiter der Rede wert. Dass es nicht Heroin ist, an dem sie gestorben ist, sondern ein Schlafmittel, das sich überaus schlecht mit Heroin verträgt, dass sie das vielleicht nicht wusste, weil so wenig über die tatsächliche Wirkung von Drogen bekannt war, und dass sie im Fall eines Suizids vielleicht gerade deshalb keinen Ausweg sah, weil die Gesellschaft keinen würdevollen Ausweg aus ihrer Lebenssituation bereitstellte, hat in dieser Erzählung keinen Platz. (Im Übrigen ist eine Vergewaltigung auch dann eine Straftat, wenn das Opfer Drogen genommen hat.)

Innerhalb weniger Jahre war durch die Prohibitionspolitik nun also auch in der Bundesrepublik eine Nische entstanden, in die Abgehängte und Notleidende diskret und ohne sozialpolitische Debatte abgeschoben werden konnten. Wo man sich in früheren Jahrzehnten noch um die Morphinist*innen kümmern konnte, weil sie als arzneimittelabhängig und damit als krank galten, litten die Junkies der Siebziger- und Achtzigerjahre an ihrem selbst verschuldeten Elend und wurden bestenfalls bemitleidet, ansonsten aber mit einer Mischung aus Herablassung, Ekel und Faszination für ihr Schicksal beschuldigt und in der BtM-Statistik entsorgt.

Endstation Bahnhof Zoo: Westdeutschland gewöhnt sich an eine Drogenpolitik der Ausgrenzung und Desinformation

1978 bekam das Zerrbild des Heroinjunkies in der Bundesrepublik ein Gesicht: Mitten in die »Heroinwelle« hinein erzählte eine junge Frau namens Christiane F. ihre Lebensgeschichte zwei *Stern*-Reportern, die sie als autobiografische Erzählung veröffentlichten. *Wir Kinder vom Bahnhof Zoo* erzählt die Geschichte einer unglücklichen Jugendlichen, die die Schule schwänzt und dann in den Drogensumpf abrutscht: Auf Haschisch folgen Tabletten und LSD, regelmäßige Discobesuche, mit 13 nimmt sie zum ersten Mal Heroin und landet bald auf dem Babystrich am Bahnhof Zoo in Berlin. Es folgen Therapieanläufe, Drogenentzüge, Rückfälle und Suizidversuche.

In vielem entsprach die Geschichte von Christiane Felscherinow der Standarderzählung von einer Drogenkarriere, wie sie in den USA vorgeformt worden war und nun in der westdeutschen Presse reproduziert wurde. Doch durch Christiane F. wurde diese Erzählung erst richtig plastisch und damit plausibel. 95 Wochen lang stand sie auf Platz 1 der *Spiegel*-Bestsellerliste, wurde damit zum bis dahin erfolgreichsten deutschen Sachbuch der Nachkriegszeit und erschien auf vielen Lehrplänen als Pflichtlektüre. Gerne war Christiane F. in den folgenden Jahrzehnten bereit, immer wieder ihre Leidensgeschichte zu erzählen. Ihre Tour durch die westdeutschen Talkshows sowie die Verfilmung des Buches verankerte diese Geschichte auch im Bewusstsein derjenigen Bundesbürger, die keine Sachbücher lasen. So tief sickerte ihre Geschichte in das kollektive Bewusstsein der Westdeutschen ein, dass eine Sozialarbeiterin vom Bahnhof Zoo 1985 einem ARD-Reporter von jungen Nachahmerinnen berichtete. Die jungen Mädchen in ihrem Beratungsbus würden ihre Lebensgeschichten häufig so erzählen, als würden sie ganze Passagen aus Christianes Buch vorlesen.

Die Realität wurde dabei in Christiane F.s Erzählung bis zur Unkenntlichkeit verzerrt. Zum einen lässt sie die Gelegenheitskonsument*innen von Heroin ganz aus. Denn anders als es der Mythos vom »Anfixen« suggeriert, gab (und gibt) es viele Neugierige, die ein paarmal Heroin schnupften oder spritzten und dann wieder damit aufhörten, ohne dass dieser Ausflug in die Devianz irgendwelche nennenswerten sozialen oder gesundheitlichen Folgen gehabt hätte. Andere – und vermutlich gar nicht wenige – konsumierten mehrere Jahre lang regelmäßig Heroin, entwickelten eine körperliche Abhängigkeit und hörten dann nach ein paar Jahren von selbst wieder mit diesem Konsum auf, wie Stephan Quensel mit Bezug auf mehrere Untersuchungen berichtet. Möglich war ein solcher Ausweg vor allem dann, wenn die Betroffenen über ein stabiles Umfeld in der »normalen« Welt verfügten, das ihnen einen Rückweg ermöglichte, oder wenn sie diese »normale« Welt nie verlassen hatten.

Wer den Kontakt zu einem stabilen sozialen Gefüge verlor und auch keinen Rückweg dorthin fand, konnte tatsächlich in eine klassische »Heroinkarriere« hineinrutschen, wie Christiane F. sie so prototypisch beschreibt. Doch die Struktur dieser Karriere hing weniger mit den pharmakologischen Eigenschaften von Heroin zusammen als mit dem Prohibitionssystem: Die zunehmende Stigmatisierung von Drogenkonsum zwang viele Heroinabhängige dazu, zwischen einem »normalen« Leben und dem Leben in der Heroinszene zu wählen. Wer einmal in Letzterem gelandet war, wurde danach oft Opfer systematischer Ausgrenzung. Therapiekonzepte, die sich kaum für das Umfeld der Betroffenen und die Reintegration in die Gesellschaft interessierten und zunächst stark auf Abstinenz ausgerichtet waren, produzierten reihenweise Rückfällige, die dann doppelt »versagt« zu haben schienen. Ihr alternatives Sinnsystem in der Szene hatten sie verlassen, ihre Therapie hatten sie nicht geschafft, ihr Körper litt zunehmend unter den Folgen von gestrecktem Stoff und dreckigen, geteilten Spritzen, und das hieß irgendwann für viele: Abszesse, Entzündungen, Hepatitis, seit den 80ern auch: HIV. Denn das HI-Virus verbreitet sich über direkten Kontakt zu infiziertem Blut. Es überträgt sich häufig bei sexuellem Kontakt – oder weil eine Infizierte ihre Injektionsnadel mit einem anderen Heroinkonsumenten teilt.

Die diffuse Angst vor HIV und die verbreitete und völlig unbegründete Sorge, sich auch bei flüchtigen Kontakten mit Homosexuellen und Junkies damit anstecken zu können, gab der Stigmatisierung von Heroin im Besonderen und Drogen im Allgemeinen dann noch einmal eine neue, intensive Dynamik. Wer sich an 2020 erinnert, nicht aber an die 1980er-Jahre, kann trotzdem das Ausmaß von Angst und Irrationalität ermessen, das Gesellschaften einer neuen, noch kaum bekannten Krankheit entgegenbringen können. Anders als COVID-19 verlief HIV/Aids lange für jede*n Betroffene*n tödlich. So starben nun viele Heroinabhängige nicht an Heroin, sondern an Aids – und damit genau genommen an einer Begleiterscheinung der Prohibition, denn wäre Heroinkonsum legal gewesen, hätten sie wohl kaum Grund dazu gehabt, ihre Nadel mit anderen Konsument*innen zu teilen, und sich somit vermutlich nicht angesteckt.

Auch diejenigen Heroinabhängigen, die sich nicht ansteckten, litten unter der wachsenden Stigmatisierung von Drogen. Sie steckten in der Falle. Kaum jemand glaubte daran, dass sie sich von ihrer Abhängigkeit befreien könnten, kaum jemand hielt sie für wertvolle Mitglieder der Gesellschaft, und die sozialen Probleme, die sie möglicherweise in die Abhängigkeit getrieben hatten, schienen aus diesem gesellschaftlichen Abseits heraus erst recht nicht lösbar. Viele Betroffene sahen in dieser Situation irgendwann keinen anderen Ausweg mehr und nahmen sich das Leben. Sie wurden abgeheftet unter »BtM, Überdosis«, ohne dass ihre Probleme öffentlich wahrgenommen worden wären. Auch sie sind in erster Linie Opfer der Prohibitionspolitik und hätten vielleicht überlebt, wenn die Gesellschaft einen Rückweg in ein anderes Leben für sie frei gemacht hätte. Viel spricht dafür, dass die meisten Drogentoten nicht an Drogen starben und sterben, sondern an der Art, wie unsere Gesellschaft mit Drogen umgeht.

Die Geschichte von Christiane F. bereitete den Weg für die Anti-Drogen-Kampagnen der 1980er- und 1990er-Jahre und machte es gleichzeitig unheimlich schwer, in der Bundesrepublik fundiert über Drogenkonsum zu sprechen. Dabei gab es bereits seit den späten 1970er-Jahren sozialwissenschaftliche Studien, die sich alle Mühe gaben, der öffentlichen Heroinpanik wissenschaftlich belegbare Fakten entgegenzustellen. Doch die deutlichen Hinweise auf die Schädlichkeit des Prohibitionssystems und die Entwürfe einer alternativen Drogenpolitik verhallten ohne spürbares politisches Echo. Das Betäubungsmittelgesetz war gekommen, um zu bleiben.

Was in den späten Siebzigern mit den Kindern vom Bahnhof Zoo begonnen hatte, setzte sich in den Achtziger- und Neunzigerjahren fort: Immer neue vereinfachende Metaphern und Erzählungen sollten vor Drogenkonsum warnen. Was unter der Überschrift »Aufklärung« im Fernsehen und in den Schulen stattfand, war in Wirklichkeit eher Abschreckung. Die These von Marihuana als Einstiegsdroge hatte hier genauso ihren Platz wie übertriebene und vereinfachende Schilderungen von Substanzabhängigkeit und eine undifferenzierte Gleichmacherei, bei der Drogen häufig als irgendwie alle gleich gefährlich dargestellt wurden. Je häufiger und länger diese Interpretationen wiederholt wurden, desto größer wurde ihre Wirkungsmacht.

Mit der Öffnung der Mauer und der Wiedervereinigung kamen sie seit 1989/90 auch in Ostberlin und den neuen Bundesländern an. So groß die Freude war, so groß war vor allem bei Eltern zu dieser Zeit auch die Sorge, die kapitalistischen Laster würden den eingerissenen »antikapitalistischen Schutzwall« überqueren und das Drogenproblem würde fortan auch die ehemalige DDR-Bevölkerung heimsuchen. Eine sozialwissenschaftliche Studie beobachtete in den frühen 1990er-Jahren die Ostberliner Jugend dabei, wie sie sich langsam an die neuen Schwarzmarktangebote gewöhnte. Die Forscher*innen konnten zeigen, dass die Jugendlichen aus Ostberlin zwar zunächst vorsichtiger waren als ihre Westberliner Altersgenossen. Mitte der 1990er war dann aber das Konsumverhalten der jungen Leute diesseits und jenseits der eingerissenen Mauer kaum noch voneinander zu unterscheiden.

Während diese Anpassung der ostdeutschen Drogenszenen an die neue gesamtdeutsche Schwarzmarktrealität noch lief, hatte sich bereits wieder der nächste Drogentrend entwickelt, der den Eltern Heranwachsender neues Kopfzerbrechen bereitete. Er war ein Kind des Techno, kam in Form eines Amphetamins namens Ecstasy oder MDMA und spaltete wieder einmal die Gesellschaft in zwei Gruppen: die eine, die mithilfe der kleinen bunten Pillen euphorische Zustände erlebte, in Liebe mit der Masse und dem Bass verschmolz, stundenlang durchtanzte und möglicherweise zu wenig Wasser dabei trank. Die andere, die mit der eingeübten Abwehr reagierte und sich ernste Sorgen um die Kinder machte.

Die Widersprüchlichkeit zwischen dem, was über Drogen erzählt wurde, und dem, was Konsumierende erlebten, entfaltete dabei weiter seine ambivalenten Wirkungen. Wenige wurden abgeschreckt, ließen die Finger von Cannabis, Koks und Co. und griffen lieber beruhigt zu Alkohol und Zigaretten. Doch wer sich nicht abschrecken ließ, erlebte mitunter ebenfalls die Folgen dieser »Aufklärungspolitik«. Wer nämlich wagte, doch einmal einen der verbotenen Stoffe auszuprobieren, merkte bisweilen schnell, dass die gängigen Abschreckungsgeschichten wenig mit der tatsächlichen Konsumerfahrung zu tun hatten. Dieses Erlebnis konnte und kann leicht dazu führen, dass dann gleich alle Warnungen unglaubwürdig wirken – auch diejenigen, die zu Recht auf die Risiken und Nebenwirkungen von Drogenkonsum aufmerksam machen. Hinzu kommen all die Gefahren, die mit uninformiertem Substanzkonsum unter Prohibitionsbedingungen einhergehen: welche Drogen nicht kombiniert werden dürfen, welche Vorsichtsmaßnahmen Unfälle und negative Erfahrungen verhindern können oder welche Dosis die gewünschte Wirkung hervorruft. Wenn die Betroffenen dann merken, dass ihr Substanzkonsum doch unangenehme Folgen für sie hat, ist der Schaden (sei er nun sozial oder gesundheitlich) möglicherweise schon entstanden.

Die kollektiven Abwehrreflexe, die diese drogenpolitische Sozialisation produziert hat, sind bis heute sehr deutlich zu spüren. Auch ich bin mit diesen Reflexen sozialisiert worden und war voller diffuser Angst, uninformierter Abwehr und trotziger Faszination, als ich begann, mich wissenschaftlich mit der Geschichte der Drogen zu beschäftigen.

Zum ersten Mal war mir das Thema in den Neunzigerjahren auf dem Schulweg begegnet. Ich lernte gerade lesen und buchstabierte auf den Bonner Litfaßsäulen: »KEINE MACHT DEN DROGEN!« Diese Warnung wiederholten auch die Erwachsenen in meinem Umfeld, ohne sie genauer zu qualifizieren. Im Biologieunterricht in der Mittelstufe folgte dann eine eher verwirrende Unterrichtsreihe, aus der meine Freundinnen und ich vor allem den *fun fact* mitnahmen, Kokain werde aus Mohn gemacht. Was uns dazu brachte, fortan Mohnkuchen füreinander zu backen und »Kokainkuchen« dazu zu sagen. (Heroin und Morphium werden aus Schlafmohn hergestellt. Kokain ist ein Derivat der Kokapflanze. Wie die Verwechslung zustande kam, ist nicht dokumentiert.) Über die Mechanismen von Substanzabhängigkeiten lernten wir genauso wenig wie über die Wirkungsweisen der Drogen. Mitunter lebensrettende Informationen wurden uns vorenthalten. Welche Drogen man nicht miteinander kombinieren darf, zum Beispiel. Welche Drogen man besser nicht probieren sollte, wenn es Grund zu der Vermutung gibt, dass man zu psychotischen Episoden neigen könnte. Welche Vorerkrankungen bei welchen Drogen zu erhöhten Gefahren führen können. Wie man Erste Hilfe leistet, wenn jemand einen Drogenunfall erleidet. (Zu diesen und ähnlichen Fragen empfehle ich Carl Harts Buch *Drug Use for Grown-Ups*.) Was wir verstanden hatten: Wer kifft, lässt sich besser nicht erwischen. Wer im Bus auf dem Weg zur Klassenfahrt Ecstasy nimmt, fliegt von der Schule. Drogen sind irgendwie böse und gefährlich. Aus eher zufälligen Gründen ließ ich dann auch tatsächlich die Finger davon, trank lieber an Weiberfastnacht morgens ab 11 Uhr 11 Amaretto-Apfel und fand das ganz normal.

Es dauerte Monate und Jahre, in denen ich die Forschungsliteratur kiloweise konsumierte, bis ich von diesem wilden Trip der mehr oder weniger gezielten Desinformation mit dem Etikett »Aufklärung« herunterkam und erstaunt feststellte, dass die meisten Drogenexpert*innen Prohibition schon lange nicht mehr für eine wirksame Strategie der Drogenpolitik halten. Nun geriet ich in eine interessante Situation: Weil ich über Drogen forschte, wollte praktisch jede*r plötzlich mit mir über dieses Thema reden. Bei Konferenzen, Familienfesten, auf Partys, überall wurde ich plötzlich in Gespräche darüber verwickelt, wie verzerrt unsere Vorstellungen von Drogen sind. Wer wusste, dass ich selbst auf diesem Gebiet so gut wie keine praktischen Erfahrungen hatte, staunte umso mehr über meine prohibitionskritische Position, die man sonst vielleicht von eingefleischten Kiffer*innen erwartet hätte, nicht aber von einer, die unter den psychoaktiven Substanzen in erster Linie den gezuckerten Schwarztee bevorzugte.

Die Reaktionen reichten in diesen Gesprächen von verschwörerischem Grinsen über Neugier, Erstaunen, Angst, Ungläubigkeit und nicht enden wollenden Nachfragen bis hin zu wütender Abwehr und beharrlicher prohibitionistischer Besserwisserei. Letztere trat vorwiegend in der Generation auf, die die »Heroinwelle« der Siebziger und Achtziger bewusst erlebt hatte – also in der Generation meiner Eltern, die in den 1950ern geboren ist und sich sonst selbst als irgendwie-gerade-noch-68er begreift. All diese Reaktionen sind vollkommen nachvollziehbar und lassen sich erklären mit den Erfahrungen, die unsere Gesellschaft in den vergangenen Jahrzehnten mit Drogen gemacht hat. Die meisten dieser Erfahrungen waren keine eigenen körperlichen Drogenerfahrungen, sondern passive: Sie kamen aus Magazinen, Sachbüchern, Krimis, Dokus und Talkshows. Es sind diese kollektiven Drogenerfahrungen der Deutschen, die heute einer breiten, offenen Auseinandersetzung über das Thema häufig im Weg stehen.

Export der Prohibition: Amerikanische Drogenpolitik als Außenpolitik

Seit den späten 1970er-Jahren fanden die USA in der Bundesrepublik einen verlässlichen drogenpolitischen Partner vor. Weil auch die Westdeutschen nun ein »eigenes« Drogenproblem hatten, waren sie bereit, die USA in Sachen Prohibition zu unterstützen. Weil Washington seine Drogenpolitik global anlegte, waren die amerikanischen Diplomaten (und sehr selten: Diplomatinnen) immer auf der Suche nach Verbündeten, ohne die auch eine Supermacht keine Drogen-Weltpolitik betreiben kann.

Nicht immer hatten diese Bemühungen Erfolg. In Ankara wie in Paris, in Bangkok wie in Rangun (heute: Yangon) trafen die Angestellten der US-Drogenbehörden und des Außenministeriums immer wieder auch auf Widerstand – vor allem, wenn ein Land nicht der Ansicht war, ein eigenes Drogenproblem zu haben. Daraufhin bemühten sie sich teilweise gezielt darum, ein solches eigenes Drogenproblem »herzustellen«, indem sie zum Beispiel Studien zum Substanzkonsum in Auftrag gaben oder alarmierende Presseberichte zu Drogenthemen förderten. Entstand bei den Partnerbehörden im Ausland daraufhin tatsächlich eine gewisse Sorge und Sensibilität in Bezug auf das Drogenthema, herrschte bei den US-Diplomaten Jubelstimmung. Für sie war wichtig, dass ihre internationalen Verbündeten Drogen ebenfalls als problematisch wahrnahmen, denn ein solches Problembewusstsein schuf erst die Voraussetzung dafür, dass die Verbündeten mit den USA in der Drogenbekämpfung kooperierten. Und weil das Drogenproblem zwar in seinen Auswirkungen ein lokales war, aber (nach der Überzeugung der amerikanischen Supply-Control-Hardliner) global bekämpft werden musste, brauchte man unbedingt diese Kooperation ausländischer Regierungen, um das eigene Drogenproblem zu lösen.

1972 waren deswegen bereits 1610 Drogenagenten in den US-amerikanischen Botschaften in 57 Ländern stationiert. Dort hatten sie sehr unterschiedlichen Einfluss darauf, was vor Ort unter »Drogenpolitik« verstanden wurde. Ihre Präsenz führte keineswegs zwangsläufig dazu, dass die jeweilige Regierung den US-amerikanischen Prohibitionsstandards gerecht wurde. Wenn jedoch ein Land ein eigenes Drogenproblem entwickelte, wie es zum Beispiel die Bundesrepublik und Frankreich im Lauf der Siebzigerjahre taten, lag es für die dortigen Regierungen zunächst nahe, die US-amerikanischen Erfahrungen auf diesem Gebiet zu nutzen und sich an der dortigen Politik zu orientieren – zumal diese Politik ohnehin schon durch die internationalen Konventionen zum geltenden Standard geworden war. So kam es, dass in vielen Ländern der Welt, die unter dem Einfluss der amerikanischen Supermacht standen, erst Drogengesetze nach amerikanischem Vorbild verabschiedet wurden und sich dann, teilweise um Jahrzehnte verspätet, um diese Drogengesetze herum auch die entsprechenden Verfolgungsapparate und Glaubenssysteme entwickelten, die wir heute kennen.

Deutschland stand in dieser Hinsicht deutlich weniger im Fokus der amerikanischen Drogenpolitik-Exporteure als Länder, in denen in größerem Ausmaß Drogenproduktion und Drogenhandel stattfanden und die als Zulieferer für die US-amerikanischen Drogenmärkte identifiziert wurden. So setzte die US-Regierung in den 1970er-Jahren beispielsweise die türkische, die französische, die mexikanische, die thailändische und versuchsweise auch die burmesische Regierung massiv unter Druck, um sie dazu zu bringen, eine aus amerikanischer Sicht richtige Drogenpolitik umzusetzen. Auf diese Weise gelangten die amerikanischen Prohibitionsstandards in alle möglichen Ecken der Welt, auch wenn sie dort manchmal zu Anfang nicht sonderlich willkommen waren.

Das bedeutet jedoch nicht, dass die Verbündeten der USA keine Chance gehabt hätten, ihre Drogenpolitik mitzugestalten. Manche waren ohnehin aus eigenem Antrieb Prohibitionisten und ließen sich gern von Uncle Sam beim Verbieten unter die Arme greifen. Anderen gelang es, die drogenpolitischen Angebote zu ihren Gunsten zu nutzen und die USA geradezu mithilfe drogenpolitischer Faustpfänder zu erpressen. Andere widersetzten sich den US-Bemühungen lange nahezu komplett, wie zum Beispiel Burma (heute: Myanmar).

Wieder andere gestalteten ihre Drogenpolitik zwar nach den

Prinzipien der Prohibition, blieben aber in der konkreten Umsetzung dieser Politik deutlich liberaler als die USA selbst. Ein Beispiel hierfür ist die niederländische Cannabispolitik: Seit den Siebzigerjahren wurde hier der Konsum von Marihuana und Haschisch in Coffeeshops erlaubt, während Handel, Besitz und privater Konsum verboten blieben. Ein anderes Beispiel für einen drogenpolitischen Sonderweg ist die Schweiz, die aufgrund ihrer Neutralitätspolitik die internationalen Konventionen nicht ratifizierte und den Drogenkonsum erst 1975 kriminalisierte.

Auch Deutschland war in mancher Hinsicht kein drogenpolitischer Musterschüler. Obwohl hier keine so offensichtlichen Ausnahmen gemacht wurden wie in den Niederlanden, war doch der Umgang mit Drogenabhängigen hier in den Siebziger- und Achtzigerjahren liberaler als in den USA. Die Bereitschaft, Substanzabhängigkeiten als Krankheit zu begreifen und die Betroffenen therapeutisch zu betreuen, war hier zwar nicht vorbildlich, aber doch etwas ausgeprägter als jenseits des Atlantiks. Und: Viel seltener und deutlich kürzer verschwanden die Betroffenen hinter Gittern. So war es den USA zwar gut gelungen, die drogenpolitischen Strategien von Brent, Anslinger und Nixon in die Welt zu tragen, doch wie sie dort im Detail umgesetzt wurden, lag nicht in amerikanischer Hand und blieb am Ende sehr unterschiedlich.

Ganz anders als in den USA waren Drogen in Deutschland lange kein Problem, sondern ein Geschäftsmodell. Als die internationale Gemeinschaft sich in der ersten Jahrhunderthälfte unter amerikanischer Führung auf drogenpolitische Richtlinien zu einigen begann, war das Deutsche Reich zunächst aus wirtschaftlichen Gründen sehr zurückhaltend und fügte sich dann nur in das internationale Prohibitionsregime, weil es den Ersten Weltkrieg verlor. Die Drogenverbote der 1920er-Jahre waren reine Formsache und keineswegs Lösungsversuche für ein deutsches Drogenproblem, denn das gab es zu diesem Zeitpunkt nicht. Jahrzehntelang blieben diese Verbote dann auch »papierenes Gesetz ohne Verfolgungsrealität«.[42]

Erst mit den 68ern kamen Drogen auch in Deutschland als Protestsignale jugendlicher Rebellen in Mode. In Reaktion auf einen ersten Anstieg der weiterhin bescheidenen Konsumzahlen und auf die neuen internationalen Richtlinien verabschiedete der Bundestag 1971 das Betäubungsmittelgesetz, das amerikanische Zustände auf den deutschen Drogenmärkten verhindern sollte, indem es Drogendelikte härter bestrafte.

Das neue Drogengesetz verhinderte nicht, dass die Konsumzahlen in den kommenden Jahrzehnten weiter anstiegen. Diese Zunahme allein hätte Westdeutschland jedoch nicht zwangsläufig in das deutsche Drogenproblem führen müssen, das sich dann in den 1970er-Jahren entwickelte. Als die Konsumzahlen zu steigen begannen, stand vielmehr bereits ein vollständiges Set an überwiegend amerikanisch geprägten Deutungsangeboten und Lösungsstrategien bereit, das Politik und Gesellschaft gern nutzten, um diese Entwicklung zu verstehen. Die verfügbaren Deutungen und Lösungen legten eine Prohibitionspolitik nach amerikanischem Muster nahe: Drogen verteufeln und verbieten, Konsument*innen stigmatisieren, kriminalisieren, verfolgen und bestrafen, Drogenhandel möglichst verhindern.

Dass dieses drogenpolitische Problemlösungsmodell in der Bundesrepublik auf so wenig Kritik stieß, hing sicherlich auch damit zusammen, dass man dort so wenig Erfahrung mit dem Problem hatte und sich deshalb zunächst auf (angeblich) bewährte Konzepte verlassen wollte. Darüber hinaus stieß die amerikanische Drogenpolitik in Deutschland aber auch auf einen günstigen Nährboden aus kulturellen Einstellungen und Vorprägungen: Da waren die vagen Erinnerungen an die Stigmatisierung und Verfolgung von Drogenabhängigen in der Nazizeit. Da waren noch ältere Ideen von der degenerativen Kraft durch Rauschgifte à la Max Nordau. Und auch die protestantische Körper- und Rauschfeindlichkeit, der Ruf nach kollektiver Zucht und Ordnung waren durchaus keine amerikanischen Erfindungen, sondern auch in Martin Luthers Heimatland zu finden. Angebliche »deutsche Tugenden« wie Fleiß, Zuverlässigkeit und Pünktlichkeit vertrugen sich ebenfalls schlecht mit Rausch und Ausschweifung.

Der amerikanische Prohibitionsexport traf also in Westdeutschland (und später auch in der wiedervereinten Bundesrepublik) auf willige Importeure. Weil zumindest beim deutschen Cannabiskonsum seit den späten Sechzigerjahren der Verdacht nahelag, dass er den Cannabiskonsum der amerikanischen Gegenkulturen nachahmte, wurde es noch plausibler, nach dem Problem auch dessen Lösung abzukupfern.

So buk sich die westdeutsche Gesellschaft ihr eigenes Drogenproblem – mit teils heimischen, teils importierten Zutaten und nach amerikanischem Rezept: Man streue ein paar Nazivorurteile, eine Prise protestantische Vergnügungsfeindlichkeit und amerikanische Schreckensszenarien in dem bereitstehenden Gefäß aus den gültigen internationalen Drogenabkommen aus. Dann nehme man eine wachsende Gruppe junger Cannabiskonsument*innen und würze sie mit einer kleinen Minderheit klassischer Heroinjunkies. Beide Phänomene vermische man mit emotionalen Argumenten und ohne größere Rücksicht auf Forschungsergebnisse zu einem neuen deutschen Drogenproblem. Hält dieser Quark argumentativ nicht gut zusammen, füge man das Märchen von der »Einstiegsdroge« hinzu und streue die irrige Vorstellung ein, wer sich in Drogenszenen bewege, werde möglicherweise gegen seinen oder ihren Willen »angefixt«. Das Ergebnis stelle man ein paar Jahre lang in die Heißluft der Medienpanik, überbacke es mit einer Schicht Angst vor HIV, garniere es am Ende mit einem Talkshow-Auftritt von Christiane F. und serviere es dann einer Generation Eltern, die (wie vielleicht alle Eltern der Weltgeschichte) gerade Angst um ihre heranwachsenden Kinder haben. Das Ergebnis dieser Quirlerei geistert bis heute durch die deutsche Drogenpolitik, nämlich in Form von Stigmatisierung, diffuser Angst, alten Abwehrreflexen und einer großen Portion sachlicher Desinformation.

11

VOM DROGENKRIEG IN DIE SACKGASSE

Kollateralschäden: Die verheerenden Nebenwirkungen des *War on Drugs*

Gut fünfzig Jahre nach Beginn von Nixons *War on Drugs* ist die Bilanz erschütternd. Wer die drogenpolitischen Projekte der USA neben die geschätzten (und oft: geratenen) Konsumzahlen legt, muss zu dem Schluss kommen, dass die amerikanische Drogenpolitik in diesen fünfzig Jahren spätestens mittelfristig keinen messbaren Einfluss darauf hatte, wie viele Drogen die US-amerikanischen Bürger*innen zu sich nahmen. Hin und wieder sind zwar kurzfristig Schwankungen auf den Drogenmärkten zu erkennen, die plausibel auf drogenpolitische Maßnahmen zurückgeführt werden können. Doch sehr schnell suchten sich in solchen Fällen Konsument*innen und Drogenunternehmer*innen neue Wege, um Geschäft und Konsum wieder anzukurbeln.

Die offensichtlichsten Opfer der erfolglosen Prohibitionspolitik sind die Drogenkonsument*innen – und das gilt sowohl in den USA selbst als auch in all den Ländern, die ein Prohibitionssystem nach amerikanischem Vorbild aufgebaut haben. Neurowissenschaftler*innen wie Carl Hart gehen davon aus, dass zwischen 70 und 90 Prozent der Konsumierenden nur gelegentlich

Drogen nehmen und kein Abhängigkeitsproblem entwickeln. Das gilt auch für Drogen wie Heroin und Crack, denen so häufig ein unentrinnbares Abhängigkeitspotenzial nachgesagt wird. Die große Mehrheit der Drogenkonsument*innen nutzt illegale Substanzen für mehr oder weniger waghalsige psychoaktive Experimente oder ganz unaufgeregt und routiniert als Genussmittel und schädigt damit (wenn überhaupt) den eigenen Körper, und zwar je nach Droge und Konsumsituation in unterschiedlichem Ausmaß. Drogenunfälle passieren dabei am häufigsten aufgrund der Prohibitionsbedingungen, also durch verunreinigte Drogen, unklare Dosierungen und fehlendes Wissen darüber, wie die jeweilige Substanz sicher und gesundheitsschonend einzunehmen wäre. Konsumierende gehen also das Risiko ein, sich mit ihrem Drogenkonsum selbst Schaden zuzufügen. Die Verletzung des eigenen Körpers ist aber in Deutschland nicht illegal und wird eigentlich nicht strafrechtlich verfolgt. Außer, wenn es um Drogen geht. Das liegt daran, dass die Drogengesetze eben ursprünglich nicht dem Gesundheitsschutz dienen sollten. Sie waren und bleiben Sittlichkeitsgesetze. Deshalb machen sich Drogenkonsument*innen strafbar und riskieren neben den gesundheitlichen Nebenwirkungen rechtliche Verfolgung und soziale Stigmatisierung.

Deutlich härter trifft die Prohibition die Minderheit der Konsument*innen, deren Drogenkonsum zu einem persönlichen Problem wird. Das fängt bei der Aufklärung an: Wo Drogen verboten sind, wird in eher allgemeinen Begriffen über sie gesprochen. Differenzierte Informationen über konkrete Wirkung, Nebenwirkungen, Wechselwirkungen oder Dosierungen finden Konsument*innen heutzutage im Internet, wenn sie danach suchen. In den Lehrplänen kommen sie dagegen nicht vor, solange es dort in erster Linie um Abschreckung geht.

Hat jemand bereits einen problematischen Konsum entwickelt, ist er oder sie als Nächstes verstärkt den Folgen des unkontrollierten Schwarzmarktes ausgesetzt. Unkalkulierbare Mischverhältnisse und Wirkungsgrade machen jeden Konsum zur Gefahr, und auch Beimischungen und Verunreinigungen stellen vor allem bei regelmäßigem Konsum zusätzliche Gesundheitsrisiken dar. Hinzu kommt bei intravenösem Konsum die Infektionsgefahr durch verunreinigte Nadeln: So drohen Heroinabhängigen nicht nur (absichtliche oder versehentliche schwarzmarktbedingte) Überdosierungen, sondern auch HIV und Hepatitis. Häufig entziehen sich Abhängige außerdem jeglicher medizinischen Versorgung, weil sie Angst haben, dass ihr Konsum dabei »auffliegen« könnte. Werden sie krank, bleibt das womöglich erst lange unbemerkt, weil die Drogen durch ihre betäubende Wirkung Warnzeichen überdecken. Fällt die Krankheit dann auf, bleiben oft wiederum Drogen die einzigen Medikamente – aus Angst vor Mediziner*innen, die doch eigentlich zu Beginn ihrer Tätigkeit schwören, ihren Patient*innen zu helfen. Stirbt eine Abhängige am Ende an ihrer unbehandelten Krankheit, landet auch sie womöglich in der BtM-Statistik, obwohl sie eigentlich Opfer der Stigmatisierung geworden ist. Nicht zuletzt erschwert die Prohibition es den Betroffenen, sich Hilfe zu suchen. Weil Strafverfolgung und noch stärkere soziale Isolation drohen, zögern viele Abhängige lange, bis sie sich ihr Drogenproblem eingestehen und Therapieangebote in Anspruch nehmen.

Doch auch wer selbst gar keine Drogen nimmt oder verkauft, war und ist von der Drogenprohibition betroffen – vor allem, wenn er oder sie einer marginalisierten Minderheit angehört. Das gilt ganz besonders in den USA. Denn die drogenpolitische Offensive unter Nixon führte seit den Siebzigerjahren zum Aufbau eines rassistischen Unterdrückungssystems, das im Lauf eines halben Jahrhunderts Millionen von Menschen entrechtet hat. Diese Entrechtung beginnt mit dem stereotypen Generalverdacht, der vor allem Afroamerikaner*innen trifft und sie pauschal als Konsument*innen und Dealer*innen beschuldigt.

Dieses Vorurteil manifestiert sich dann mit großer Regelmäßigkeit in mitunter harschen, aggressiven Polizeikontrollen, die vor allem afroamerikanische Jugendliche treffen, während weiße Gleichaltrige Ähnliches so gut wie nicht erleben. Die Entrechtung gipfelt in all den afroamerikanischen jungen Männern, die regelmäßig bei solchen Drogenkontrollen von der Polizei erschossen werden. Nicht selten argumentieren im Anschluss an solche rassistischen Gewalttaten die Anwälte der Täter (und selten: der Täterinnen) damit, das Opfer habe unter dem Einfluss von Drogen gestanden und ihr*e Mandant*in habe nur das eigene Leben verteidigt. Oft hat diese Strategie Erfolg, auch wenn das Opfer nicht unter Drogeneinfluss stand oder die Drogen in seinem Blut unmöglich gewalttätig gemacht haben können.

Ihre gesamtgesellschaftliche Wirkung entfaltet die Entrechtung mittels Drogenpolitik aber in der massenhaften Inhaftierung: Auf dem Höhepunkt der Inhaftierungswelle im Jahr 2001 musste der Wahrscheinlichkeit nach einer von drei afroamerikanischen Männern irgendwann in seinem Leben ins Gefängnis – während von allen US-amerikanischen Männern zusammengenommen »nur« einer von 17 hinter Gitter kam. Einer der wichtigsten Gründe für diese hohe Inhaftierungsrate war und ist die strenge Drogengesetzgebung, die auch für kleinere Delikte teilweise lange Haftstrafen vorschreibt. Bis heute haben die USA die höchste Inhaftierungsrate der Welt. Nirgendwo sind pro Kopf mehr Menschen eingesperrt als im Land der Freien und Mutigen: »in the land of the free and the home of the brave«, wie es in der amerikanischen Nationalhymne heißt.

Der Grund für diesen traurigen Rekord liegt nicht nur, aber auch in den strengen Drogengesetzen. Der Grund für die ungerechte *Verteilung* der Inhaftierungen auf die verschiedenen ethnischen Gruppen ist die rassistisch motivierte Anwendung dieser Gesetze. Übrigens endet die Entrechtung dabei keineswegs in dem Moment, in dem ein*e Delinquent*in das Gefängnis (teilweise nach vielen Jahren) wieder verlässt. Eine Haftstrafe geht auch nach der Entlassung fast immer mit systematischer gesellschaftlicher Stigmatisierung einher: Häufig haben die Betroffenen nicht nur aufgrund der Verurteilung Wohnung und Arbeitsplatz verloren, sie finden auch oft nach ihrer Entlassung weder eine neue Stelle noch eine vergleichbare Unterkunft. Außerdem geht mit diesem sozialen Abstieg teilweise eine langfristige Entrechtung einher, denn verurteilte Straftäter*innen verlieren in vielen Bundesstaaten teilweise kurzfristig, teilweise aber auch auf Lebenszeit ihr Wahlrecht. So bilden Wahlergebnisse häufig nicht den tatsächlichen Willen der Bevölkerung ab: Weil afroamerikanische Wähler*innen dazu neigen, die Demokratische Partei zu wählen, führt ihre systematische Entrechtung mithilfe der Drogengesetze regelmäßig zu Verzerrungen der Wahlergebnisse zugunsten der Republikaner.

Doch nicht nur in den USA selbst hatte und hat der *War on Drugs* verheerende Folgen. Auch entlang der Lieferketten kostete er eine Reihe von Staaten ihre Stabilität sowie unzählige Menschen ihre wirtschaftliche Existenz oder gar ihr Leben. In der Türkei destabilisierte die US-Drogenpolitik Anfang der 1970er-Jahre die legale Opiumökonomie und zwang unzählige Opiumbauern und -bäuerinnen in die Illegalität. In Südostasien flossen drogenpolitische Gelder manchmal in erfolgreiche Projekte zur Verbreitung alternativer Feldfrüchte in Opiumanbaugebieten. Manchmal wurden damit aber auch Hubschrauber gekauft, mit denen ländliche Aufstände brutal unterdrückt werden konnten – oder sie landeten gleich in korrupten Politikertaschen. In Mexiko unterstützten die amerikanischen Drogenkrieger in den Siebzigern die autoritare Regierung dabei, Opiumfelder und Marihuanaplantagen zu zerstören, anfangs mit Flammenwerfern und Hacken, später dann auch mit Herbiziden, die aus der Luft versprüht wurden wie *Agent Orange* in Vietnam. Die mexikanische Regierung nutzte die amerikanische Unterstützung zwar für die Drogenbekämpfung, aber auch für die Unterdrückung der Opposition. Weil unter dem Druck der Herbizidhelikopter nur die korruptesten und brutalsten Drogenunternehmen überlebten, leistete die amerikanische Drogenpolitik in Mexiko einen wichtigen Beitrag zur Kartellisierung der dortigen Drogenmärkte – und legte damit eine wichtige Grundlage für die Eskalation des Drogenkrieges, der bis heute den mexikanischen Staat aushöhlt und bereits Hunderttausende Opfer gekostet hat.

Vor diesem Panorama der Verwüstung lässt sich wohl festhalten, dass Deutschland einigermaßen glimpflich davongekommen ist. Auch hier hat die amerikanisch inspirierte Drogenpolitik jedoch ihre Schäden angerichtet. Die Stigmatisierung der Drogenabhängigen, die in vielen Fällen fließend in systematisch unterlassene Hilfeleistung überging und übergeht, ist keine zwangsläufige Konsequenz von Drogenkonsum, sie ist vielmehr die herzlose, brutale und oftmals tödliche Nebenwirkung der deutschen Drogenpolitik.

Nun könnte man der Meinung sein, diese Stigmatisierung würde sich lohnen. Wenn Drogenverbote Menschen daran hindern würden, Drogen zu nehmen. Wenn sie die Gesellschaft zu einem besseren, sichereren, moralischeren Ort machen würden. Dann könnte man darüber diskutieren, abwägen, verhandeln und möglicherweise tatsächlich zu dem Schluss kommen, dass Drogenverbote sinnvoll sind, weil sie die erwünschte Wirkung erzielen und dabei die positiven Effekte die schädlichen Nebenwirkungen überwiegen. Aber: Sie funktionieren nicht. Diejenigen, die Drogen nehmen wollen, nehmen sie fast immer auch dann, wenn sie damit das Gesetz brechen. Und diejenigen, die keine Drogen nehmen, nehmen fast nie keine, weil sie verboten sind. Das ist bekannt, weil nicht überall auf der Welt das amerikanisch geprägte Prohibitionssystem gilt.

Gegenbewegungen: Alternative Drogenpolitik und ihre Folgen

Widerstand gegen prohibitive Drogengesetze gab es seit Beginn der Drogenpolitik. Schon im frühen 20. Jahrhundert versuchten zum Beispiel deutsche Diplomaten, ihr Heimatland vor allzu komplizierten Arzneimittelvorschriften zu schützen. Außerdem rührte sich bald auch Widerstand gegen die strafende Grundhaltung der Verbotsgesetze. Als in den USA 1914 der *Harrison Act* verabschiedet wurde, kümmerten sich Ärzt*innen in spezialisierten Kliniken jahrelang um das Wohlergehen derjenigen Patient*innen, die ihren Konsum nicht allein von heute auf morgen einstellen konnten. Dabei waren sie bereit, die Betroffenen zumindest übergangsweise auf Rezept mit ihrem jeweiligen Rauschmittel zu versorgen – bis das gerichtlich verboten wurde.

Auch in den folgenden Jahrzehnten kämpften Vertreter*innen der Ärzteschaft immer wieder für einen menschlicheren Umgang mit Substanzabhängigkeiten und für Therapien, bei denen Mediziner*innen Drogen verschreiben dürfen, wenn Nüchternheit für die Betroffenen kein realistisches Ziel ist. Als in den 1950ern mit dem *Boggs Act* in den USA ein knüppelhartes Verbotsgesetz verabschiedet wurde, formulierten Verbände der Mediziner*innen *(American Medical Association)* und der Jurist*innen *(American Bar Association)* mit Nachdruck ihre Kritik und gingen in den offenen Konflikt mit Anslingers FBN.

Auch waren es US-amerikanische Forschungseinrichtungen, in denen in den 1950er- und 1960er-Jahren die Substitutionstherapie erfunden wurde. Seit diese Therapieform in den Siebzigerjahren legal wurde, können Heroinabhängige zum Beispiel mit dem synthetischen Opioid Methadon versorgt werden. Es wirkt gegen Entzugssymptome, stillt Schmerzen, erzeugt aber keinen Kick, sondern wirkt über längere Zeit gleichmäßiger als Heroin und erleichtert so den Betroffenen einen Ausstieg aus den Dynamiken der Drogenszenen und aus kriminellen Strukturen und Verhaltensmustern. Von Anfang an war diese Therapiemethode sehr umstritten, weil sie von den Betroffenen keine Nüchternheit verlangt – also auch keine Läuterung, Reue und Umkehr, wie sie schon seit dem 19. Jahrhundert implizit häufig das heimliche Ziel der verschiedenen Entzugstherapien gewesen waren.

Auch in anderen Bereichen regte sich in den USA über die Jahrzehnte Widerstand gegen die Drogenpolitik. So forderte in den frühen Siebzigern das Shafer-Komitee eine angemessenere Cannabispolitik. Es entwickelten sich Graswurzelbewegungen, die für die Rechte von Marihuanakonsument*innen eintraten und die sich nach und nach in Interessenverbänden wie NORML *(National Organization for the Reform of Marihuana Laws)* organisierten. Und in jüngerer Zeit wehren sich Bürgerrechtler*innen wie Michelle Alexander und Neurowissenschaftler*innen wie Carl Hart gegen die drogenpolitische Entrechtung der Afroamerikaner*innen.

All diese Beispiele, von denen es noch viele weitere gibt, zeigen, dass der drogenpolitische Konsens in den vergangenen Jahrzehnten zwar oft von breiten Mehrheiten getragen wurde, dass es aber immer wieder auch Stimmen gab, die eine andere Drogenpolitik vorstellbar und wünschenswert fanden. Das gilt auch für die Bundesrepublik. Seit Beginn der prohibitiven Drogenpolitik in den 1970ern erschienen hier kritische Bücher und Zeitungsartikel zum Thema, und schon damals waren viele Argumente bekannt, die heute noch diskutiert werden. Auch in der Politik begannen Die Grünen und vor allem die Grüne Jugend früh, besonders die Cannabisverbote zu kritisieren und einen liberaleren Umgang mit Drogenkonsum zu fordern, ohne dass dem Thema allerdings in der politischen Landschaft große Aufmerksamkeit beschert gewesen wäre.

Besonders ausgeprägt war die Suche nach alternativen drogenpolitischen Konzepten in der Schweiz. Zwar hatte auch die Alpenrepublik 1924 ein erstes Betäubungsmittelgesetz verabschiedet, das den Handel mit Kokain und Opiaten und seit 1951 auch mit Cannabis verbot. Doch weil sie aufgrund ihrer Neutralitätspolitik die internationalen Abkommen nicht unterzeichnete, bewahrte sich die Schweiz gewisse drogenpolitische Freiheiten und verzichtete darauf, den Konsum zu kriminalisieren. Erst als sich in den Sechzigerjahren auch hier die Studierenden mithilfe von Cannabis gegen die geltenden gesellschaftlichen Normen auflehnten und eine erste reflexhafte Drogenpanik provozierten, steuerte die Regierung um. 1975 wurde nun auch hier der Drogenkonsum verboten. Die Folgen waren fatal: Durch die Stigmatisierung und Ausgrenzung der Konsumierenden fielen diese plötzlich durch alle sozialen Netze und sammelten sich auf öffentlichen Plätzen. Der berüchtigtste davon war der Zürcher Platzspitz, ein Park hinter dem Hauptbahnhof, in dem sich eine sogenannte offene Drogenszene etablierte. Unter den Augen der Öffentlichkeit standen, saßen und lagen hier die Drogenabhängigen tagaus, nachtein in ihrem Elend und machten deutlich, dass etwas passieren musste.

Zu ihrem Glück waren schon vor der Verabschiedung des Konsumverbots in der Schweiz drogenpolitische Wege beschritten worden, die unter den Bedingungen der Prohibition vielleicht nicht denkbar gewesen wären. Bereits 1970 wurde in Zürich das erste »Drop-in« eröffnet, also eine ambulante Drogenberatungsstelle, die ihre Türen für spontane Besuche von Konsument*innen öffnete, um ihnen zu helfen. Schon dieses Setting arbeitete mit neuen drogenpolitischen Prämissen: Nicht der Schutz der Bevölkerung *vor* den Abhängigen, nicht die Verhinderung von Drogenkonsum und nicht die Bestrafung der Konsument*innen waren hier die Ziele. Vielmehr saß man plötzlich den Betroffenen selbst gegenüber und fragte sich (und sie!), was sie eigentlich brauchten.

Aus dieser Fragestellung entwickelten sich erste therapeutische Strukturen, bei denen es nun nicht mehr im Kern um eine Läuterung der Betroffenen ging, sondern um Schadensbegrenzung (»harm reduction«). Zwar erlebten auch die therapeutischen Gemeinschaften, die aus dieser Idee hervorgingen, bald den Backlash der 1970er- und 1980er-Jahre. So beschreibt der Zürcher Sozialarbeiter, Drogenpolitiker und Autor Michael Herzig, wie Abhängige in diesen Gemeinschaften auf »kalten Entzug« gesetzt wurden, also ihre Entzugserscheinungen ohne medikamentöse Unterstützung durchhalten mussten, um ihren Abstinenzwillen und ihre Leistungsbereitschaft zu demonstrieren. Doch immerhin gab es nun solche Therapieangebote, die den Betroffenen tatsächlich helfen wollten.

Anfang der 1990er-Jahre, als die Situation rund um die offenen Drogenszenen in Zürich und Bern als nicht mehr tragbar galt, entschied die Regierung, dem Problem nicht mit verstärkter Repression zu begegnen. Wo eine konservative amerikanische Regierung wahrscheinlich mit »Nulltoleranz« durchgegriffen und die Betroffenen für viele Jahre ins Gefängnis geschickt hätte, entwickelte man hier eine »Vier-Säulen-Strategie«, bestehend aus Prävention, Therapie, Schadensverminderung und Repression. Damit waren die Perspektiven und Interessen der Betroffenen fest in die Drogenpolitik integriert. Kurz darauf wurde legal, dass sogenannte »Schwerstabhängige« als letztes Mittel kontrolliert mit Heroin versorgt werden durften. Damit wurde anerkannt, dass Abstinenz für manche Betroffene vorerst keine Option ist und dass man diese Betroffenen dann trotzdem vor den Risiken der Schwarzmärkte und den ökonomischen Zwängen der Schwarzmarktpreise schützen kann.

Seit 2010 gibt es auch in Deutschland Ambulanzen, die reines Heroin an Betroffene ausgeben dürfen, wenn andere Therapiemöglichkeiten ausgeschöpft sind. Es ermöglicht den Betroffenen häufig einen Rückweg in ein geregelteres Leben und oft auch eine Berufstätigkeit, die ihnen Struktur und Sinn wiedergeben können. Eine andere Maßnahme, die vor allem das Leid der Betroffenen mindern soll und ebenfalls in anderen Ländern nachgeahmt wurde, sind die sogenannten »Fixerstübli«, in denen seit 1994 schweizerische Heroinabhängige unter sicheren Bedingungen und medizinischer Aufsicht Heroin konsumieren dürfen. Sie erhalten dort saubere Spritzen, einen sicheren, warmen Ort und medizinische Nothilfe, sollte es bei der Injektion zu einem gesundheitlichen Zwischenfall kommen.

Während die Schweiz international als Vorreiterin der Schadensminimierung und des offenen Denkens in Sachen Drogentherapie gilt, sind die Niederlande ein Experimentierfeld des Freizeitkonsums. Seit 1976 wird hier der Besitz von bis zu 30 Gramm Cannabis nicht mehr verfolgt. In sogenannten Coffeeshops dürfen bis zu fünf Gramm Cannabis pro Kund*in verkauft werden. Allerdings bleiben Handel und Anbau der Droge in den Niederlanden verboten, was die Coffeeshops zwingt, ihre Ware auf dem Schwarzmarkt zu besorgen und damit systematisch die organisierte Kriminalität zu unterstützen. Auch der Konsum von anderen Drogen bleibt zwar gesetzlich verboten, wird aber toleriert, also nicht polizeilich verfolgt. Gleichzeitig geht der niederländische Staat mit harten Gesetzen gegen Drogenhandel vor, ohne damit zu verhindern, dass Amsterdam als größter Umschlagplatz der europäischen Drogenmärkte gilt.

Die niederländische Drogenpolitik gilt vor allem deswegen als gescheitert, weil Untergrundunternehmer*innen so stark von dieser Politik profitieren – nicht aber, weil diese Politik zu mehr problematischem Drogenkonsum geführt hätte. In der niederländischen Bevölkerung sind insgesamt deutlich weniger Menschen drogenabhängig als etwa in Großbritannien, Italien oder Spanien, beim Konsum von Heroin und Kokain liegen die Niederlande im europäischen Mittelfeld. Der Anteil derjenigen, die irgendwann im Leben einmal Cannabis probiert haben, war

2012 in den Niederlanden mit 25 Prozent sogar deutlich niedriger als in den USA, wo er schon vor der Legalisierungswelle bei mehr als 40 Prozent lag. Nur unter Jugendlichen war zu diesem Zeitpunkt die Zahl der niederländischen Cannabiskonsument*innen größer als im europäischen Durchschnitt.

Im Vergleich mit den Niederlanden gehen einige US-amerikanische Bundesstaaten bei der Cannabislegalisierung seit einigen Jahren ganzheitlicher vor. Nachdem Oregon schon 1973 aufgehört hatte, den Freizeitkonsum von Cannabis zu verfolgen, verabschiedet seit 2012 ein Bundesstaat nach dem anderen Gesetze, die Cannabis als legales Rauschmittel freigeben. Anders als in den Niederlanden betrifft diese Freigabe in den USA fast immer die komplette Lieferkette: Cannabisprodukte dürfen hier nun produziert, weiterverarbeitet, verkauft, gekauft und privat konsumiert werden. Damit verstoßen die Bundesstaaten (und sogar Washington, D.C.) gegen die nationale Gesetzgebung, die Cannabis weiterhin verbietet. Die Folgen sind gemischt und aufgrund der dynamischen politischen Entwicklung noch nicht leicht zu überblicken: Manche Studien weisen nach der Legalisierung auf sinkende Konsumzahlen hin, andere auf steigende, wieder andere vermuten, dass seit der Legalisierung weniger exzessiv Alkohol getrunken wird. Ähnliche Entwicklungen zeigen sich auch in Kanada und Uruguay, wo ebenfalls Legalisierungsgesetze verabschiedet wurden.

Schon diese Beispiele zeigen, dass die Legalisierung von einzelnen Drogen nicht zur Folge hat, dass die Konsumsituation in der Folge völlig unkontrolliert aus dem Ruder läuft. Im Gegenteil: Bisher hat die Legalisierung von Cannabis noch nirgendwo zu einer Verschärfung der lokalen Drogenprobleme geführt. Während man positive Folgen von Legalisierung an den genannten Beispielen nur für Cannabis zeigen kann, gibt es in Europa ein Land, das in der Neuformulierung seiner Drogenpolitik noch deutlich weiter gegangen ist, und das ist Portugal. Unter Premierminister António Guterres, der inzwischen Generalsekretär der Vereinten Nationen ist, wurde dort im Jahr 2001 der Konsum, Besitz und Handel *aller* Drogen für den persönlichen Gebrauch entkriminalisiert. Wer im Zusammenhang mit (nominell weiterhin illegalen) Drogen auffällig wird, gerät deshalb nicht in Haft oder vor eine*n Richter*in, sondern vor ein kleines Beratungsgremium: Ein Sozialarbeiter, eine Psychiaterin und ein Anwalt führen mit den Betroffenen Gespräche über ihren Drogenkonsum. Stellt sich dabei heraus, dass der oder die Betroffene kein Abhängigkeitsproblem hat, wird er oder sie verwarnt, möglicherweise mit einer kleinen Geldstrafe belegt und darf dann wieder nach Hause gehen. Entsteht jedoch der Verdacht, dass eine ernsthafte Problematik vorliegt, bietet das Komitee seine Hilfe an und sorgt dafür, dass die Betroffenen die massiv ausgebauten Therapiemöglichkeiten nutzen.

Das portugiesische Modell ist inzwischen über zwanzig Jahre alt – es gibt also bereits belastbare Untersuchungen zu den Folgen der Entkriminalisierung. Schon bald zeigten erste Studien, dass die neue Drogenpolitik keine messbaren Schäden verursachte. Zwar war für alle Drogen die Zahl derjenigen, die sie irgendwann im Leben einmal probiert hatten, gestiegen. Doch unter Jugendlichen, die besonders von negativen gesundheitlichen Folgen von Drogenkonsum betroffen sind, war diese Zahl *gesunken*. Insgesamt gibt es seit der Dekriminalisierung in Portugal deutlich weniger Menschen, deren Konsum als problematisch eingestuft wird. Weniger Menschen sterben dort im Zusammenhang mit ihrem Drogenkonsum. Immer seltener infizieren sich Drogenkonsument*innen mit HIV. Kurz: Die Entkriminalisierung hat in so gut wie allen Bereichen, in denen Drogen menschliches Leid hervorrufen, deutliche Verbesserungen herbeigeführt. Die weiterhin verbreitete Vorstellung, Drogenverbote seien nötig, um Menschen vor den Gefahren der Drogen zu bewahren, ist damit widerlegt: Aus den USA wissen wir, dass der Drogenkonsum auch trotz strenger Prohibitionsgesetze weitergeht. Aus Portugal wissen wir, dass die Menschen nicht *mehr*, sondern *weniger* Drogenprobleme haben, wenn die Prohibition ein Ende hat und der Staat sich ernsthaft um die tatsächlichen Opfer des Drogenproblems kümmert. Diese Beobachtung hat nun in Kanada eine erste bundesstaatliche Regierung davon überzeugt, das portugiesische Projekt nachzuahmen. Seit Januar 2023 ist in British Columbia der Konsum und Besitz von Opioiden (Heroin, Morphium, Fentanyl), Crack und Kokain, Methamphetamin und MDMA entkriminalisiert, wird also nicht mehr strafrechtlich verfolgt. Wenn also unter den heutigen Bedingungen eine Regierung darüber nachdenkt, in der Drogenpolitik neue Wege zu gehen, muss sie nicht besonders mutig sein: Sie kann sich auf eine Reihe von Erfahrungswerten stützen, die zeigen, dass ein Ende der Prohibitionspolitik vielen Menschen helfen kann, ohne die bestehende Ordnung einer Gesellschaft zu gefährden.

KANN DAS WEG?

Auf den vergangenen Seiten habe ich versucht zu zeigen, dass das Drogenproblem eine Erfindung ist. Soziolog*innen, die sich mit gesellschaftlichen Problemen auseinandersetzen, zucken bei dieser Aussage nur mit den Schultern. Sie können gut begründen, dass *alle* gesellschaftlichen Probleme zumindest teilweise konstruiert sind. Deshalb unterscheiden sie zwischen dem empirischen Sachverhalt, der einem Problem zugrunde liegt, und dem Kokon aus Deutungen, Interpretationen und Geschichten, die Menschen um diesen Kern herum erfinden. Eine ganze Subdisziplin macht sich ausführliche Gedanken darüber, wie sich Kern und Kokon auseinanderhalten lassen, und streitet darüber, wie groß dieser Kern sein mag und ob es ihn überhaupt gibt.

Es gibt also keine sozialen Probleme, die nicht erst durch die Menschen zu Problemen *gemacht* geworden wären. Bei manchen Problemen sind sich nun fast alle Beobachter*innen einig darüber, *dass* es sich dabei um ein Problem handelt, und auch darüber, *worin* das Problem besteht. Beispiel: Es gab einen Tsunami, alles ist kaputt, viele Menschen sind gestorben. Alle sind sich einig, dass hier eine Katastrophe passiert ist und dass man das Leid der Betroffenen lindern muss. Vielleicht widersprechen sich einzelne Meinungen dazu, was zuerst geschehen muss, wer schuld ist und wem nun als Erstes Hilfe zusteht. Doch im Großen und Ganzen herrscht Einigkeit: Wir haben ein Problem.

Bei anderen Problemen aber entsteht eine Vielzahl unterschiedlicher Deutungen und Interpretationen, die sich mal mehr, mal weniger und mal überhaupt nicht überschneiden: Die einen halten den Sachverhalt für ein großes Problem, die anderen für ein kleines, die Dritten sehen gar keins, die Vierten verstehen das Problem komplett anders, und die Fünften finden, man müsse jetzt endlich mal über etwas ganz anderes reden. Dies trifft auch auf das Drogenproblem zu. Der Kokon aus Deutungen und Interpretationen, der das Drogenproblem umgibt, ist groß und flauschig. Die Aussagen darüber, was das Problem ist, wo seine Ursachen liegen und wie es zu lösen wäre, sind so vielfältig, dass einem schwindelig werden kann. Das Drogenproblem ist in einem hohen Maße konstruiert, und die westlichen Gesellschaften sind sich immer weniger darüber einig, worin es eigentlich genau besteht.

Für alle Menschen, die in den vergangenen Jahrzehnten unter einem konkreten persönlichen Drogenproblem gelitten haben, kann das eine schmerzhafte Erkenntnis sein. Denn sie bedeutet, dass sich ihre persönliche Drogengeschichte anders hätte entwickeln können, wäre »das Drogenproblem« anders konstruiert gewesen. Doch dass das Drogenproblem zu einem hohen Grad aus Interpretationen besteht, birgt auch eine Chance. Anders als etwa bei einem Tsunami haben Gesellschaft und Politik beim Drogenproblem die Möglichkeit, sich auf eine neue dominierende Interpretation zu einigen, das Drogenproblem zu *ändern* und schon dadurch möglicherweise einen großen Teil des Problems zu lösen.

Tatsächlich ist die deutsche Regierung gerade dabei, zum ersten Mal seit 1971 die alte Kiste mit den »Drogenwahrheiten« wieder aufzumachen und einen neuen Blick hineinzuwerfen. Anstatt, wie in den vergangenen Jahrzehnten, immer neue Ängste, Verbote und Warnungen in diese Kiste hineinzustopfen, fängt die Regierung nun an auszumisten. Als Erstes soll das

Cannabisverbot in seiner alten Form auf den Müll, und es ist wahrscheinlich, dass es dabei zunächst bleiben wird. Wenn aber die Kiste schon einmal offen ist, wäre das eine gute Gelegenheit, sie nach den Regeln der Aufräum-Influencerin Marie Kondō einmal auszukippen und dann nur wieder reinzulegen, was funktioniert, was wir wirklich brauchen oder was uns glücklich macht. (Frau Kondō rät, jeden Gegenstand eines Haushaltes einmal in die Hand zu nehmen und ernsthaft zu fragen: »Brauche ich das? Macht mich das glücklich?« Wenn die Antwort zweimal »nein« lautet, fliegt das Ding raus.) Als Grundlage des großen drogenpolitischen Ausmistens empfehle ich, persönliche Vorurteile, gefühlte Halbwahrheiten und anekdotisches Wissen aus dem entfernten Bekanntenkreis beiseitezulassen und lieber wissenschaftlich belegbare Fakten als Kriterien zu verwenden. Einen Teil dieser Fakten liefert die Geschichte, die dieses Buch erzählt. Einen anderen Teil müssen andere Wissenschaften und Professionen beisteuern.

Kippen wir also die Geschichte der Drogenverbote hier noch einmal im groben Überblick auf den Teppich: Zu Beginn des 19. Jahrhunderts waren Drogen und Medikamente in der westlichen Welt noch das Gleiche. Dann kamen die Romantiker. Sie waren sicher nicht die Ersten, die bemerkten, dass Opium und Haschisch nicht nur gegen Kopfschmerzen und Husten halfen, sondern auch euphorisch machten und Empfindungen hervorriefen, die der nüchternen Wahrnehmung so ohne Weiteres nicht zur Verfugung standen. Ihren rauschhaften Arzneimittelgebrauch beschrieben sie in Prosa und Poesie und machten damit zum ersten Mal öffentlich aus Medikamenten Rauschmittel, die man aus dezidiert nicht medizinischen Gründen zu sich nehmen konnte.

Schon diese erste offen reflektierte und zielgerichtete Zweckentfremdung von psychoaktiven Substanzen weckte Widerstand. Im 19. Jahrhundert wachten Psychiatrie und Philosophie streng über die »Wahrheit«, von der es in dieser Zeit nur eine geben sollte. Alle Wahrnehmungen, die von dieser einen, »richtigen« Wahrheit abwichen, galten als abnormal und potenziell wahnsinnig und gefährdeten als solche die autoritäre Gesellschaftsordnung. Diese Gesellschaftsordnung sah wenig Raum für Abweichung vor.

Schon der Rausch der Romantiker hatte also Abwehrreflexe hervorgerufen – sowohl in Europa als auch in den USA. In der zweiten Hälfte des 19. Jahrhunderts vertieften sich diese Reflexe dann besonders jenseits des Atlantiks, denn sie wurden ergänzt durch eine Reihe diffuser Ängste und durch blanken Hass. Die Ängste entwickelten sich, als nun in den Apotheken und Drogerien immer wirksamere Varianten der alten Heilmittel sowie ganz neue, potente Arzneien auftauchten. Die meisten – wie zum Beispiel Morphium, Heroin oder Kokain– kamen aus dem deutschsprachigen Raum und lösten zuerst Wellen der Euphorie aus, weil sie so viel intensiver wirkten als ihre chemisch weniger behandelten Vorgänger. Etwas verzögert machten jedoch immer mehr Menschen auch negative Erfahrungen mit diesen neuen Wundermitteln. Das Drogenproblem wurde in dieser Zeit angereichert mit Ängsten vor Abhängigkeit, Vergiftung und Überdosierung. Diese verunsicherten die Menschen vor allem deshalb, weil noch kaum etwas über die physiologische Wirkung der neuen Drogen bekannt war. Mit den neuen Wundermitteln vorsichtig umzugehen, war in dieser Zeit eine ziemlich gute Idee, denn bevor solche neuen Medikamente auf den freien Markt gelangten, wurden sie nur oberflächlich getestet. An die ausführlichen dreiphasigen Versuchsreihen, die wir heute kennen, war noch nicht zu denken.

Ergänzt und überlagert wurden diese Ängste von ersten Wellen des Hasses gegen diejenigen, die die problematischen Drogen konsumierten: Das Opium der chinesischen Migranten, das Kokain der Afroamerikaner*innen und das Marihuana der mexikanischen Eingewanderten wurden zu Kristallisationspunkten der Ausgrenzung. In allen drei Fällen hielt die Droge als besonders leicht greifbarer Anlass für rassistische Ablehnung her. Gleichzeitig wurde die jeweilige Droge nun mit der verhassten Bevölkerungsgruppe assoziiert und deshalb abgelehnt oder gleich verboten. In einem dritten Schritt wurden dann die Ausgegrenzten mithilfe von Drogengesetzen weiter marginalisiert. Schon wurde der spezifische Drogenkonsum bestimmter Bevölkerungsgruppen verwendet wie ein besonders gut greifbarer Kragen, an dem man diese Gruppen gut zu packen bekam, um sie durch den Dreck zu schleifen oder auch um sie gleich ganz vor die Tür zu setzen.

Addiert man zu dieser Fremdenfeindlichkeit und den diffusen Ängsten vor gesundheitlichen Nebenwirkungen die christlichen Forderungen nach Nüchternheit, Abstinenz und einem ausschweifungsfreien Leben und platziert dieses Set an Haltungen in einer Zeit, in der sich die US-amerikanischen Regierungen wie übermächtige Erziehungsberechtigte dafür zuständig fühlten, das Verhalten der einzelnen Individuen durch strenge Gesetzgebung möglichst tugendhaft zu gestalten, versteht man, wie im frühen 20. Jahrhundert auf diesem Nährboden die Prohibitionsgesetze entstanden. Sie waren Sittlichkeitsgesetze. Ihr Ziel war nicht, die Menschen vor gesundheitlichen Schäden zu schützen, sondern lasterhaftes Verhalten zu unterdrücken.

Diese Sittlichkeitsgesetze entstanden in einer Zeit, in der die USA sich nach einer Phase der Isolation wieder in die Weltpolitik einzumischen begannen. Gerade weil die USA nun erste eigene Kolonien erwarben, begannen sie, ihre Drogenpolitik zu exportieren. Die Erfahrung, dass Drogenverbote sofort durch Schmuggel unterwandert werden, erklärten Zeitgenossen wie Charles Brent damit, dass in anderen Ländern nicht die gleichen strengen

Regeln galten. So begannen sie, die eigenen Prohibitionsideen in die Welt zu tragen. Obwohl dieses Projekt auf den ersten Blick etwas größenwahnsinnig wirkt, sollte das im kommenden Jahrhundert erstaunlich gut gelingen.

In den USA selbst wurde neben dem nicht medizinischen Gebrauch von Drogen bald auch der Alkohol verboten. Die Prohibitionsjahre lehrten Amerika, Substanzverbote für politisch selbstverständlich zu halten und sich gleichzeitig individuell mit einiger Leichtigkeit über sie hinwegzusetzen. Möglicherweise trug außerdem das schmachvolle Scheitern der Alkoholprohibition dazu bei, dass man wenigstens bei den Drogen erfolgreicher sein wollte. Wenn schon eine alkoholfreie Gesellschaft nicht zu haben war, hofften manche vielleicht erst recht auf eine drogenfreie.

So gingen die Verfechter der Prohibition in den Dreißigerjahren mit neuem Elan und einem energischen Anführer in eine neue Phase der Drogenpolitik. Harry Anslinger entdeckte in dieser Zeit, dass die Angst vor Drogen sich zuverlässig in politisches Kapital umwandeln ließ. Seine Angstkampagne gegen Cannabis wurde zum Prototyp der drogenpolitischen Kampagnen in den kommenden Jahrzehnten: Von Kefauver über Nixon bis Reagan spielten fortan immer wieder Politiker*innen mit der Angst vor Drogen, um damit Aufmerksamkeit zu erregen, Wähler*innen zu mobilisieren, Bevölkerungsgruppen auszugrenzen oder politische Spielräume zu erweitern. Regelmäßig gerieten dabei die Opfer des Drogenproblems unter die Räder, weil es nicht darum ging, ihnen tatsächlich zu helfen, sondern darum, Stimmung zu machen, Ressourcen zu mobilisieren oder eine Wahl zu gewinnen.

Dieses Phänomen verschärfte sich, als nach dem Zweiten Weltkrieg Drogen zu einem zentralen Symbol der gesellschaftlichen Auseinandersetzung wurden. Als Protestsignal gegen die Konformitätszwänge und gegen die Ausgrenzung der Abweichenden nutzten erst die schwarzen Jazzmusiker*innen, dann die *Beatniks* und später die Hippies und andere Gegenkulturen demonstrativen Drogenkonsum. Nicht zufällig gerieten Drogen in den Fokus, als die amerikanische Gesellschaft gerade einen Liberalisierungsschub durchmachte. Plötzlich wurde neu darüber nachgedacht, ob es nicht vielleicht doch mehr als nur eine »echte« Wirklichkeit, mehr als nur eine »richtige« Wahrnehmung dieser Wirklichkeit geben könnte. Neue gesellschaftliche Gruppen erhoben ihre Stimme und brachten ein Gefüge ins Wanken, in dem eine sehr kleine, homogene, weiße, männliche Gruppe von Menschen lange bestimmt hatte, wie diese Wirklichkeit auszusehen hatte. Mit den Stimmen der Frauen, der Afroamerikaner*innen, der jungen Leute und der Homosexuellen drängten sich zunehmend neue Perspektiven in den Diskurs.

In erster Linie war ihr Drogenkonsum trotzig, doch etwas subtiler transportierten die Rebell*innen der Sechzigerjahre damit die Botschaft, dass es mehr als eine Wahrnehmung der Wirklichkeit gibt. Besonders intensiv dachten darüber die Konsument*innen der psychedelischen Drogen nach. Viele von ihnen träumten von einer neuen Gesellschaftsordnung, in der Liebe, Frieden und Heilung die zentralen Werte wären und in der die strengen Hierarchien, die autoritären Zwänge und die Ausgrenzung ein Ende hätten.

Auf die vielfältigen Suchbewegungen der Gegenkulturen in den Sechzigerjahren folgte der Backlash der Siebzigerjahre, denn in der amerikanischen Gesellschaft gab es weiterhin eine große Gruppe von Wähler*innen und Politiker*innen, die durchaus nicht bereit waren, sich von ihrer Deutungsmacht über die »eine« Wirklichkeit zu verabschieden und die moralisierenden Verhaltensregeln der Vergangenheit zu überarbeiten. Als Erstes kassierte die Regierung die psychedelischen Drogen ein und nahm in Kauf, dafür vielversprechende Forschungsexperimente auf dem Feld der mentalen Gesundheit stoppen zu müssen. So begann ein neuer großer Feldzug des Verbietens, der als *War on Drugs* in die Geschichte eingehen würde.

Im Namen der Drogenbekämpfung wurden in den folgenden Jahrzehnten in mehreren Schüben die afroamerikanischen und hispanischen Minderheiten in den USA systematisch drangsaliert und entrechtet. Und auch auf anderen Feldern wurde Drogenpolitik zu einem wirksamen Instrument der sozialen Kontrolle. Denn obwohl die Drogengesetzgebung dafür sorgte, dass Drogenkonsum einen hohen Preis haben konnte, hörte dieser Konsum in keiner Bevölkerungsgruppe auf. Tatsächlich blieb er so verbreitet, dass mithilfe der Drogenfahndung und mithilfe von systematischen Urinanalysen in den Unternehmen so gut wie jede*r irgendwann in den Fokus der Behörden kommen konnte. Diese konnten nun fast frei wählen, wen sie verfolgen wollten und wen nicht. Fast immer entschieden sie sich für die Verfolgung von Gruppen, die ohnehin an den Rändern der Gesellschaft standen.

Über den Umweg der internationalen Konventionen gelangte die US-amerikanische Drogenpolitik auch nach Deutschland. Zwar waren es nicht die USA allein, die auf dem internationalen Parkett die Regeln machten, doch immer hatten einflussreiche US-Diplomaten ihre Finger im Spiel, sodass das internationale Prohibitionssystem am Ende sehr weitgehend die Wünsche der amerikanischen Prohibitionisten erfüllte. Auch Deutschland musste deshalb 1920 und 1929 erste Drogengesetze verabschieden, obwohl hier bislang so gut wie niemand Drogen als gesellschaftliches Problem empfand. Zwar pflegten auch hier einzelne Bürger*innen einen Umgang mit Medikamenten, der als problematisch wahrgenommen wurde, doch es waren wenige, und es gab vor allem keine begleitende Debatte, die diesen Konsum mit den Ängsten und dem Hass aufgeladen hätte, wie es zur gleichen Zeit in den USA geschah.

Erst in den 1960ern geriet die Bundesrepublik mit der Studentenbewegung in eine eigene Prohibitionsdynamik hinein: Auf dem Nährboden alter (irriger und menschenverachtender) Nazigedanken, Sucht sei eine unheilbare Erbkrankheit, die ausgemerzt werden müsse, und Betroffene seien »Schädlinge«, begann nun auch die Bundesrepublik angesichts einer wachsenden Gruppe von jungen Cannabiskonsument*innen mit Verbotsgesetzen gegen Drogen vorzugehen. Die Heroinjunkies aus dem amerikanischen Gruselkabinett geisterten nun auch hier durch die Presse, und aufgrund von faktisch fehlerhaften Argumentationsketten bekamen nun die jungen deutschen Cannabiskonsument*innen die Angst vor der Heroinkrise zu spüren.

Das Ergebnis war ein brutaler Schwarzmarkt mit gefährlicher Ware und hohen Preisen, der die Betroffenen großen Gefahren aussetzte, sowie eine herablassende Stigmatisierung, die Gewohnheitskonsument*innen mit Abhängigkeitsproblemen den Ausstieg erschwerte und Hilfeleistungen verweigerte. Die begleitenden gesellschaftlichen Debatten waren (und sind) zu einem beängstigenden Ausmaß geprägt von Desinformation, Mythen und Abschreckungsrhetorik. Sie machen keinen Unterschied zwischen den verschiedenen Drogen und geben deshalb auch kaum realistischen Aufschluss über deren tatsächliche Risiken und Nebenwirkungen.

Im Vergleich mit Ländern wie Kolumbien, Mexiko oder Afghanistan ist Deutschland insgesamt jedoch noch glimpflich davongekommen. Dort haben das globale Prohibitionssystem und die amerikanische Drogenbekämpfung Situationen geschaffen, in denen staatliche Behörden in den vergangenen Jahrzehnten zeitweise kaum gegen die Macht der Organisierten Kriminalität ankamen. In all diesen Fällen (und in manchen weiteren) sind und waren die Drogenmärkte nicht das einzige Problem, doch in allen Fällen trugen die Gelder, die mit der Prohibition verdient werden, dazu bei, bestehende Probleme massiv zu verschärfen.

Die Geschichte der Drogenpolitik ist eine Geschichte der Ambivalenzen. Faszination und Angst, Hoffnung und Hass, Heilversprechen und Niedergangsfantasien lagen in dieser Geschichte häufig nah beieinander. Aus der Gesamtheit dieser schillernden Mehrdeutigkeiten lässt sich keineswegs eindeutig ableiten, wie es jetzt weitergehen soll. Hier soll nicht der Eindruck entstehen, die gescheiterte Drogenpolitik der Vergangenheit würde nun zwangsläufig in eine ganz bestimmte Lösung des Problems münden. Vielmehr braucht es nun einen politischen Entscheidungsprozess, der frei nach Marie Kondō sortiert: Welche Elemente der Drogenpolitik können wir gebrauchen? Und was kann weg?

Wenn ich im Folgenden grob vorsortiere, welche Tendenzen, Funktionsweisen und Prämissen der Drogenpolitik noch brauchbar sind und welche auf den Müll können, tue ich das nicht als Historikerin. Aus der Vergangenheit lassen sich keine Prognosen und wasserdichten Handlungsanweisungen für die Zukunft ableiten – so schade das ist. Doch die hier präsentierte Geschichte der Drogenpolitik kann trotzdem Orientierung liefern. Denn mit ihrer Hilfe können wir verstehen, auf welchen Prämissen die Prohibitionspolitik beruht, und dann aussortieren, womit wir nichts mehr zu tun haben wollen: uralte Fehlannahmen, Mythen, rassistische Vorurteile sowie Kämpfe aus vergangenen Jahrhunderten zum Beispiel.

Hier also mein Angebot einer Vorsortierung: Sie ist weder zwangsläufig noch vollständig und soll keine fertigen Antworten vorschreiben, sondern eine Anregung für ausführliche Debatten bieten. Jede und jeder kann in Anlehnung daran oder Abgrenzung davon eine eigene Bewertung vornehmen: Brauchen wir das noch, oder kann das weg?

Zunächst zu den Elementen dieser Geschichte, die wir meiner Ansicht nach weiterhin gebrauchen können:

Erstens: Drogen können Heilmittel sein.
Immer wieder war die Geschichte der Drogenpolitik in den vergangenen 200 Jahren ein Ringen mit dem Umstand, dass viele Drogen gleichzeitig medizinischen Nutzen haben können und Risiken bergen. Um diese Ambivalenz zu navigieren, gibt es die Unterscheidung zwischen Drogen*gebrauch* und Drogen*missbrauch*. Diese Unterscheidung ist in den Hintergrund geraten, seit vor allem in der deutschen Sprache der Begriff »Drogen« inzwischen vorwiegend solche Stoffe bezeichnet, denen kein legitimer Nutzen zugeschrieben wird. Es ist an der Zeit, die Vokabel »Drogen« wieder ihrer ursprünglicheren Bedeutung zuzuführen und erst einmal grundsätzlich davon auszugehen, dass *jede* Droge auch mindestens einen Nutzen haben kann. Medizinische und pharmakologische Fachleute sollten neu und frei darüber nachdenken dürfen, welcher Nutzen das bei welcher Substanz sein könnte. Und dann sollten sie überlegen, unter welchen Bedingungen es nützlich sein könnte, diese Drogen (wieder) zu diesen Zwecken zuzulassen. Mit Cannabis ist das bereits geschehen, bei manchen Psychedelika zeichnet sich eine ähnliche Entwicklung ab. Nun wäre es sinnvoll, systematisch Heilmittel vom Drogenstigma zu befreien, damit ihre heilende Wirkung wieder genutzt werden kann.

Zweitens: Rausch ist an sich nicht böse.
Rauschhafte Zustände mögen für manche beängstigend sein, weil sie vermeintliche Gewissheiten ins Wanken bringen und Kontrollverluste auslösen können. Für andere mag Rausch aber gerade deshalb attraktiv sein. Es mag von Charakter, Lebensphase, Profession und Glaubensrichtung abhängen, wie sehr sich ein Individuum zu rauschhaften Erlebnissen hingezogen fühlt. Auch mag es unterschiedlich sein, welche Sorte Rausch jemand bevorzugt: die chemisch unterstützte Sorte oder die körpereigene, die durch Sport, Sex, Spiel, Tanz oder Verliebtheit entsteht.

Es ist gar nicht nötig, dass sich unsere Gesellschaft darüber einig wird, was von Rausch zu halten ist. Liberale Gesellschaften können es sich leisten, dass ihre Mitglieder ihr Glück auf unterschiedliche Weisen suchen. Ich vermute, dass die deutsche Gesellschaft in der Lage ist, die Sorte Rausch zuzulassen, die in der Romantik erfunden und von den Rebell*innen der Fünfziger- und Sechzigerjahre kultiviert wurde. Öffnet man ein wenig den Blick, wird man sehen, dass sie das längst tut – vor allem in ihrem Umgang mit Alkohol, aber auch dort, wo es bereits Räume gibt, in denen Drogenkonsum trotz der Verbote einigermaßen ungestört stattfindet.

Nur zwischen 10 und 30 Prozent der Drogenkonsument*innen entwickeln ein persönliches Drogenproblem. Für alle anderen, also für die Mehrheit der Konsumierenden, sollte unsere Gesellschaft bewusst und explizit Räume einrichten, in denen sie möglichst sicher den Rausch ihrer Wahl erleben können, ohne damit andere zu stören oder in Gefahr zu bringen. Ob es bei der jeweiligen Drogenerfahrung dann um Kreativität oder Spiritualität, Euphorie oder gemeinschaftliche Erlebnisse, um Lifestyle, Selbstoptimierung oder Selbstheilung geht, würde dann zur Privatsache der Konsumierenden und müsste den Staat nicht mehr interessieren.

Unter bestimmten Umständen ist unsere Gesellschaft möglicherweise bereit, eine solche Normalisierung von Rauschzuständen auszuhalten, gerade weil die Vorstellung von der »einen«, »richtigen« Wirklichkeit, die durch eine kleine Gruppe definiert werden darf, nicht mehr unserer Wahrheitsvorstellung und unserer Gesellschaftsordnung entspricht. Es würden damit all diejenigen entstigmatisiert, die ohnehin bereits Drogen nehmen. Wenn sie sich nicht mehr verstecken müssten, könnten sie besser vor Risiken geschützt werden – sei es durch *Drug Testing*, also die Testung von Drogen auf Inhaltsstoffe und Dosis, sei es durch unideologische Aufklärung über sichere Konsumbedingungen oder durch kompetente und nicht verurteilende medizinische Begleitung bei einem Drogenunfall.

Ein entspannteres kollektives Verhältnis zum Rausch würde es außerdem erleichtern, problematischen von nicht problematischem Rauschmittelkonsum zu unterscheiden. Man könnte sich dann besser darauf konzentrieren, denjenigen zu helfen, deren exzessiver Konsum von Drogen oder Alkohol das Symptom eines anderen Problems ist. Anstatt ständig mit denen zu schimpfen, die gar kein Problem haben, könnte man dann denen echte Hilfe anbieten, die diese Hilfe brauchen.

Drittens: Drogenkonsum kann gefährlich sein.
In den vergangenen 200 Jahren haben Menschen eine Reihe von Lernerfahrungen mit Drogen gemacht, die man nun nicht leichtfertig über Bord werfen sollte. Diese Erfahrungen betreffen vor allem die Nebenwirkungen und Risiken. Bei den meisten Drogen sind diese inzwischen relativ gut erforscht, leider aber kaum bekannt, weil für alle illegalen Drogen die Abstinenz als Vorsichtsmaßnahme empfohlen wird. So hat die Prohibition dafür gesorgt, dass wertvolles, längst vorhandenes Wissen über sicheren Drogenkonsum keine Chance hatte, zu Allgemeinwissen zu werden. Es wäre gut, wenn sich das ändern würde. Deutschland braucht jenseits der Prohibitionspropaganda eine informierte Debatte darüber, was denn eigentlich wie gefährlich ist, wie sich Konsument*innen schützen können und welche Hilfe diejenigen brauchen, die ein Problem haben. Diese Debatte muss raus aus den einschlägigen Internetforen und rein in die Schulen, Hochschulen, Volkshochschulen und ins öffentlich-rechtliche Fernsehen. Die aktuelle Cannabisdebatte zeigt, dass das geht – und vielleicht ist die deutsche Gesellschaft ja bald bereit, alte Ängste und Unwahrheiten loszulassen und diese Debatte auch auf andere Substanzen auszuweiten.

Neben Elementen, die wir gebrauchen können, birgt die Drogengeschichte auch einige Aspekte, die ich gern auf den Müllhaufen der Geschichte befördern würde. Das kann weg:

Erstens: Wir brauchen keine Sittlichkeitsgesetze mehr…
… und sind seit einer Weile dabei, sie nach und nach abzuschaffen: Kuppelei, Unzucht, Homosexualität, Prostitution, Pornografie, Schwangerschaftsabbruch und Glücksspiel waren lange verboten und sind es jetzt nicht mehr. Die Verbote sind entweder ganz verschwunden oder anderen Formen von gesellschaftlicher Kontrolle gewichen, die Gefahren minimieren sollen. Andere Sittlichkeitsgesetze – wie zum Beispiel das Verbot der Sterbehilfe – werden aktuell diskutiert und sind in anderen Ländern bereits gekippt.

Auch die Drogenprohibition ist ein Sittlichkeitsgesetz. Erst der Blick in ihre Entstehungsgeschichte macht das deutlich, denn Drogengesetze wurden in den vergangenen Jahrzehnten immer stärker in die Gewänder des Gesundheitsschutzes gehüllt. Ihr moralisierender und entmündigender Charakter wurde dadurch erfolgreich verschleiert. Wenn der Staat wirklich die Gesundheit schützen will, muss er diese moralisierende Haltung ablegen, die kontrollieren will, wie die Menschen ihre Freizeit gestalten und wie sie mit ihren Körpern umgehen sollen. Übrig bleibt dann hoffentlich ein Kontrollsystem, das auf Eigenverantwortung setzt und möglichst viel gesundheitliche und öffentliche Sicherheit schafft, ohne zu tabuisieren.

Wer sich dann unter diesen Umständen einem selbst gewählten religiösen oder moralischen System unterwerfen will, das Abstinenz diktiert, dem sei das herzlich gegönnt. Zu einem liberalen Umgang mit Drogen gehört auch ein toleranter und gruppendruckfreier Umgang mit denjenigen die – aus welchen Gründen auch immer – nüchtern bleiben wollen.

Zweitens: Drogengesetze sind Instrumente der Ausgrenzung. Das gilt seit Beginn der Prohibition ganz besonders für die USA, ist aber auch in Deutschland Realität. Auch hier werden Menschen, die als Migrant*innen gelesen werden, deutlich häufiger des Drogenhandels verdächtigt als Menschen, die als »Schon-immer-Deutsche« gelesen werden. Auch Deutschland täte eine Debatte über die Zusammenhänge von Drogenprohibition, Ausgrenzung und Rassismus gut. Denn: Das kann definitiv weg.

Drittens: Abhängigkeit ist keine unheilbare Erbkrankheit. Giftiger Nährboden für die Stigmatisierung von Drogenabhängigen sind in Deutschland die Denksysteme der Nationalsozialisten. Noch immer kursiert das Gerücht, wer einmal Heroin nehme, komme davon nie wieder los. Dieses Gerücht wurzelt in einer Vorstellung von Sucht als Erbkrankheit, die von den Eugenikern der Nazizeit vertreten wurde. Unter den Nazis führte sie dazu, dass Substanzabhängige als »Schädlinge« aus dem »Volkskörper« entfernt wurden. Es ist Zeit, die Spuren dieser Vorstellung endlich aus dem Denken und Sprechen über Abhängigkeit zu entfernen. Stattdessen brauchen wir mehr differenziertes Wissen über diese Form der Erkrankung, damit wir die Betroffenen vom Suchtstigma befreien können.

Viertens: Die Prohibition funktioniert nicht. Selbst wenn man zu dem Schluss käme, dass alle verbotenen Drogen so gefährlich seien, dass sie verboten gehörten, wäre es nicht rational, das Prohibitionssystem unverändert aufrechtzuerhalten. Denn es ist erwiesen, dass es nur wenige Menschen davon abhält, Drogen zu nehmen. Die Folgen der globalen Prohibition sind verheerend, und die Todesopfer sterben überwiegend in anderen Teilen der Welt. Deshalb ist es jetzt sinnvoll, sich auf die Suche nach anderen Lösungen zu machen. Welche das genau sein können, muss diskutiert werden. Einfach alles blind zu legalisieren, ohne dabei Vorsichtsmaßnahmen zu treffen, ist bei Weitem nicht die einzige Option.

Fünftens: Populistische Drogenpolitik schadet den Betroffenen. Immer wieder wurde in der Vergangenheit die Angst vor Drogen und deren Konsument*innen missbraucht, um politisches Kapital oder Aufmerksamkeit zu generieren. Besonders konservative Kräfte, die gern Recht und Ordnung versprechen, nutzten immer wieder Drogenkampagnen, um sich zu profilieren. Zuletzt war diese alte Gewohnheit zu beobachten, als im April 2023 Markus Söder (CSU) seinen Widerstand gegen die Legalisierungspläne der Ampelkoalition ankündigte. Ohne auf die Forschungslage auch nur einzugehen, mahnte er: Hände weg von Drogen! – Als hätten Schimpfe und Drohungen von Politikern, die sich wie Erziehungsberechtigte aufführen, in den vergangenen 50 Jahren jemals jemandem geholfen. Ganz klassisch richten sich solche Äußerungen nicht an die Betroffenen, sondern an diejenigen, die sich über die Betroffenen erheben wollen. Aber nicht nur Politiker*innen spielen dieses unproduktive Spiel. Auch Medien reproduzieren immer wieder stigmatisierende Stereotype – ob aus Reflex, aus Unwissenheit oder weil die Medienschaffenden wissen, dass sie damit die knappe Aufmerksamkeit des Publikums auf sich ziehen. Dieser Missbrauch von Drogenerzählungen zu Machtzwecken führt dazu, dass es den Opfern von Drogenproblemen noch schlechter geht. Wer es besser machen will, sollte die Perspektive der Betroffenen in den Fokus stellen und sich fragen, ob ihnen durch eine bestimmte Erzählung tatsächlich geholfen wird – oder ob die Erzählung dazu dient, ein bemitleidenswertes oder verabscheuungswürdiges Gegenüber zu schaffen, damit sich die Adressat*innen besser fühlen können.

Diese grobe Vorsortierung, die sicherlich nicht abgeschlossen ist, soll ein Angebot sein, neu über Drogenpolitik nachzudenken. Außerdem kann sie dabei helfen, die aktuelle Debatte um die Cannabislegalisierung einzuordnen. Angetreten war die Regierung aus SPD, Grünen und FDP im Herbst 2021 mit dem Vorschlag, Cannabis in Deutschland zu legalisieren. Cannabisprodukte sollten legal in Fachgeschäften verkauft und frei konsumiert werden dürfen. Cannabis wäre damit aus der Schublade der kontrollierten Medikamente in die Schublade der reguliert verkäuflichen Genussmittel gewandert. Der Schwarzmarkt wäre nicht komplett verschwunden, aber signifikant geschrumpft. Das Geschäft mit dem Gras hätte fortan nicht mehr gewaltbereite kriminelle Organisationen reich gemacht, sondern Bauern und Bäuerinnen sowie Geschäftsleute entlang der nun ausschließlich deutschen Lieferkette. Gras wäre vom gefährlichen Schwarzmarktstoff zum deutschen Markenprodukt geworden: regional, Bio, frisch, ohne Konservierungsmittel und Gentechnik, ein bisschen wie unsere Milch. Nicht zuletzt hätte der Staat beginnen können, durch Kontrollen und Vorschriften die Qualität des verkäuflichen Cannabis zu schützen, Alters- und Mengenbegrenzungen festzulegen und Steuern zu kassieren.

Dass es dazu nun zunächst nicht kommen wird, hat nicht nur in der Politik Enttäuschung ausgelöst, sondern auch bei vielen Drogenexpert*innen. Im April 2023 gaben Gesundheitsminister Karl Lauterbach und Agrarminister Cem Özdemir bekannt, dass die geplante Legalisierung vorläufig am EU-Recht scheitert. Die Richtlinien der EU orientieren sich am internationalen Prohibitionssystem. Wer dieses Buch gelesen hat, weiß, woher dieses System kommt und dass es sich in einem vielfältigen Wechselspiel gemeinsam mit den nationalen Prohibitionssystemen einiger weniger Länder entwickelte. Wenn nun einzelne Länder an ihren Prohibitionssystemen rütteln, wird langsam, aber sicher auch der internationale Verbotsapparat ins Wanken kommen.

Das ist gut – aber bis dort tatsächlich internationale Mehrheiten entstehen, die bereit sind, das bestehende System zu überdenken und zu reformieren, braucht es viel Arbeit und Geduld. Die Gespräche der deutschen Regierung mit der EU-Kommission sind ein erster Schritt auf diesem langen Weg. Dass nun die deutsche Legalisierung zunächst verschoben wurde, mag viele enttäuschen, ist aber nicht das Ende dieser Geschichte. Es bedeutet, dass die deutsche Regierung sich vorstellen kann, sich auf diesen diplomatischen Weg zu begeben. Das ist viel wert, haben doch andere Länder wie Portugal, die Niederlande und die USA bisher mit ihren Dekriminalisierungsmodellen Graubereiche und Schlupflöcher der Drogenkonventionen genutzt, statt die geltenden internationalen Normen frontal herauszufordern.

In der Zwischenzeit muss sich Deutschland nun also ebenfalls mit einer Dekriminalisierung von Cannabis begnügen. Im April 2023 stellten Özdemir und Lauterbach ihr alternatives Projekt vor: Die geltenden Verbote bleiben vorerst in Kraft. Der Besitz von bis zu 25 Gramm Cannabis für den Eigenverbrauch bleibt aber straffrei. Ebenfalls nicht mehr verfolgt wird der private Eigenanbau von bis zu drei weiblichen Pflanzen. Außerdem dürfen sogenannte »Social Clubs« nach den neuen Regeln den Anbau von Cannabis nicht kommerziell organisieren. Diese Clubs sind dem Modell der solidarischen Landwirtschaft nachempfunden: Wer Mitglied ist, dürfte dann monatlich bis zu 50 Gramm Cannabis aus der gemeinschaftlichen Ernte erhalten – und zwar endlich mit Beipackzettel, auf dem Gewicht, Sorte, Datum der Ernte, Mindesthaltbarkeit und Wirkstoffgehalt verzeichnet wären. Junge Erwachsene unter 21 müssten mit 30 Gramm im Monat und 10 Prozent THC-Gehalt auskommen. So jedenfalls ist der Stand im Mai 2023.

Nun ließe sich ausführlich darüber spekulieren, ob und in welchem Umfang eine solche Dekriminalisierung Einfluss auf den Schwarzmarkt, den Jugendschutz und die Konsumzahlen haben wird. Doch das ist nicht der Punkt. Sicherlich hat der aktuelle Reformvorschlag Nachteile gegenüber einer sauberen Legalisierung. Zoomt man aber etwas heraus und betrachtet die Geschichte der deutschen Drogenpolitik als Ganzes, ist auch die kleinste Kehrtwende in dieser Hinsicht von historischer Bedeutung, denn: Zum ersten Mal seit der Verabschiedung des Opiumgesetzes von 1929 schlägt die deutsche Drogenpolitik eine neue Richtung ein und macht dabei deutlich, dass die aktuellen Pläne nur ein erster Schritt sind. Wo genau Kiffer*innen in Zukunft ihr Gras kaufen, ist aus dieser Perspektive ziemlich egal. Entscheidend ist, dass die Regierung der deutschen Gesellschaft einen Aufbruch anbietet. Im besten Fall ermöglicht dieser Aufbruch die kollektive Erfahrung, dass Drogengesetze keine Naturgesetze sind und dass es möglich ist, sie durch vernünftige, pragmatische neue Regulierungskonzepte zu ersetzen, ohne dass dabei jemand zu Schaden kommt.

Ein solcher Schritt öffnet im besten Fall das gemeinsame Nachdenken über Drogenpolitik. Dabei ist wichtig, dass dieses Nachdenken nicht nur in ein paar Arbeitsgruppen von Parteien oder in parlamentarischen Ausschüssen stattfindet, sondern auch an den Wohnzimmer-, Küchen- und Terrassentischen der Wähler*innen. Denn in den vergangenen Jahrzehnten war eins der größten Hindernisse für drogenpolitische Reformen immer, dass Entscheidungsträger*innen alternative Wege der Drogenpolitik nicht für denkbar hielten, und schon gar nicht für öffentlich sagbar. Das unbestimmte Gefühl, dass die bundesrepublikanische Wählerschaft sich in der Prohibition gemütlich eingerichtet habe, spielte dabei eine wichtige Rolle. Erst wenn alternative Konzepte öffentlich sagbar werden, können sie diskutiert, zu Ende gedacht und dann auch umgesetzt werden.

Möglicherweise ist das heute so gut möglich wie noch nie. Obwohl inzwischen eine ausgewachsene Debatte um die Cannabisreform entbrannt ist und auch kritische und ängstliche Stimmen laut werden, bleibt doch für einen großen Teil der deutschen Bevölkerung klar, dass sich auf diesem Gebiet etwas verändern sollte. Was noch vor wenigen Jahren als Tabu galt, ist zu einem der beliebteren Themen der deutschen Politik geworden. Die Reaktionen der Bevölkerung auf Lauterbachs Suche nach einer neuen Cannabispolitik deuten jedenfalls darauf hin, dass die alten Teufelskreise der vermeintlichen Drogengewissheiten längst unterspült und aufgeweicht sind.

Wie genau das passiert ist, müsste noch erforscht werden. Vielleicht fällt es den Deutschen verhältnismäßig leicht, die Prohibition zu überdenken, weil sie hier erst vor ungefähr 50 Jahren mit dem Betäubungsmittelgesetz Einzug hielt – und nicht, wie in den USA, schon vor über 100 Jahren. Vielleicht haben massenhafte persönliche Drogenerfahrungen dazu beigetragen, die unspektakulärer waren als erwartet. Vielleicht hilft es, dass man für praktische Informationen zu Drogen nicht mehr auf Gerüchte vertrauen oder die Dürre in der Stadtbibliothek bedauern muss, sondern stattdessen mehr, differenziertere, dezentralere und teilweise sogar zutreffende Informationen im Internet findet. Vielleicht hilft auch, dass sich die Menschen langsam an das Leben in einer offeneren Gesellschaft gewöhnen, in der unterschiedliche Lebensweisen, Gewohnheiten, Perspektiven und Wahrnehmungen nicht nur Platz haben, sondern zur neuen Normalität werden.

Wo auch immer die Aufbruchsstimmung in Sachen Marihuana herkommt und wie auch immer sich die gesellschaftliche Stimmung in den nächsten Monaten weiterentwickelt – es wäre sehr hilfreich, diesen Moment der drogenpolitischen Neuordnung für eine offene Debatte zu nutzen. Dabei dürfen auch die Ängste nicht übergangen werden, die in der Gesellschaft nach so vielen Jahren Anti-Drogenpropaganda tief sitzen. Diese Ängste sind erklärbar, und mit etwas Feingefühl lassen sie sich besprechen und möglicherweise mit wissenschaftlich unterfütterten Argumenten lindern. Das ist wichtig, denn es wäre nicht überraschend, wenn auch auf die aktuelle Phase der relativen drogenpolitischen Offenheit wieder ein Backlash folgen würde. Ein solcher würde jedoch wieder einmal diejenigen treffen, die ohnehin seit Jahrzehnten die Opfer der Drogenpolitik sind – also diejenigen, die zu viele Drogen nehmen und darunter leiden. Ihnen zuliebe braucht Deutschland neue Regeln. Damit der große Rausch, der im Verborgenen ohnehin stattfindet, in Zukunft weniger Schaden anrichtet und mehr Freude macht.

ÜBER DIESES BUCH

Die Argumentation, die ich hier weitgehend ohne Fußnoten und akademischen Jargon präsentiere, um sie lesbar und allgemeinverständlich zu machen, beruht trotz dieses leichten Gewandes auf handfester Forschung. Seit 2012 beschäftige ich mich als Historikerin mit der Geschichte der Drogen. Zunächst schrieb ich meine historische Masterarbeit über die Verhandlungen der Opiumkommission von Schanghai, 2015 ist sie als Aufsatz im *Journal of Modern European History* erschienen. Seit 2013 arbeitete ich dann am Lehrstuhl für Neuere und Neueste Geschichte in Freiburg an meiner Promotion zur Geschichte der US-amerikanischen Drogenpolitik im Ausland. Viele Monate verbrachte ich dafür mit Archivrecherchen: vor allem in den *National Archives* in den USA, aber auch in Mexico City, Wien und Berlin. 2021 erschien meine Doktorarbeit unter dem Titel *Mohnblumenkriege. Die globale Drogenpolitik der USA 1950–1979*. Noch vor ihrem Erscheinen wurde sie mehrfach ausgezeichnet. In dieser Doktorarbeit sind einige der hier dargestellten Gedankengänge ebenfalls zu finden, dort aber mit robustem Fußnotenapparat belegt. Wer also tiefer graben, mehr verstehen und Aussagen prüfen möchte, könnte die Spurensuche dort beginnen.

DANK

Als die *Mohnblumenkriege* mit ihren 494 Seiten und ihren 1703 Fußnoten erschienen waren, war ich mir sicher: Nie wieder Drogen. Just Say No! Finger weg! Dass es so nicht gekommen ist, verdanke ich nicht nur den nicht enden wollenden Nach- und Anfragen, die mich in den vergangenen beiden Jahren verfolgt und inspiriert haben. Ich verdanke es auch ein paar tollen Menschen, ohne die ich das Drogen-Business vielleicht doch verlassen hätte. Danke an Nina Kühnle, die schon früh fand, es müsse dieses Buch geben. Danke an Elias Hauguth für seine Tätigkeit als Pate. Danke an meine Agentin Imke Rösing für die professionelle und liebevolle Rückendeckung. Danke an meine Lektorin Julia Kompe und ihre Kolleg*innen im Siedler Verlag für die enthusiastische Zusammenarbeit. Danke an Nina, Melanie, Birgit, Nils und Emma, die in Krippe und Kindergarten auf meine Kinder aufgepasst haben, damit ich schreiben konnte. Danke an Michael Barop, dafür, dass du alles liest, was ich schreibe, und immer daran glaubst. Und danke an Masha und Jona für eure nicht immer freiwillige Geduld mit diesem Projekt. Wenn ihr mal was über Drogen wissen wollt, fragt einfach eure Mama, ohne Angst und Scham.

PERSONENREGISTER

SUBSTANZREGISTER

LITERATURVERZEICHNIS

Forschungsliteratur

Ahmad, Diana: *The Opium Debate and Chinese Exclusion Laws in the Nineteenth-Century American West*, Reno/Nevada 2007.

Albini, Joseph: *The American Mafia. Genesis of a Legend*, New York 1971.

Albini, Joseph; McIllwain, Jeffrey Scott: *Deconstructing Organized Crime: An Historical and Theoretical Study*, Jefferson/North Carolina 2012.

Alexander, Bruce: *The Globalization of Addiction. A Study in Poverty of the Spirit*, Oxford 2008.

Alexander, Michelle: *The New Jim Crow. Mass Incarceration in the Age of Colorblindness*, New York 2012.

Barop, Helena: »Building the ›Opium Evil‹ Consensus. The International Opium Commission of Shanghai«, in: *Journal of Modern European History* 13 (2015), S. 127–131.

Barop, Helena: *Mohnblumenkriege. Die globale Drogenpolitik der USA 1950–1979*, Göttingen 2021.

Bernstein, Lee: *The Greatest Menace. Organized Crime in Cold War America*, Diss. Univ. of Minnesota, Ann Arbor/Michigan 1997.

Berridge, Virginia; Edwards, Griffith: *Opium and the People. Opiate Use in Nineteenth Century England*, London, New York 1981.

Boullosa, Carmen; Wallace, Mike: *Es reicht! Der Fall Mexiko: Warum wir eine neue globale Drogenpolitik brauchen*, München 2015.

Braunstein, Peter; Doyle, Michael William (Hg.). *Imagine Nation. The American Counterculture of the 1960s and '70s*, New York 2002.

Briesen, Detlef: *Drogenkonsum und Drogenpolitik in Deutschland und den USA. Ein historischer Vergleich*, Frankfurt a.M. 2005.

Courtwright, David: *Dark Paradise. Opiate Addiction in America before 1940*, Cambridge/Massachusetts 1982.

Courtwright, David: »The First American Cocaine Epidemic«, in: *OAH Magazine of History* 6/2 (Fall 1991), S. 20 f.

Courtwright, David: *Forces of Habit. Drugs and the Making of the Modern World*, Cambridge/Massachusetts 2001.

Davenport-Hines, Richard: *The Pursuit of Oblivion. A Global History of Narcotics 1500–2000*, London 2001.

Diederichsen, Diedrich: *Über Popmusik*, Köln 2014.

Doherty, Thomas: »Frank Costello's Hands: Film, Television, and the Kefauver Crime Hearings«, in: *Film History* 10/3 (1998), S. 359–374.

Dufton, Emily: *Grass Roots. The Rise and Fall and Rise of Marijuana in America*, New York 2017.

Dyck, Erika: *Psychedelic Psychiatry. LSD from Clinic to Campus*, Baltimore 2008.

Europäische Beobachtungsstelle für Drogen und Drogensucht: *Europäischer Drogenbericht. Trends und Entwicklungen 2022*, hrsg. vom Amt für Veröffentlichungen der Europäischen Union, Luxemburg 2022.

Félix, Sonia; Portugal, Pedro; Tavares, Ana: *Going After the Addiction, Not the Addicted: The Impact of Drug Decriminalization in Portugal*, IZA Discussion Paper No. 10895, Juli 2017.

Feustel, Robert: *Grenzgänge. Kulturen des Rauschs seit der Renaissance*, München 2013.

Foster, Anne: »Prohibiting Opium in the Philippines and the United States. The Creation of an Interventionist State«, in: Alfred McCoy, Francisco Scarano (Hg.): *Colonial Crucible. Empire in the Making of the Modern American State*, Madison/Wisconsin 2009, S. 95–105.

Frydl, Kathleen J.: *The Drug Wars in America, 1940–1973*, Cambridge/Massachusetts 2013.

Gair, Christopher: *The American Counterculture*, Edinburgh 2007.

Gelber, Harry G.: *Opium Soldiers and Evangelicals. Britain's 1840–42 War with China, and Its Aftermath*, New York 2004.

Gitler, Ira: *An Oral History of the Transition in Jazz in the 1940s*, New York 1985.

Hart, Carl: *Drug Use for Grown-Ups. Chasing Liberty in the Land of Fear*, New York 2021.

Hart, Carl: *High Price. Drugs, Neuroscience and Discovering Myself*, London 2013.

Herzig, Michael: »Ein Land in Panik«, in: *NZZ Geschichte* Nr. 42, September 2021.

Hickman, Timothy A.: *The Secret Leprosy of Modern Days. Narcotic Addiction and Cultural Crisis in the United States, 1870–1920*, Amherst/Massachusetts 2007.
Holzer, Tilmann: *Die Geburt der Drogenpolitik aus dem Geist der Rassenhygiene. Deutsche Drogenpolitik von 1933 bis 1972*, Norderstedt 2007.
Holzer, Tilmann: *Globalisierte Drogenpolitik. Die protestantische Ethik und die Geschichte des Drogenverbots*, Berlin 2002.
Jonnes, Jill: *Hep-Cats, Narcs, and Pipe-Dreams. A History of America's Romance with Illegal Drugs*, New York 1996.
Kappeler, Manfred u. a.: *Jugendliche und Drogen. Ergebnisse einer Längsschnittuntersuchung in Ost-Berlin nach der Maueröffnung*, Opladen 1999.
Kinder, Douglas Clark: *Foreign Fear and the Drug Specter: Harry J. Anslinger and the Illicit Narcotics Traffic*, Diss., Ohio University 1991.
Knill, Christoph; Adam, Christian; Hurka, Steffen: *On the Road to Permissiveness? Change and Convergence of Moral Regulation in Europe*, Oxford 2015.
Köhler, Thomas: *Rauschdrogen. Geschichte, Substanzen, Wirkung*, München 2008.
Kondō, Marie: *Magic Cleaning. Wie richtiges Aufräumen Ihr Leben verändert*, Reinbek bei Hamburg 2013.
Kuzmarov, Jeremy: *The Myth of the Addicted Army. Vietnam and the Modern War on Drugs*, Diss., Waltham/Massachusetts 2006.
Ladewig, Dieter: *Sucht und Suchtkrankheiten*, München 1996.
Lee, Martin; Shlain, Bruce: *Acid Dreams. The CIA, LSD and the Sixties Rebellion*, New York 1985.
Lhamon, W. T.: *Deliberate Speed. The Origins of a Cultural Style in the American 1950s*, Washington, D.C., 1990.
Lodwick, Kathleen: *Crusaders Against Opium*, Lexington/Kentucky 1996.
Lovell, Julia: *The Opium War. Drugs, Dreams and the Making of China*, London 2011.
McAllister, William: *Drug Diplomacy in the Twentieth Century. An International History*, London, New York 2000.
McAllister, William: »Harry Anslinger Saves the World. National Security Imperatives and the 1937 Marihuana Tax Act«, in: *The Social History of Alcohol and Drugs* (Frühjahr 2019), S. 37–62.
McGerr, Michael: *A Fierce Discontent. The Rise and Fall of the Progressive Movement in America, 1870–1920*, New York 2003.

May, Elaine Tyler: *Homeward Bound. American Families in the Cold War Era*, New York 1999.

Miles, Barry: *William S. Burroughs. A Life*, London 2014.

Morone, James A.: *Hellfire Nation. The Politics of Sin in American History*, New Haven/Connecticut 2004.

Musto, David F.; Korsmeyer, Pamela: *The Quest for Drug Control. Politics and Federal Policy in a Period of Increasing Substance Abuse, 1963–1981*, New Haven/Connecticut 2002.

Musto, David F.: *The American Disease. Origins of Narcotic Control*, New York 1999.

Nutt, David J.; King, Leslie A.; Phillips, Lawrence D.: »Drug Harms in the UK: A Multicriteria Decision Analysis«, in: *The Lancet* 376 (2010), S. 1558–1565.

Padwa, Howard: *Social Poison. The Culture and Politics of Opiate Control in Britain and France 1821–1926*, Baltimore/Maryland 2012.

Patterson, James T.: *Grand Expectations. The United States, 1945–1974*, New York 1997.

Pembleton, Matthew: *Containing Addiction. The Federal Bureau of Narcotics and the Origins of Americas Global Drug War*, Boston 2017.

Pollan, Michael: *How to Change Your Mind. What the New Science of Psychedelics Teaches Us About Consciousness, Dying, Addiction, Depression, and Transcendence*, New York 2018.

Quensel, Stephan: *Drogenelend. Cannabis, Heroin, Methadon: Für eine neue Drogenpolitik*, Frankfurt a.M. 1982.

Rauschert, C.; Möckl, J.; Seitz, N.-N.; Wilms, N.; Olderbak, S.; Kraus, L.: »Konsum psychoaktiver Substanzen in Deutschland – Ergebnisse des Epidemiologischen Suchtsurvey 2021«, in: *Deutsches Ärzteblatt International* 119, S. 527–534.

Reins, Thomas D.: »Reform, Nationalism and Internationalism: The Opium Suppression Movement in China and the Anglo-American Influence, 1900–1908«, in: *Modern Asian Studies* 25/1 (1991), S. 101–142.

Sahner, Simon: *Der Wirklichkeit verfallen. Deutsche Beat- und Undergroundliteratur 1960–1980*, Bielefeld 2022.

Sawyer, Dana: *Aldous Huxley. A Biography*, New York 2002.

Schetsche, Michael: *Empirische Analyse sozialer Probleme. Das wissenssoziologische Programm*, Wiesbaden 2008.

Schmitz, Rudolf: »Friedrich Wilhelm Sertürner and the Discovery of Morphine«, in: *Pharmacy in History* 27 (1985), S. 61–74.
Schneider, Eric. C.: *Smack. Heroin and the American City*, Philadelphia 2008.
Siff, Steven: *Acid Hype. American News Media and the Psychedelic Experience*, Urbana/Illinois 2015.
Small, Melvin (Hg.): *A Companion to Richard M. Nixon*, Chichester 2011.
Sterritt, David: *The Beats. A Very Short Introduction*, New York 2013.
Stevens, Jay: *Storming Heaven. LSD and the American Dream*, New York 1987.
Stöver, Bernd: *United States of America. Geschichte und Kultur von der ersten Kolonie bis zur Gegenwart*, München 2013.
Torgoff, Martin: *Bop Apocalypse. Jazz, Race, The Beats, & Drugs*, Cambridge/Massachusetts 2016.
Wade, David: »The Conclusion That a Sinister Conspiracy of Foreign Origin Controls Organized Crime. The Influence of Nativism in the Kefauver Committee Investigation«, in: *Northern Illinois University Law Review* 16 (1995/1996), S. 371–409.
Walker, William O. (Hg.): *Drug Control Policy. Essays in Historical Perspective*, University Park/Pennsylvania 1992.
Weimer, Daniel: *Seeing Drugs. Modernization, Counterinsurgency, and U.S. Narcotics Control in the Third World*, 1969–1976, Kent/Ohio 2011.
Welskopp, Thomas: *Amerikas große Ernüchterung. Eine Kulturgeschichte der Prohibition*, Paderborn 2010.

Quellen

»Negro Cocaine ›Fiends‹ New Southern Menace«, in: *New York Times*, 8.2.1914.
»Heroin-Welle: ›Mord auf Raten‹«, in: *Der Spiegel*, 29.5.1977.
»It Is Positively the Most Wonderful Thing I Ever Saw«, in: *Life*, 2.4.1951.
»Kaiserliches Edikt, Übersetzung aus der Pekingzeitung von Krebs, Peking, 20.9.1906«, in: Bundesarchiv Militärarchiv, RM 3/6823, Fiche 9.
Anslinger, Harry: »Assassin of Youth«, in: *The American Magazine* 124/1 (July 1937).

Anslinger, Harry; Oursler, Will: *The Murderers. The Story of Narcotic Gangs*, New York 1961.

ARD Panorama: *Christiane F. und die Drogenszene*, 23.7.1985.

Baudelaire, Charles: *Blumen des Bösen*, übers. v. Wolf v. Kalckreuth, Leipzig 1907.

Baudelaire, Charles: *Die künstlichen Paradiese*, übers. v. Terese Robinson, München 1925.

Brecher, Edward M.: *Licit and Illicit Drugs. The Consumers Union Report on Narcotics, Stimulants, Depressants, Inhalants, Hallucinogens, and Marijuana – including Caffeine, Nicotine, and Alcohol*, Boston 1972.

Brooks, Ed: »On the Square«, in: *The New Orleans Times Picayune*, 27.1.1951.

Burroughs, William S.: *Junky. The Definitive Text of »Junk«*, hrsg. v. Oliver Harris, London 2003 [Originalausgabe: New York 1953].

Burroughs, William S.: *The Naked Lunch*, New York 1951.

Burroughs, William S.: *Word Virus*, New York 2007.

Cisin, Ira; Miller, Judith D.; Harrell, Adele V.: *Highlights from the National Survey on Drug Abuse*, Rockville/Maryland 1977.

Clifton, Elmer: *Assassin of Youth* (Film), USA 1937.

Congressional Records: Organized Crime and Illicit Traffic. Hearings before the Permanent Subcommittee on Investigations of the Committee on Government Operations, U.S. Senate, 88th Congress, 1st and 2nd Sessions, July 24, 1964, Washington, D.C., 1964.

Congressional Records: Organized Crime in Interstate Commerce. Final Report of the Special Committee to Investigate Organized Crime in Interstate Commerce, U.S. Senate, August 31, 1951, Washington, D.C., 1951.

Congressional Records: Third Interim Report of the Special Committee to Investigate Organized Crime in Interstate Commerce, S. Rep. No 307, 82nd Congress, 1st Session, Washington, D.C., 1951.

Congressional Records: The World Heroin Problem. Report of Special Study Mission Composed of Morgan F. Murphy, Robert H. Steele, Washington, D.C., 1971.

Davis, Fred; Munoz, Laura: »Heads and Freaks: Patterns and Meanings of Drug Use Among Hippies«, in: *Journal of Health and Social Behavior* 9/2, Special Issue on Recreational Drug Use (Juni 1968), S. 156–164.

De Quincey, Thomas: *Bekenntnisse eines englischen Opiumessers*, übers. v. Peter Meier, Leipzig 1984.

De Quincey, Thomas: *Confessions of an English Opium-Eater*, Herfordshire 2009 [Originalausgabe: 1821].

Erlen, Jonathon; Spillane, Joseph F. (Hg.): *Federal Drug Control. The Evolution of Policy and Practice*, New York 2004.

Fauser, Jörg: *Rohstoff*, Frankfurt a.M. 1984.

Findings and Recommendations of the Opium Investigation Committee Appointed Under the Provisions of Act No. 800, as Amended by Act No. 812 of the Philippine Commission, Manila, P[hilippine] I[slands], 15.6.1904.

Fitzgerald, F. Scott: *The Great Gatsby*, New York 1925.

Freud, Sigmund: *Über Coca*, Wien 1885.

Gains, Bob: »LSD: Hollywood's Status Symbol Drug«, in: *Cosmopolitan*, November 1963, S. 68 f.

Gasnier, Louis: *Reefer Madness* (Film), USA 1936.

Gautier, Théophile: *Le Club des Hashishins*, in: ders.: *Œuvres de Théophile Gautier*, hrsg. v. Alphonse Lemerre, Paris 1897, S. 467–499.

Ginsberg, Allen: »Howl« (1955/56), in: ders., *Poems*, S. 126–133.

Hofmann, Albert: *LSD – mein Sorgenkind*, Stuttgart 1979.

Huxley, Aldous: *The Doors of Perception and Heaven and Hell*, London 2004 [Originalausgabe: 1954 bzw. 1956].

Kane, Harry Hubbell: *Opium Smoking in America and China. A Study of its Prevalence and Effects, Immediate and Remote, on the Individual and the Nation*, New York 1882.

Kefauver, Estes: *Crime in America*, New York 1951.

Kerouac, Jack: »Aftermath: The Philosophy of the Beat Generation« (1958), in: ders., *Blonde*, S. 47.

Kerouac, Jack: *On the Road*, New York 1957.

Kerr, Norman: *Inebriety or Narcomania, its Etiology, Pathology, Treatment and Jurisprudence*, London 1894 [Originalausgabe: London 1888].

Leary, Timothy: *Flashbacks. A Personal and Cultural History of an Era. An Autobiography*, Los Angeles 1990 [Originalausgabe 1983].

Leary, Timothy: *High Priest*, New York 1968.

Leonhardt, Rudolf Walter: »Haschisch, Himmel und Hölle«, in: *Die Zeit*, 17.1.1969.

Lindner, Robert (Hg.): *Must you Conform?*, New York 1961.

Maas, Peter: *The Valachi Papers. The Electrifying Bestseller – The First Inside Account of Life in the Mafia!*, New York 1968.

National Commission on Marihuana and Drug Abuse: *Marihuana: A Signal of Misunderstanding. First Report*, Washington, D.C., 1972.

Nordau, Max: *Entartung*, Bd. 1: *Fin de siècle. Der Mysticismus*, Berlin 1893 [Originalausgabe: 1892].

Records of the Second Opium Conference, Geneva, November 17th, 1924 – February 19th, 1925, Volume I, Plenary Meetings, Text of the Debates.

Report of the Committee appointed by the Philippine Commission to investigate the use of opium and the traffic therein, and the rules, ordinance, and laws regulating such use in Japan, Formosa, Shanghai, Hong-Kong, Saigon, Singapore, Burma, Java and the Philippine Islands, and inclosing a letter from the Secretary of War submitting the report for Transmission, Washington, D.C., 1906.

»Report of the International Opium Commission, Shanghai 1909«, in: Bundesarchiv Militärarchiv, RM 3/7091.

Wasson, Gordon: »Seeking the Magic Mushroom«, in: *Life*, 27.5.1957.

Wasson, Gordon; Wasson, Valentina Pavlovna: *Mushrooms, Russia and History*, New York 1957.

Wilde, Oscar: *Das Bildnis des Dorian Gray*, übers. v. Eike Schönfeld, Berlin 2014 [Originalausgabe: 1890].

Wilson, Sloan: *The Man in the Gray Flannel Suit*, London 2005 [Originalausgabe: 1955].

Young, Robert; Rodney, Eugene B.: *Father Knows Best* (Fernsehserie), NBC, USA 1955–1960.

Zur Sache 4/71. Themen Parlamentarischer Beratung, Gesundheitspolitik I, Bonn 1972.

Links

Beach, Bob: »The Value of Propaganda as Historical Evidence. Anslinger's Gore File as Source Material«, in: *Points: The Blog of the Alcohol & Drugs History Society*, 15.3.2015, online unter: <https://pointsadhsblog.wordpress.com/2015/03/15/the-value-of-propaganda-as-historical-evidence-anslingers-gore-file-as-source-material/> [13.1.2023].

Gebbink, Andreas: »Zahlen zum Drogenkonsum«, in: WWU Münster, NiederlandeNet, 2013, <www.uni-muenster.de/NiederlandeNet/

nl-wissen/rechtjustiz/drogengesetzgebung/drogenstatistik.html> [3.2.2023].

museum.dea.gov

Nixon, Richard: »Address Accepting the Presidential Nomination at the Republican National Convention in Miami Beach, Florida«, 8.8.1968, in: Gerhard Peters, John T. Woolley (Hg.): *The American Presidency Project*, <www.presidency.ucsb.edu/node/256650> [17.1.2023].

Nixon, Richard: »Remarks About an Intensified Program for Drug Abuse Prevention and Control«, 17.6.1971, in: Gerhard Peters, John T. Woolley (Hg.): *The American Presidency Project*, < www.presidency.ucsb.edu/node/240238> [17.1.2023].

Oval Office Tapes, September 9, 1971, 3:03 pm – 3:34 pm -- Oval Office Conversation No. 568–4, zit. n. Common Sense for Drug Policy Research Report: Nixon Tapes Show Roots of Marijuana Prohibition. Misinformation, Culture Wars and Prejudice, <www.csdp.org/research/shafernixon.pdf> [13.1.2023].

Reichstagsprotokolle, 1928/30,13, Nr. 936: Denkschrift über die gesundheitlichen Verhältnisse des deutschen Volkes im Jahre 1927, ausgearbeitet vom Reichsgesundheitsamt, online unter: <www.reichstagsprotokolle.de/Blatt2_w4_bsb00000119_00093.html> [11.11.2022].

Schmidt-Semisch, Henning: »Von der Abstinenz zur Akzeptanz. Wegmarken der deutschen Drogenpolitik und Suchthilfe«, in: BPB, *Aus Politik und Zeitgeschichte*, 27.11.2020, <www.bpb.de/shop/zeitschriften/apuz/rausch-und-drogen-2020/321820/von-der-abstinenz-zur-akzeptanz/#footnote-reference-5> [19.1.2923].

www.dhs.de/suechte/illegale-drogen/zahlen-daten-fakten

ANMERKUNGEN

1 Thomas De Quincey: *Bekenntnisse eines englischen Opiumessers*, übers. v. Walter Schmiele, Leipzig 2009, S. 73.
2 Charles Baudelaire: »Das Gift«, in: ders.: *Blumen des Bösen*, übers. v. Wolf v. Kalckreuth, Leipzig 1907, S. 37 f.
3 Charles Baudelaire: *Die künstlichen Paradiese*, übers. v. Terese Robinson, München 1925, Kapitel 3.
4 Sigmund Freud: *Über Coca*, Wien 1885.
5 Oscar Wilde: *Das Bildnis des Dorian Gray*, übers. v. Eike Schönfeld, Berlin 2014, S. 233 ff.
6 Harry Hubbell Kane: *Opium Smoking in America and China. A Study of its Prevalence and Effects, Immediate and Remote, on the Individual and the Nation*, New York 1882, S. 17, Übersetzung von Helena Barop.
7 Norman Kerr: *Inebriety or Narcomania, its Etiology, Pathology, Treatment and Jurisprudence*, London 1894 [Originalausgabe: London 1888], S. 106 f.
8 Christoph Knill, Christian Adam, Steffen Hurka: *On the Road to Permissiveness? Change and Convergence of Moral Regulation in Europe*, Oxford 2015.
9 Findings and Recommendations of the Opium Investigation Committee Appointed Under the Provisions of Act No. 800, as Amended by Act No. 812 of the Philippine Commission, Manila, P[hilippine] I[slands], 15.6.1904, S. 2.
10 »Kaiserliches Edikt, Übersetzung aus der Pekingzeitung von Krebs, Peking, 20.9.1906«, in: Bundesarchiv Militärarchiv, RM 3/6823, Fiche 9.
11 »Report of the International Opium Commission, Shanghai 1909«, in: Bundesarchiv Militärarchiv, RM 3/7091, S. 14.
12 »Konsul Rößler: Bericht über das Ergebnis der internationalen Opiumkommission in Shanghai für das Reichsmarineamt. Shanghai, 3.3.1909«, in: Bundesarchiv Militärarchiv, RM 3/6824, Fiche 4.

13 Ebd.
14 »Report of the International Opium Commission, Shanghai 1909«, in: Bundesarchiv Militärarchiv, RM 3/7091, Vol. 1, S. 84.
15 »Report of the International Opium Commission, Shanghai 1909«, in: Bundesarchiv Militärarchiv, RM 3/7091, Vol. 1, S. 42.
16 Congressional Records, Organized Crime in Interstate Commerce. Final Report of the Special Committee to Investigate Organized Crime in Interstate Commerce, U.S. Senate, August 31, 1951, Washington, D.C., 1951, S. 4.
17 Joseph L. Albini, Jeffrey Scott McIllwain: *Deconstructing Organized Crime. An Historical and Theoretical Study*, Jefferson/North Carolina 2012, S. 66.
18 Jack Kerouac: »Aftermath: The Philosophy of the Beat Generation« (1958), in: ders., *Blonde*, S. 47.
19 William S. Burroughs: »The Future of the Novel« (1964), in: ders.: *Word Virus*, New York 2007, S. 272.
20 Vgl. Carl Hart: *Drug Use for Grown-Ups. Chasing Liberty in the Land of Fear*, New York 2021, S. 206. Hart stützt sich auf eine ganze Reihe von Studien, darunter: J.C. Anthony, L.A. Warner, R.C. Kessler: »Comparative Epidemiology of Dependence on Tobacco, Alcohol, Controlled Substances, and Inhalants: Basic Findings from the National Comorbidity Survey«, in: *Experimental and Clinical Psychopharmacology* 2 (1994), S. 244–268; L.A. Warner, R.C. Kessler, M. Hughes, J.C. Anthony, C.B. Nelson: »Prevalence and Correlates of Drug Use and Dependence in the United States. Results from the National Comorbidity Survey«, in: *Archives of General Psychiatry* 52 (1995), S. 219–229; O.J. Santiago Rivera, J.R. Havens, M.A. Parker, J.C. Anthony: »Risk of Heroin Dependence in Newly Incident Heroin Users«, in: *Journal of the American Medical Association Psychiatry* 75 (2018), S. 863–864.
21 Diedrich Diederichsen: *Über Popmusik*, Köln 2014, S. 380 ff.
22 William S. Burroughs: *Junky. The Definitive Text of »Junk«*, hrsg. v. Oliver Harris, London 2003, S. 130.
23 Ira Gitler: *An Oral History of the Transition in Jazz in the 1940s*, New York 1985, S. 282, Übersetzung von Helena Barop.
24 Albert Hofmann: *LSD – mein Sorgenkind*, Stuttgart 1979, S. 29.
25 Ebd., S. 32.

26 Ebd., S. 34.

27 Briefwechsel zwischen Humphry Osmond und Aldous Huxley, zit. n. Michael Pollan: *How to Change Your Mind. What the New Science of Psychedelics Teaches Us About Consciousness, Dying, Addiction, Depression, and Transcendence*, New York 2018, S. 163.

28 Timothy Leary beim First Human Be-In, zit. n. Steven Siff: *Acid Hype. American News Media and the Psychedelic Experience*, Urbana/Illinois 2015, S. 150.

29 Oval Office Tapes, September 9, 1971, 3:03 pm – 3:34 pm -- Oval Office Conversation No. 568–4, zit. n. Common Sense for Drug Policy Research Report: Nixon Tapes Show Roots of Marijuana Prohibition. Misinformation, Culture Wars and Prejudice, <www.csdp.org/research/shafernixon.pdf> [13.1.2023], S. 2.

30 Oval Office Tapes, March 24, 1972, 3:02 pm – 3:39 pm -- Oval Office Conversation No. 693–1, zit. n. Common Sense for Drug Policy Research Report: Nixon Tapes Show Roots of Marijuana Prohibition. Misinformation, Culture Wars and Prejudice, <www.csdp.org /research/nixonpot.txt> [13.1.2023].

31 … was ich bereits getan habe: Helena Barop: *Mohnblumenkriege. Die globale Drogenpolitik der USA 1950–1979*, Göttingen 2021.

32 John Ehrlichman in Dan Baum: »Legalize It All. How to Win the War on Drugs«, in: *Harper's Magazine*, April 2016, Übersetzung von Helena Barop.

33 Reichstagsprotokolle, 1928/30,13, Nr. 936: Denkschrift über die gesundheitlichen Verhältnisse des deutschen Volkes im Jahre 1927, ausgearbeitet vom Reichsgesundheitsamt, online unter: <www.reichstagsprotokolle.de/Blatt2_w4_bsb00000119_00093.html> [11.11.2022].

34 Reichstagsprotokolle, 1928/30,16, Nr. 1386, Entwurf eines Gesetzes über den Verkehr mit Betäubungsmitteln (Opiumgesetz), 12.10.1929, online unter: <www.reichstagsprotokolle.de/Blatt2_w4_bsb00000122_00273.html> [11.11.2022].

35 Zit. n. Detlef Briesen: *Drogenkonsum und Drogenpolitik in Deutschland und den USA. Ein historischer Vergleich*, Frankfurt a. M. 2005, S. 11.

36 Käte Strobel, Bundesminister für Jugend, Familie und Gesundheit, in der Debatte des Deutschen Bundestages, 12.3.1971, in: *Zur Sache 4/71.* Themen Parlamentarischer Beratung, Gesundheitspolitik I, Bonn 1972; S. 17 f.

37 Botho Prinz zu Sayn-Wittgenstein-Hohenstein (CDU/CSU) in der Debatte des Deutschen Bundestages, 12.3.1971, in: ebd., S. 98.

38 Käte Strobel, Bundesminister für Jugend, Familie und Gesundheit, in der Debatte des Deutschen Bundestages, 12.3.1971, in: ebd., S. 99 f.

39 Rolf Meinecke (SPD) in der Debatte des Deutschen Bundestages, 12.3.1971, in: ebd., S. 103.

40 Käte Strobel, Bundesminister für Jugend, Familie und Gesundheit, in der Debatte des Deutschen Bundestages, 12.3.1971, in: ebd., S. 101.

41 »Heroin-Welle: ›Mord auf Raten‹«, in: *Der Spiegel*, 29.5.1977.

42 Stephan Quensel: *Drogenelend. Cannabis, Heroin, Methadon: Für eine neue Drogenpolitik*, Frankfurt a.M. 1982, S. 47.